美国游记

本文集为上海市教育委员会科研创新项目“法国近代自由主义思想研究：从孟德斯鸠到托克维尔”中期成果；同时为上海重点学科建设项目成果，项目编号:B406。

本书根据 Alexis de Tocquevillev, *Voyages en Sicile et aux Etat-Unis*, ed.J.P.Mayer, *Oeuvres Complètes* T.V. Vol.1, Paris: Gallimard,1957 编译。

思想與社會 Logos & Polis

托克维尔作品集

美国游记

[法]托克维尔 著 倪玉珍 译 崇 明 校

上海三联书店

总序

λόγος和πόλις是古代希腊人理解人的自然的两个出发点。人要活着,就必须生活在一个共同体中;在共同体中,人不仅能活下来,还能活得好;而在所有共同体中,城邦最重要,因为城邦规定的不是一时的好处,而是人整个生活的好坏;人只有在城邦这个政治共同体中才有可能成全人的天性。在这个意义上,人是政治的动物。然而,所有人天性上都想要知道,学习对他们来说是最快乐的事情;所以,人要活得好,不仅要过得好,还要看到这种好;人要知道他的生活是不是好的,为什么是好的,要讲出好的道理;于是,政治共同体对人的整个生活的规定,必然指向这种生活方式的根基和目的,要求理解包括人在内的整个自然秩序的本原。在这个意义上,人是讲理的动物。自从古代希腊以来,人生活的基本共同体经历了从"城邦"(πόλις)到"社会"(societas)与现代"国家"(stato)的不同形式;伴随这种转变,人理解和表达自身生活的理性也先后面对"自然"(φύσις)、"上帝"(deus)与"我思"(cogito)的不同困难。然而,思想与社会,作为人的根本处境的双重规定,始终是人的幸福生活不可逃避的问题。

不过,在希腊人看来,人的这种命运,并非所有人的命运。野蛮人,不仅没有真正意义上的政治共同体,更重要的是,他们不能正确地说话,讲不出他们生活的道理。政治和理性作为人的处境的双重规定,通过特殊的政治生活与其道理之间的内在关联和微妙张力,恰恰构成了西方传统的根本动力,是西方的历史命运。当西方的历史命运成为现代性的传统,这个共同体为自己生活讲出的道理,逐渐要求越来越多的社会在它的道理面前衡量他们生活的好坏。幻想包容越来越多的社会的思想,注定是越来越少的生活。在将越来越多的生活变成尾随者时，自身也成了尾随者。西方的现代性传统，在思想和社会上，面临着摧毁自身传统的危险。现代中国在思想和社会上的困境，正是现代性的根本问题。

对于中国人来说，现代性的处境意味着我们必须正视渗透在我们自己的思想与社会中的这一西方历史命运。现代中国人的生活同时担负着西方历史命运的外来危险和自身历史传统的内在困难。一旦我们惧怕正视自己的命运带来的不安，到别人的命运中去寻求安全，或者当我们躲进自己的历史，回避我们的现在要面对的危险，听不见自己传统令人困扰的问题，在我们手中，两个传统就同时荒废了。社会敌视思想，思想藐视社会，好还是不好，成了我们活着无法面对的问题。如果我们不想尾随西方的历史命运，让它成为我们的未来，我们就必须让它成为我们造就自己历史命运的传统；如果我们不想窒息自身的历史传统，让它只停留在我们的过去，我们就需要借助另一个传统，思考我们自身的困难，面对我们现在的危机，从而造就中国人的历史命运。

"维天之命，於穆不已。"任何活的思想，都必定是在这个社会的生活中仍然活着的，仍然说话的传统。《思想与社会》丛书的使命，就是召唤我们的两个传统，让它们重新开口说话，用我们的话来说，面对我们说话，为我们说话。传统是希腊的鬼魂，要靠活的血来喂养，才能说话。否则海伦的美也不过是沉默的幻影。而中国思想的任务，就是用我们的血气，滋养我们的传统，让它们重新讲出我们生活的道理。"终始惟一，时乃日新。"只有日新的传统，才有止于至善的生活。《思想与社会》丛书，是正在形成的现代中国传统的一部分，它要造就活的思想，和活着的中国人一起思考，为什么中国人的生活是好的生活。

说实话，这本书我还没写过一个字。不过我为它做了大量工作。我每天而且整天想着它。我将说明我工作的奇怪方式；我每天在笔记本里写下这部小说在我脑海里的样子；是的，它是我记的一种日记，就像一个人可能给一个孩子记的。……我不是专注于为每个出现的困难寻求解决办法，而是面对每个困难（每一件艺术品的结构都完全是通过解决出现的大量小困难逐步构建起来的），我面对这些困难中的每一个，界定它并研究它。您可以把这个笔记称为对我的小说的一个持续的批评，或者更恰当地说，是对我的所有小说的批评。想想看如果我们找到由狄更斯或巴尔扎克记的这样一个笔记会是多么有趣；如果我们有关于《情感教育》或《卡拉玛佐夫兄弟》的日记，如果我们有关于这部著作及其构思过程的故事，那会怎么样？而那将是令人兴奋的……比书本身更吸引人。

——安德烈·纪德，《伪币制造者》

目录

导　言

现在有可能正确评价游历对于阿列克谢·德·托克维尔的政治学和社会学思想的影响了。他对各民族及其制度的考察促成了他的著作和他的全部政治行动。因此他的旅行日记在他的著作中应当据有重要的位置。正如亚里士多德在希腊古典时代末期著书，博丹在现代早期构想出《共和六书》，孟德斯鸠在法国的绝对君主制末期出版《论法的精神》，托克维尔也在一个变动的时代写出他的政治哲学。正是在这个时期，19世纪的工业化的后果开始显现；社会阶级，国家和全部的人类生活正在一个巨大的熔炉里得到重塑。 14

在美国，一个新的世界正在诞生。在英国，改革已经启动。正是这些使得托克维尔的笔记如此强烈地吸引了人们的注意力。我们在一个敏锐而深刻的、试图理解正开始成形的新社会结构的思想家的陪同下旅行。现在我们知道我们自己的社会结构变成了什么样子，这使得我们在托克维尔的世界里感到自在。我们感到托克维尔是我们的同时代人，这并非因为我们重新发现了他，而是因为他的问题已经成为了我们的问题。

当他和他的兄弟爱德华赴西西里时，他22岁。但那次旅行的笔记已经显示出在他后来的旅行中进一步得到完善的独特的写作方式。他的社会理论建立在由观察得来的事实的基础上并且总是对政治行动产生影响。

三年后他开始他的美国之行。这一次古斯塔夫·德·博蒙是他的同伴。他们于1831年5月10日抵达纽约。他们在美国停留至1832年2月20日。起初他们的时间被用来完成官方交给他们的任务，这是他们此行表面上的目的，即考察美国的监狱惩戒制度。

然而托克维尔对美国的政治和社会制度的考察越来越深入。这两个朋友参观了博蒙所说的“以波士顿为首”的新英格兰诸州。不过他们同样去了西部定居点的边界;《荒野十五天》和《游奥奈达湖》散发着这些地区的气息。他们遵循的是托克维尔的一位亲戚夏多布里昂的传统。这些旅行者应对了从魁北克到新奥尔良的艰辛旅途中的所有困难。

任何想要逐日再现地跟随他们旅行的人将会在乔治·威尔逊·皮尔逊(George Wilson Pierson)的权威性著作《托克维尔和博蒙在美国》(纽约,1938 年)中找到一切,这部书使得正确地排列关于美国的 14 个旅行笔记本的顺序成为可能。皮尔逊教授的书仍然是解释托克维尔在美国的交往的指南——我经常提及这一点,但无论他的书在这方面多么重要,从现在开始托克维尔的文本应当以我们在此呈现它们的方式被研究,因为皮尔逊用了有错误和不完整的抄本,也没有把它们与手稿进行对照。

这是为什么能够观察《民主在美国》诞生时的阵痛。在漫长的政治思想史中,也许除了对托克维尔有深刻影响的孟德斯鸠的著作以外,只有这本书让我们有机会非常切近地跟随一位伟大思想家的创作过程。

也许有些读者会觉得这些没有发表过的笔记比那部完成了的作品更生动更有趣地展现了托克维尔的社会和政治哲学。这里有一些例证。在与哈佛大学校长昆西(Quincy)先生交谈之后,托克维尔写道:

“政府缺席(l’absence de gouvernement)的最令人满意的结果之一是(一个民族足够幸运可以不需要政府,这种情况是罕见的)个人力量的发展,后者是前者的必然结果。每个人都学会自己思考和行动,不依赖外在力量的支持,无论人们预想得如何周到,这种外在力量永远都无法考虑到所有的社会需求……我承认,一个人最终取得的成就与政府原本可以代替他做的事相比,经常要少得多,不过总的说来,所有这些个人创办的事业加总起来的成果比任何一个政府所能创办的事业要多得多;此外,这样一种状况对人民的政治和道德特征有如此好的影响,以致单凭这一点就弥补了它所有的不足,如果它带来任何不足之处的话。不过必须重复一遍的是,只有极少数民族可以这样无需政府。类似的这种状况只有在文明的两极才可能存在。只有身体欲求需要满足的野蛮人只依靠自己。为了让文明人同样只依靠自己,他必须达到这样一种文明的社会状况:他知道做什么是有益的,而且他的激情不会妨碍他将其付诸实施。一个好政府最需要关切的应当是使人民逐渐养成不需要政府也能自我治理的习惯。"(1831 年 9 月 20 日)①

这段话代表了年轻的托克维尔的自由主义。几天后他概述了与杰瑞德·斯巴克斯(Jared Sparks)②的一场谈话:

"这个国家的政治信条是,多数永远是对的。大体上,我们很乐意接受这一信条。但是人们无法否认经验经常揭示出这一信条的错误……有时候多数想要压制少数……"(1831 年 9 月 29 日)③

这就是《民主在美国》中涉及多数的暴政这一重要章节的雏形。 16
人们可以找到为这本书的各篇章勾画的其他富有灵感的草图。

然而这并非全部。年轻的托克维尔的一些观察——例如,在习惯法和成文法之间作的比较,或是为英国法律史作的概述——是在大陆法律制度的背景下比照作出的,并且证明了托克维尔的法律社会学值得与他政治社会学的经典著作相提并论。这些观察及其他许多观察是真正的社会学上的发现;我将在此引用这些笔记中一些富有特色的段落:

"诞生于野蛮人当中的习惯法,正如见证了其诞生的文明一样是

---

① 参阅本书第 88—89 页(指中文版边页码,下同。——出版者)。

② 提到杰瑞德·斯巴克斯——《北美评论》的老板和历史学家,有必要告诉读者,托克维尔和这位著名的美国人的通信对于理解托克维尔的著作是不可或缺的资料。这一通信将成为以后出版的《托克维尔全集》的一部分。斯巴克斯对托克维尔关于马萨诸塞州的县政府向他提出的详细问题作了解答,这表明托克维尔和接待他的美国朋友的合作很密切。参阅 Herbert B Adams, *Jared Sparks and Alexis de Tocqueville*, *Johns Hopkins University Studies in Historical and Political Science*, Baltimore 1898。

③ 参阅本书第 96 页。

不完善的，不过它呼吸着它开始兴盛的那些时代的独立精神。关于今天它是否比成文法更为可取的问题，毫无疑问答案是否定的。但它在欧洲大陆被废弃是一个巨大的不幸。我认为相反地，它在英国的保留大大地有助于维持自由的思想和原则，并且以这种方式间接地有利于文明在这个岛屿上的进步，尽管它并不完善，而此时大陆引进的成文法，尽管它更完善，更精巧，更文明，如果可以这么认为的话，却帮助欧洲确立了专制，并由此损害了它看上去在支持的文明的事业。”

托克维尔继续写道：“在英国保留习惯法除了带来政治上的后果以外，我相信习惯法的存在还特别有助于赋予英国精神某种倾向。它给这个民族带来了人们可以称之为对先例的爱好的东西，即某种精神上的倾向，它引导人们寻求的不是他们自认为合理的东西，而是已经实践过的东西；不是正当的东西，而是古老的东西；不是普遍的理论，而是具体的事实。我一点也不怀疑习惯法带来的习惯以及法学家和法官一向对政治事务讨论的参与，是贵族制度的一个强大助力，并且和它一起有力地促成了英国人养成对于其祖先业绩的迷信般的尊重，以及使他们异于其他民族的对于革新的憎恶。”④

17 不要忘记，当托克维尔写下这段话时，他 26 岁而且从未涉足英国。一种深刻的天生的亲近感使他能够理解英国的精神气质。

1831 年 11 月 5 日，托克维尔在与查尔斯·卡洛尔(Charles Caroll)会谈之后记录道：

“查尔斯·卡洛尔整个的生活方式和精神气质使他完完全全像一个欧洲的贵族。也许革命时代南方的大地产主和他非常相像。从这种人中曾经涌现出美国最伟大的人物，现在这种人消失了。和他们一同消逝的是高雅举止的传统。民众受到了启蒙，知识得到了普及，一种中等的能力变得普遍。卓越的才能，伟大的人物更罕见了。社会更不辉煌了，却更加繁荣了。这些由文明的进程及启蒙带来的各种后果，在欧洲只是刚被人们觉察到，在美国已经显而易见了。它们的首

④ 参阅笔记本 F，pp. 317—318。

要原因是什么？我还无法看清。”⑤

大众时代的概念在歌德说的一段话“简易时代”(the facile age/l'époques de facilités)中已经可以见到，当托克维尔写下这些文字时，歌德这位先知的眼睛还没有闭上。

托克维尔后来在另一个段落中又回到同一个问题：

“为什么，当文明传播时，卓越之士却减少了？为什么，当知识普及所有人时，才智超群的人却变得更加罕见了？为什么，当不再有下层阶级时，也不再有上层阶级了？为什么，当关于统治的知识为大众所掌握时，伟大的天才却不再引领这个社会？美国明白无误地提出了这些问题。可是谁能解答它们呢？”⑥

这两个段落是托克维尔思想中敏锐的活力的明证。他热切地寻求使人类的自由得以保存的制度性手段。再多举几段摘录有助于显示出这些新的手稿对于托克维尔的社会学思想的重要性。前面两段写于1831年9月30日：

“在我看来，支配了美国社会的、并且永远必须返回它们以便寻找统治美国社会的全部法律和习俗之根源的是以下两大社会原则：

“1. 多数在某些问题上可能犯错，但总的说来它永远是正确的并 18
且不存在高出于它的道德力量。

“2. 任何个体(individu)、私人(particulier)、社会、团体，或民族，都是其自身利益惟一合法的裁判者，而且只要它没有伤害到他人的利益，任何人都无权干预它。这一点人们应当永远记住。”⑦

事实上《民主在美国》前两部分主要是对于甚至可以充当它们的主题词的这两个原则的详尽阐释。不过下列这个写于同一天的评论也与这个问题相关：

“一个完全民主的政府是一个如此危险的机构，以至于**甚至在美国**，人们也不得不采取大量的预防措施来对抗民主的失误和激情。两

⑤ 未按字母顺序排列的笔记本2、3，p. 121。

⑥ 便携笔记本3，p. 188。

⑦ 便携笔记本3，p. 178。

院制，行政长官(gouverneur)的否决权，特别是司法制度……”⑧

这个“特别是”是至关重要的；《民主在美国》第二部分的第八章巧妙地展示了美国的法律精神以及它如何充当平衡民主权力的力量。

托克维尔继续写道，“另一个永远不应当忽视的美国社会的原则：既然每个个体是其利益的最佳裁判者，社会就不应当过度关切他的事务，以免他最终会依赖社会并且因此让社会承受它无法担当的任务”。

这是一个有远见的评论。120年后，现代国家不是仍然在寻求个体权利与社会权利的平衡吗？——作为一位政治思想家，托克维尔终其一生在寻求国家内部权利与义务的有序平衡。他也许并未提供给我们一个现成的想法，但他确实已经为一个可能的解决办法指明了方向。

他的美国笔记相当重要的价值在于，它们展示了他是如何并且是在什么程度上，经由他对美国的观察和思考最终形成了他的政治哲学。

迈耶(J. P. Mayer)

译者按：由于法文版的导言是为《西西里游记》和《美国游记》这两本册子写的，因而译文的导言部分译自英文版的《美国游记》，部分译自法文版的《西西里和美国游记》导言中的《美国游记》部分。

---

⑧ 便携笔记本3，p. 178。

1. 未按字母顺序排列的笔记本 1

一般性的问题[①]

在哈得逊河畔的格林堡(Greenburgh)与利文斯敦先生[②]的谈话

我—在我看来,美国社会的弊病之一是精神才智的影响甚微。

他—我和您有同感;我们在这方面的状况不仅没有改善,反倒日益糟糕了。

我—您认为这是为什么呢?

他—主要是继承法的缘故。我还记得在我年轻的时候,这个国家还居住着富裕的地产主,他们像英国的绅士那样靠土地为生,运用着他们的才智,遵循着某些思想传统和礼俗。那时在这个民族的某个阶级当中还保持着高雅的风尚和与众不同的思维方式。平分财产的法律不断地摧毁着大地产并更新着财富的形式,这些风尚和思想开始消逝,并随着时间的流逝而踪迹全无了。土地以难以置信的速度频繁易

---

① 这篇笔记的前面是托克维尔于 1831 年 6 月 10 日写给欧内斯特·德·夏布罗尔(Ernest de Chabrol)的一封信的草稿的一部分。耶鲁大学图书馆有日期标为 1831 年 6 月 9 日的这封信的一份完整抄本。这封信将在《通信全集》中出版。

② 参阅皮尔逊前引书,索引,第 844 页。与托克维尔交谈的人是著名的律师、时任国务卿、后来(1833—1835)任美国驻法国公使的爱德华·利文斯敦(1764—1836)还是他的外甥约翰? 由上下文看似乎更有可能是后者。

手，谁也没有时间在一个地方扎下根来，每个人都不得不谋求一份实用的工作，以便维持其父辈获得的地位。几乎所有的家族到了第二代或第三代就已不复存在。

我—这里是否有类似于土地领主(propriétaires territoriaux)的影响，类似于庇护(patronage)这样的东西呢？

他—没有。在这里，每个人的价值仅仅取决于其个人的特质(individualité)。

我—富裕阶级如何能忍受这种状况呢？

他—他们把它当作一个不可避免的事情加以忍受，因为没有任何措施可以阻止它。

我—但是，他们与民众是否会相互憎恨呢？

他—没有。所有阶级都参与了革命。从那以后，民主的力量势不可挡，以致没有人试图对抗它。总的说来，人们把票投给最富裕和最有教养的阶级时并没有任何不情愿。

我—在美国的社会现象中，令我感到震惊的是社会关系的极度平等，最富裕的人和地位最低微的工匠在大街上也会握手致意。

他—这里的确很平等，不过并没有外国人想象的那么平等。使您感到震惊的那些礼仪往往只是一种客套，它和人们在信末写的“您的卑微的仆人”并没有什么两样。在这里，对所有人都必须以礼相待，因为每个人都享有政治权利。在纽约新近富起来的人们当中，有不少傲慢的金融家。像别处一样，我们这儿也有金钱贵族，如果我们可以把那些境况不断变动、自命尊贵却没有权力的人称为贵族的话。

我—通常哪一种人会担任公职？

他—通常公职由一些才干和气质属于第二流的人物担任。公职既不能给人带来足够的钱财，也不能给人带来足够的尊贵和权力，因而不足以吸引最杰出的人。不过在共和国创建之初并非如此。今天我们再也看不到伟大的政治家了。人们把精力和才干投到别的事业上去了。

1831 年 6 月 7 日

利文斯敦先生曾在欧洲待过。他属于一个非常古老的家族，看上去像一位才学之士。

与加勒廷（Albert Gallatin）先生[③]**（他曾担任驻法国和英国的公使长达数年）的谈话**。

他—美国没有村庄，也就是说，没有耕种土地的人们聚居的地方。靠地产和房产为生的地主都散居于乡村。那些您认为是村庄的地方，其实更适合被称作乡镇，因为构成其人口的是商人、工匠和律师。 61

我—请您在最后一个词这儿停一下：这么说，您这儿律师很多？

他—我想，比欧洲任何一个地方都多。

我—他们的社会地位和气质如何？

他—这两者是互为因果的：律师们在这个社会中身居要津，权势显赫，因而他们的气质不像欧洲的律师们那样不安分和好变动，而是相当保守。要不是这些律师，我们早已修订我们的民法了，但他们为民法的弊端和晦涩难解之处辩护，并从中获益。

我—他们在公共议会（assemblées publiques）的地位是否重要？

他—他们构成了议会中人数最多的一个部分；不过人们注意到，这个国家最杰出的雄辩家，尤其是最伟大的政治家并非律师。

我—你们的法官团体（magistrature）由什么人组成，他们的地位和气质如何？

他—法官全都是从律师中遴选出来，除了在法庭拥有约束出席者的权力（la discipline de l'audience）以外，他们与律师的地位平等。我们的法官极受尊敬。由于只能得到公共舆论的支持，法官必须做出不懈努力，以维系这种支持。他们的正直是毋庸置疑的。我把法官这个总是得到律师团体支持的群体视为我们的民主不稳定变动的调节器，

③ 参阅皮尔逊前引书，第136页；《托克维尔全集》第八卷，pp. 230 s.。
加勒廷（Albert Gallatin 1761—1849），政治家、外交家和金融家，居住在纽约。1831年，其时他担任国家银行（后来成为加勒廷银行）行长，他出版了小册子 *Considerations on the Currency and Banking System of the United States*。

它维持着民主这部机器的平衡。值得注意的是，由于法官拥有拒绝执行违宪法律的权力，它成了某种政治机构。

我—有人告诉我，这儿的民情很纯洁，这是真的么？

他—夫妻之间令人赞赏地保持着忠贞，但人们在婚前并不总是守贞。在我们的乡村（城市并非如此），青年男女享有的极度自由经常惹来麻烦。我们周边的野蛮民族更是不注重婚前守贞。他们并不认为那是一种道德义务。

纽约，1831 年 6 月 10 日[④]

同一天，我在一家俱乐部听见有人坚持说，伴随着美国人在内地开疆拓土，美国的海军日渐衰落。加勒廷先生估计，大约有 60000 名海军目前正在美国旗下航行。他补充说："由于我们既没有英国的强制征兵制，又没有法国的海军军籍登记制，我预计到第一次战争爆发时，我们将无法找到足够的海军来驾驶我们的 12 支军舰。"

与麦克斯韦尔先生[⑤]的谈话，1831 年 6 月 27 日。

麦克斯韦尔先生已经担任了 10 年的地方检察官（procureur de district）。他是收容所（masion de refuge）的创办人之一，并且有着精明强干的声名（他是一个粗俗但十分能干的人）。

我—您如何看待惩戒制度（régime pénitentiaire）[⑥]？

他—应当区分严格意义上的惩戒监狱与收容所。就惩戒监狱（pénitenciers）而言，我认为它的规训效果很好，规训使监狱维持了良好的秩序，并使犯人的劳动带来收益；但是我认为它在改造犯人的习性方面没有起到什么效果。总之我不认为已经成年的犯人可能被改造，无论人们采取什么样的措施。我的看法是，从我们的监狱出去的犯

④ 博蒙编，《托克维尔全集》（Œuvres Complètes d'Alexis de Toequeville, Paris 1860—1866）第八卷，第 230 页注明这场谈话的时间为 1831 年 6 月 7 日。

⑤ 休·麦克斯韦尔（Hugh Maxwell, 1787—1873）曾于 1819 年—1829 年担任纽约县的地方检察官。参阅皮尔逊前引书，第 63 页。

⑥ 惩戒制度：18 世纪以后在北美和欧洲开始采取的一种监狱制度，主要是通过肉体惩罚、劳动、单独囚禁等方式来达到惩戒的后果。——译注

人变得更加冥顽不化了。至于收容所,我的看法是不同的:我相信年轻的轻罪犯人是可以被改造的,而且我认为减少这个国家的犯罪率的惟一办法就是更广泛地应用并改进收容制度。在我任地方检察官期间,年轻的轻罪犯人的数量到了令人十分不安的地步。它每天都以惊人的速度增长。有些人想要建立一个收容所来医治这种弊病。要让这种想法在公众的头脑里扎下根来,困难之大是难以想象的。现在收容制度的成功使它深入人心。年轻的轻罪犯人的数量是5年前的五分之一到六分之一。

我—您是否有确凿的资料可以证明最后这个事实?

他—没有。不过这属于我个人熟知的问题,而且我可以向您肯定这是个事实。我认为收容所不仅在不同的州里增多了,而且在同一个州的各个地区也增多了。在我看来,把一个孩子从很远的地方带到收容所是很不方便的。迁徙所需的资费可观,而且这种强制性的旅行通常会使年轻的轻罪犯人丧失道德感。 63

注:在我们看来,到目前为止,惩戒监狱制度在改善道德状况方面的无效似乎也是其他许多能人的共识,其中不乏有实践经验者。

参阅条目惩戒监狱⑦

与埃兰·林兹(Elam Lynds)先生⑧的谈话,在锡拉丘兹(Syracuse)⑨,1831年7月7日。

拜访埃兰·林兹先生令我们感到十分好奇,他的实干能力得到公认,甚至包括他的仇敌在内,而且他可以被称作现行的惩戒制度之父,正是由于他的坚韧与毅力,它才最终得以实施。因而我们对他的拜访正是时候。我们在他自己经营的五金店里找到了他。他穿戴得像一个店铺里的伙计,而且干的也正是伙计的活儿。埃兰·林兹先生相貌平庸,而且我觉得他的言谈和他的相貌一样,显得有些粗俗。从他递

---

⑦ 参阅下面按字母排序的笔记A,第227页及其下。

⑧ 参阅便携本笔记I,第161页并参阅皮尔森,前引书,第206页及其下。

⑨ 美国纽约州城市。——译注

给我们的一张字条可以看出，他不懂得如何拼写。尽管如此，他显得相当聪明，而且非常有活力。我们没法马上和他交谈，因为没人照看他的店铺，不过半小时之后，他来我们的旅店找我们，于是我们便有了下面这场谈话[10]：

他—我从事监狱管理达十年之久。长期以来，我一直是旧的监狱体制的弊端的见证人。那些弊端简直是骇人听闻；监狱花了州里许多钱。犯人在监狱里丧失了道德感。在那里，各种混乱之事横行。我认为只有重新启用古老的野蛮律法，才能结束这种状况。无论如何，多数人开始厌恶所有慈善的想法，因为实践证明，它们是毫无成效或有害的。我在奥本(Auburn)[11]着手进行改革，但我首先在立法甚至在公共舆论方面遇到了巨大的阻碍。人们叫嚷着那是专制。不过我最终还是完成了改革。在建立新新(Sing-Sing)监狱时，我提议让犯人在野外劳动，人们不相信它是可行的。现在我已经成功地将其付诸实施，但还是有许多人对我抱有敌意和忌妒。一年前我离职了；我觉得我已经为公益做得够多了，该是我照看自己的生意的时候啦。

问—您认为您建立的规训制度在其他地方能像在美国这样成功吗？

答—我坚信只要照着我做过的那样去干，在任何地方都能成功。我甚至认为在法国成功的可能性比在我们这儿更大。法国的监狱直接受政府指导，政府可以给予工作人员坚定和持久的支持。在美国我们是变化不定的公共舆论的奴隶。在我看来，一个监狱的管理者，尤其当他进行革新时，应当被赋予绝对的、有保障的权威。在一个像我们这样的民主共和国里，这一点是没法指望的。监狱的管理者必须努力赢得公众的好感，同时还要把他的事业进行到底。这两码事经常是相互冲突的。在法国，这个职位面临的困难要小一些。

问—我们听一些美国人说，惩戒制度的成功应当部分地归功于美国人养成的谨守法律的习惯，我们基本上相信这一说法。

---

⑩ 《全集》第八卷未见这场谈话，但是由于它经删削和修改后出现在笔记《美国的惩戒制度》(第二版，1836 年，第二卷，第 189 页)中，它还是被编入了。

⑪ 纽约的奥本监狱。——译注

答—我认为事情正好相反。在新新监狱，四分之一的犯人是在美国的外国人。我让他们接受和美国人同样的规训。最难管教的是南美的西班牙人，和文明人相比，这个种族更接近凶暴的野兽和蛮族。最容易管教的是法国人。正是他们以最快的速度听天由命。如果我可以选择，我宁愿管理一个法国监狱，而不是美国监狱。

问—那么，您谈到的而且我们自己也在新新监狱看到其成效的这种强有力的规训，它的秘诀是什么？

答—这一点我很难向您说明。这种规训是一系列日常努力的结果，必须亲临观察才能明白它是怎么一回事。我没法说出什么一般规则。重要的是维持不间断的劳动和安静，而要做到这一点，管理者必须毫不懈怠地关注自己的事务，监督狱卒如同监督犯人一样，做到不讲情面和公正无私。一旦这个机构组建起来，它就会运转得很顺利。如果我领导着一个政府并想要着手改造监狱的状况，我会尽力挑选一个精明强干的能人；他应当要亲眼见过我们这样的监狱，至少要对它有尽可能准确的理解。一旦找到这个人，我将授予他改革的全权。我的原则一直是，对于这样一种工作，应当同时将全权和全责赋予同一个人。通过这种方式，州最终会获得更多兴旺发达的机会和真正的保障。当督察员们想要对我的管理指手画脚时，我就告诉他们：你们完全可以随意把我解职；我得仰仗你们；可是你们把我留在任上时，我只会按我设想的计划行事；要做出选择的是你们。

问—您认为可以废除体罚么？

答—我相信正好相反。我认为鞭刑最有效同时也最人道，因为它从不危及健康，同时又能强制犯人过一种必要的健全的生活。相反，单独囚禁经常是无效的，甚至几乎总是危险的。我见过许多被单独囚禁的人无法通过这种方式得到管教，而他们离开禁闭室后就要去医院。不管那些只从书本里了解人性的人们怎么认为，我相信不用鞭子是没法管理一个大监狱的。

问—您不认为让新新监狱的犯人在野外劳动是不谨慎的吗？

答—我宁愿管理一个实行这种制度的监狱，而不是别的监狱。在一个与外界隔绝的监狱里，狱卒不可能那么尽心尽力地监督和看管犯人。一旦能让犯人完全服从规训，就可以利用他们在监狱选定的地方从事最有效益的劳动。由此一旦州改进了监狱的规训制度，它就能够以多种方式利用犯人了。

问—您是否认为，在一个不实行隔离监禁制度的监狱，完全不可能建立起良好的纪律？

答—我认为在这样的监狱里可以维持良好的秩序，并使犯人的劳动有效益，但无法阻止许多弊端的出现，而这些弊端将产生非常严重的后果。

问—您认为可以在一个旧式监狱里建单人囚室吗？

答—这取决于监狱的地点和状况，我不怀疑在大多数旧式监狱里可以引进这种改造。用木头建造一些单人囚室既简单易行，又不贵。但它们也有缺陷，它们会产生难闻的气味，因而有时会损害健康。

问—您从根本上相信大量的犯人是可以被改造的吗？

答—我们需要彼此理解。我不相信犯人可以完全被改造(除了年轻的轻罪犯人以外)，也就是说，我不认为人们能经常看到一个成年犯人变成一个信教的和有德行的人。我不相信从监狱出来的人会是圣洁的，我也不相信神甫的劝诫或犯人的自省能把他们变成好心的基督徒。不过我认为，许多从前的犯人由于在监狱里学到了一门手艺并养成了经常劳动的习惯，出狱后没有再犯罪，甚至变成了有益的公民。这就是我希望完成的惟一的改造，我认为这也是社会可以要求的惟一的改造。

问—您如何看待企业雇用犯人？

答—我认为企业雇用犯人劳动是有益的，只要管理者对犯人的人身和作息保持完全的控制权。

问—在法国，犯人劳动的报酬很低。

答—当规训制度变得更好时，报酬就会相应地提高。我们这儿就是这样。过去监狱花费巨大，现在它们带来收益。得到更好的规训的犯人劳动得更多、更好，而且从不损坏交付给他们的原材料，在一些管理不善的监狱，这种事时有发生。

问—依您之见，一个监狱的管理者最应当具备的素质是什么？

答—管理人的实用技艺。他尤其应当像我一贯以来的那样坚信一个不诚实的人总是一个懦夫；他如果毫不犹豫地立刻把这一点告诉他要支配的人，这一点将使他在他们面前树立起强大的无法抗拒的权威，并使得许多起初看来似乎十分危险的事情变得容易。

在这场经常中断后又重新开始、持续了几个小时的谈话当中，埃兰·林兹先生反复不断地提及这一点：首要的是应当让犯人处于被动服从的状态中。做到了这一点，无论监狱的设置如何，工作的种类和地点如何，一切都变得容易了。 67

与埃兰·林兹的第二次谈话⑫：

问—您认为犯人在监狱的表现能说明他将来改过自新的情况吗？

答—一点也不能。如果非得做个预测的话，我甚至认为在监狱里表现很好的犯人可能一出狱就故态复萌。我总是看到最坏的人成为极好的犯人；他们通常比其他犯人更机灵和更聪明。他们更快并且更充分地认识到，使他们的处境变得不那么令人难以忍受的惟一办法就是避免不良行为必将带来的痛苦的和反复的惩戒。他们因此表现良好却没有变好。我观察的结论是，永远不要因为一个犯人在监狱的良好行为而提前释放他。这种有害的方法没有任何确实的效果，并且只会制造出一些伪君子。

问—但这个方法几乎是所有理论家都提倡的呀？

答—在这个问题上，正如在其他许多问题上，他们搞错了，因为他们一点也不了解他们说到的这些人。比方说，如果利文斯敦(Livingston)先生打算将他的监禁制度运用到和他有着相同出身的人身上，这些人所处的社会地位使他们的智力得到发展，道德感被很好地激发，我认为这个制度会产生很好的效果；但是这些监狱正好相反，它们充斥着粗鲁无文的人，这些人根本没受过教育，很难理解思想观

⑫ 这第二次谈话没有收录在《惩戒制度》。

念甚至很难理解精神感受。尽管利文斯敦先生很有才干,但当他希望将只对前一类人有效的制度扩及后一类人时,他就陷入了我前面说过的几乎不可避免的错误当中。

与斯宾塞(Spencer)先生的谈话——卡南带卦[13](Canandaigua),1831年7月17日及18日[14]

斯宾塞先生是一位杰出的法律界人士。他先后担任过律师,地方检察官,国会议员,目前是纽约立法机构的成员。他曾经是《修订法》(*Revised Statutes*)[15]的编辑之一。他头脑明晰且富有洞察力。

问—组成各级立法机构的两个议院的成员,是按照同样的方式、根据同样的选举资格条件选出的吗?

答—是的。尤其在纽约州,在两院任职的完全是同一类人。

问—但是,既然这样,设置两院有什么作用呢?

答—它的用处极大,而且人们是如此地欣赏它,以至于所有的美国人都承认这是一个自明的公理:一个一院制的立法团体是可憎的机构。宾夕法尼亚州不得不放弃它起初错误地采纳的一院制。一个立法团体分为两院最大的好处是这样的:首要的也是最大的好处是,它使一个决议经受两次检验,两次讨论之间的时间有助于理性和审慎的思考。参议院尽管和众议院由同样的成分构成并且由同样的精神驱动,但它看问题的角度与后者不同,而且它能纠正后者由于先对决议投票并形成偏见而不能纠正的错误。我看到的参议院的第二个好处是,它的成员任期比众议员更长,而且是逐渐地被更换,这就使得立法机构内部永远有一批熟知先例的、已经完成政治教育的人。他们赋予我们的立法团体实践技巧和一以贯之的精神,没有他们,这种精神经常是缺失的。

问—一般说来,律师团体的精神气质如何?

---

⑬ 纽约州城市。——译注

⑭ 参阅皮尔森,前引书,第221页及其下;博蒙,第八卷,第236页及其下。

⑮ “修订法”是一份官方的汇编美国所有法律的定期出版物。

答—人们抱怨说它保守。我知道法国人对它的责难与此完全相反。在我看来,产生这种不同的原因是这样的:首先,美国的律师团体从变动中得不到任何好处。我们的社会秩序在它看来是最好不过了。此外我认为我们的民法有着和你们的民法不同的总体原则,这想必赋予了我们的律师的精神一些相反的习性。我们的民法完全建立在先例之上。一位法官必定要受制于另一位法官先前的判决,这样的后果是,我们这儿可以说并不存在对法律的讨论;一切几乎都变成对事实的考量。重要的是知道先前对类似的问题的判决是什么,并探讨这个先例对目前案例的适用性。您看得出,这样的考察不易于使人产生对理论的爱好。它甚至经常使思想变得狭隘。如果我能凭诉讼报告下判断的话,你们的律师正好相反,为了一个肥料坑,他们自以为有必要 69
把社会翻个底朝天。

问—法官对他们是否有训诫权(pouvoir disciplinaire)?

答—有。法官可以申斥他们,对他们处以罚金,吊销他们的执照,甚至在极端情形下送他们进监狱。除此以外,法官没有任何地位上的优越性。在法庭之外,他们与别人是完全平等的。

问—人们对你们的法官有何批评?

答—我认为可能加诸他们的惟一批评是他们有点过于喜欢讨好民众,而且没有勇气对抗他们认为民众赞同的意见。我们在几个牵涉到政治利益的诉讼中找到了一些例证。通常情况下,以及在普通诉讼中,他们倾向于宽大处理,这更多地是出于这个原因,而不是出于自己的判断。

问—新闻界对公共舆论的影响如何?

答—它的影响巨大,不过其表现方式与法国的新闻界不同。我们认为记者的意见只有微乎其微的重要性。他只是通过向人们揭示事实或给予他们一种引导来获得影响力。就这样,他有时能够在有关一个人或一项措施的问题上误导舆论。总之,在所有国家,在所有政府的治下,新闻界永远是一个令人生畏的武器。

问—你们给新闻自由设置的限度是什么?

答—在这方面，我们的原则很简单。所有属于意见领域的新闻绝对自由。在美国，人们每天都可以发表文章宣称君主制政府是一切政府当中最好的。但是当一份报刊刊登诽谤性的言论时，当它毫无凭据地猜测犯罪动机时，它会被起诉而且通常会被处以很重的罚金。不久前，我就遇到这样的案例。在摩尔根（Morgan）失踪案（共济会事件[16]）审理期间，一家报刊宣称陪审团作出有罪判决是出于“党派之见”。我起诉了文章的作者并判其有罪。

问—在您看来，削弱报刊的势力的办法是什么？

70 答—我确信最有效的办法是尽可能增加报刊的数量，并且只在极端情形下才起诉它们。当它们的数量增多时，它们的势力就减小了，这是经验无可辩驳地向我们证实了的。我听人说在法国，只有两三家有影响的大报。我想这么一来新闻界就成了破坏性的因素。此外我认为你们的社会状况令你们的新闻界的行动比我们的更加令人生畏。巴黎一直对法国的其余部分有着重大影响。在我们这儿，利益以上千种方式被分立。这儿没有庞大的行动中心，几乎不可能大范围地煽动公共舆论。纽约的报刊对我们的影响并不比邻近村庄的报刊大。记者们表达其个人见解所能获得的影响甚微的另一个原因是，在共和国创建之初的几年里，他们滥用了这种影响。经证实，当时他们中的大多数被英国收买了。自那时起，他们就丧失了公信力。

问—是否有一些有影响力的人物在你们的报刊上发表文章？

答—党派的首领经常这么做，不过不署名。

问—您认为美国盛行宗教宽容的原因是什么？

答—主要是因为教派的极度分立（这几乎是没有限度的）。如果只有两种宗教相互对峙，我们会割断对方的喉咙。可是如果没有一种宗教能占多数，所有教派都需要宽容。此外在我们这儿有一个共识，我也同意这个观点，即一个生活在社会中的人需要宗教，无论它是什

[16] 摩尔根，一位美国共济会成员，于1826年8月神秘失踪。他的共济会会友们被指控把他溺死在安大略湖里以便阻止他泄露共济会的秘密。正是由于这一事件，一个反共济会的党派得以在美国成立。

么宗教;而且个人越自由,越需要宗教。我听说在法国人们试图放弃所有确定的宗教。如果这是真的,尽管你们有自由精神,你们不会很快看到自由制度在法国的巩固,你们只能指望下一代了。

问—您认为使宗教重获其自然权威的最佳途径是什么?

答—我认为天主教比新教更不适宜与自由思想和谐共处;不过如果教士与所有的世俗权力分离,我不认为随着时间的流逝,天主教不能重获天然地属于它的精神影响力。我想最好的,甚至是惟一的支持它的办法是看似忽略它却对它不怀敌意。如果这么做了,你们将会看到公共教育渐渐落入它的手中,久而久之年轻人将有另一种精神面貌。 71

问—在你们这儿,教士是否掌管公共教育呢?

答—当然。在纽约州,我只知道两个相反的例子。在我看来,这种情形是符合自然的。

问—你们的济贫法是什么样的?

答—长期以来,我们在这个问题上,正如在许多其他问题上,都遵循英国的范例。我们最终放弃了英国的济贫制度,在我们看来,它太昂贵了。近几年来在纽约州引进的新的济贫制度是这样的:每个县都有一个济贫院,根据法庭判决,流浪汉们被强行遣送到这里,一位被称为济贫官(the overseer of the poors)的公务人员有权让它收留那些生活无依的人们。济贫院有一块地产(un fonds de terre),流浪汉和被监禁的土著居民必须耕种它。这个法律的目的是为了用耕种土地的收入逐渐偿付济贫院的开支。我们非常期待它能成功。至于贫民应当被遣送去哪里,不是出生地,而是居住地才是依凭的标准。

问—你们这里是怎么办公共教育的?

答—州里有一笔特别的　基金[17]用于公共教育。它根据乡镇(communes)承诺要作出的努力把基金的一部分拨给需要它的乡镇。因为我们有一个共识,州永远应当提供帮助,但它绝不能包办一切。

⑰　原稿里的一处空白。

人们认为，捐赠资金并亲临现场的个人由于其利益和处境，会比庞大的行政部门更多地关心和监督资金的管理。此外，人们会想要给当地创造尽可能大的利益。把州的资金和乡镇的资金结合起来令人赞叹地达到了这两个目的。在这里教育引发普遍的关切。由于民众是真正的主宰，每个人都感受到教导民众的必要。

问—您是否注意到最近那个取消所有种类的选举财产资格的法令产生了有害的影响？

答—没有，事情正好相反。感到十分满意的民众没有理睬煽动家们的诡计。

72 **与穆隆(Mullon)先生的谈话**[18]。

穆隆先生是一位天主教神甫，他的信仰看上去炽烈而虔诚。当我遇见他时，他正要去麦基诺岛(Michilimackinac)[19]给新近建立在阿尔巴-科洛西(*Arbre Croche*)的一个信仰天主教的印第安人聚居区的居民进行宗教教导。

问—您是否认为世俗权力的支持对宗教是有益的？

答—我深信它对宗教是有害的。我知道欧洲的大部分天主教教士和我的看法相反；我明白他们为何有这种看法。他们对首先把矛头对准天主教的自由思想心存疑虑。此外，由于他们一直生活在对他们施予保护的君主制国家，他们自然倾向于怀念这种保护。他们因此犯了不可避免的错误。如果他们能生活在这个国家，他们很快就会改变想法。在这里，所有宗教信仰一律平等。政府既不支持谁也不迫害谁；而且毫无疑问，世界上没有哪个国家的天主教拥有更虔诚的信徒，以及更多的改宗者。我再说一遍，宗教及神职人员与世俗政府搀和得越少，它们对政治争论参与得越少，宗教思想获得的权势就越多。

问—在美国，哪些教派的信徒最敌视天主教教义？

---

⑱ 博蒙，第八卷，第245页注明这场谈话的日期为1831年8月7日；参皮尔森，前引书，第291页及其下。见便携笔记本2，第174页及其下。

⑲ 位于密歇根州。——译注

答—所有的教派出于对天主教教义的憎恶，都联合在一起；不过只有长老会信徒是暴烈的，也正是他们最狂热。

问—您是否有时会在印第安人中发现耶稣会会士传教的踪迹？

答—(a)[20]是的。有些部落对耶稣会会士传授给他们的宗教保存着模糊的观念，当传教者来到这些部落时，他们很快重新信仰基督教(在阿尔巴-科洛西有些家族150年前接受过基督教的基本原则，并且仍保留着对它们的印象)。通常印第安部落会怀着崇敬之情想起黑袍教士。不时地，人们还会在人迹罕至的地方见到耶稣会会士从前建造的一些十字架。

问—印第安人天生雄辩，这是真的么？

答—千真万确。我经常对他们的演说的深刻蕴涵和简洁明了感到钦佩。他们的演说风格有点像斯巴达人。

问—他们在战争时仍然那么残忍吗？

答—是的。他们想尽办法焚烧和折磨俘虏。他们割去死者和伤者的头皮。不过，当他们的狂热尚未被战争激发时，他们是一些温和且正直的人。我见过他们的战争舞蹈。我从未经历过那么可怖的场面。要跳舞的战士特意给自己涂抹各种鲜艳的颜色，让自己变得尽可能地吓人。舞蹈时他们模仿印第安人之间发生战争时总是发生的所有残酷场景。当他们表演哑剧时，他们看上去时而像在打碎敌人的脑袋，时而像在对敌人施以酷刑，时而像在割敌人的头皮。几年前辛辛那提的主教建议一个印第安人部落(我忘了穆隆先生说到的名字)送一些孩子到他那里接受教育。我参加了印第安人就这个问题召开的议事会。我向您保证，尽管与会的都是些野蛮人，议事会却令人肃然起敬。印第安人坐成一个圆圈，每个人轮流发言，他们的神情庄严，个个有天生的好口才。印第安人从不打断正在演讲的人。

---

[20] (a)托克维尔的注：穆隆先生，正如我迄今为止遇见的所有天主教神父一样，和新教牧师有着很重要的不同：1)他看上去信仰坚定并且全身心地投入神职；2)他显示出强烈的不宽容倾向，而且几乎不相信其对手的真诚和善意；3)他似乎对公民自由的思想不抱敌意，但是很不喜欢大众的民主政府。不过这是一个微妙的差别，我必须通过更多的资料更明确地界定它。

问—在野蛮人当中,存在着什么样的公共权力?

答—他们有首领。一些首领是世袭的,他们的家族只有在犯了可耻的罪行后才会失去权力。在圣约瑟河畔有一位印第安首领,他是曾经接待过到这个国家的第一个法国人的印第安祖先的直系后裔。

问—阿尔巴-科洛西的印第安人虔诚吗?

答—(此时穆隆先生的神色显得特别的生动)我不知道有哪个基督徒比他们更虔诚的了。他们的信仰是全心全意的,他们对宗教法律的遵从是绝对的。一个皈依了基督教的印第安人宁愿被杀死,也不愿违反禁戒的规定。他的生活变得非常合乎道德。您可能已经看到,所-圣玛丽(Saut-Sainte-Marie)的印第安人一旦知道船上有一位神甫,是怎样诚心诚意地赶来找我。我已经给许多孩子施了洗礼。

问—美国的教士是如何招募来的?

答—到目前为止,大部分教士都来自欧洲。我们只是刚刚开始有一些美国本土的教士。(这样好多了)现在我们在全美国有 12 或者 13 所神学院。40 年来天主教在我们这儿取得了令人难以置信的进展。

问—礼拜的费用如何筹措?

答—靠自愿的捐赠。每个家庭为教堂里的坐席付出的款项是主要的收入。

问—主教是如何任命的?

答—由教皇直接任命。但是按照惯例教皇要与现任的主教团体协商。他有时没有这么做,在那种情况下,他的选择很少能顺利地做出。

与一些法裔加拿大人(des Canadiens,他们正与印第安人做贸易)的谈话。

8 月 7 日晚,我沿着麦基诺岛海岸步行来到一个法裔加拿大人的露营地。我坐在他们的炉火旁,和他们的领头人进行了下面的这场谈话。(我只挑选了这场谈话中与我已经接受的全部观念相一致的部分)。

问—在殖民地的历史上扮演过重要角色的休伦族(Hurons)和易洛魁族现状如何?

答—休伦族几乎已经消亡了。易洛魁族也已消亡了一半，幸存者几乎全部与奇帕维安族(Chippeways)融合了。许多易洛魁族人定居在绿湾(Green Bay)及其周边地区。易洛魁族是一个机敏的民族，它随时准备着站在我们这一边或英国人那一边，这要看运气在谁那一边。

问—你们和印第安人做贸易时是否心怀畏惧？

答—基本上不会。印第安人又不是强盗，况且我们对他们有用。

问—您认为随着印第安人与欧洲人的接近或者疏远，他们变得更好了还是更糟了？

答—我认为，当他们和我们毫无往来时，他们好得多，而且肯定也幸福得多。越是人迹罕至的地方，他们就越是秩序井然、管理有方。不过我认为信仰基督教的印第安人，尤其是信仰天主教的印第安人是一个例外。他们是所有人中最好的。

问—您谈及的那些住得偏远的印第安人有首领吗？

答—是的，先生。他们有一些首领，这些首领的权威在和平时期很受尊崇(这些首领是世袭的，他们的起源已经渺远不可寻)。他们任命一位特别的首领(最勇敢的)，以便让他指挥作战。确切地说他们没 75
有司法。不过当发生了谋杀案时，人们会把凶手交给死者的家族。凶手经常能用赎金替自己赎身。更经常的是人们把他杀死并把他与受害者葬在一起。

问—您说到的这些印第安人生活过得怎么样？

答—生活得很自在，这种自在是在欧洲人的定居点附近根本没有的。他们从不耕种土地，他们的衣着比较粗陋并且只使用弓箭。不过在他们的荒野里，猎物极为丰富。我想在欧洲人到来之前，直到大西洋岸都是这种情形。但是猎物正以令人难以置信的飞快速度向西迁徙。它们比白人的迁徙快 100 多里[21]。我们周围的印第安人如果不种点地，将会死于饥馑。

[21] 这里指的是法国的古里(lieue)，约合 4 公里，以下同。——译注

问—印第安人没有想到他们的种族迟早会被我们的种族灭绝吗？

答—他们对将来的无忧无虑令人难以置信。那些已经灭绝了大半，或是那些被我们紧随其后的印第安人绝望地看着欧洲人向西挺进，却已来不及抵抗。所有在遥远的西部的部落(我听说足足有300万)似乎还没有觉察到威胁他们的危险。

问—印第安人真的喜欢法国人吗？

答—是的，先生。非常喜欢。他们只同意说法语。在最偏远的荒野，法国人这一身份就是接近他们的最好的推介。他们一直记得当年我们统治加拿大时对他们的礼遇。此外我们中的许多人与他们结盟并过着几乎与他们相同的生活。

问—加拿大的法国人为何忍受英国的统治[22]？

答—就像忍受一种无法避免的灾祸一样。不过我们没有相互融合。我们仍然是两个不同的民族。加拿大的法国人口相当众多。

与拉马尔(*Lamard*)少校先生[23]的谈话。1831年8月12日。

拉马尔少校是一位很有教养的有识之士。曾经有一年半的时间，他驻扎在希安(Chien)草原，一个靠近密西西比河的辽阔草原。欧洲人在那里设有军事前哨，这个地方被印第安人视为中立地带，在那里不同的民族可以和平共处。

问—您认为印第安人有一天是否会向文明低头？

答—我对此感到怀疑。他们害怕劳动；况且他们还有一些将永远把他们限制在野蛮状态的偏见。黑人试图模仿欧洲人却无法做到。印第安人能够做到却一点也不想做。他们只看重战争与狩猎，把劳动视为一种耻辱。他们根本不渴望获得文明带来的舒适，他们轻视甚至鄙视它。我曾看见印第安人在一年中最寒冷的时节也只是用一条毯子御寒，他们一点也不羡慕我们的毛皮和大衣，他们用怜悯的眼光看

[22] 以上刊出的托克维尔的笔记来自日记手稿的第17至45页；但随后那些则来自同一本日记的开头部分，从第1页到第15页。

[23] 参阅《全集》第八卷，博蒙编，第251至259页。

着它们。他们不能理解为何人们除了一间小屋之外还会想要别的，既然人可以在里面安睡；他们也不能理解人为何要耕种土地，既然人可以用枪杀死维持生命所需的猎物。

问—您认为他们有一天会想要联合起来，以便攻击白人吗？

答—不会。在他们当中，有一些人已经清楚地看到他们的种族最后的命运并试图抗争。不过总的说来印第安人忙于他们各自的战争，不会想到要为了共同的利益联合起来。我刚才和您说过，印第安人的本性是难以驯服的。这里有一个例子。我认识一位印第安首领的儿子。他 20 岁以前在我们的一所最好的学院里受教育。20 岁那年，他重返丛林。那时英国与美国之间爆发了一场战争。这位年轻人带领他的部落来参加我们的军队。美国人严禁与他们结成同盟的印第安人剥掉已被杀死的敌人的头皮。在第一场战事之后，我说到的这位年轻人与我们的一位军官相遇。在他们谈话时，他忍不住带着欢快的神情把一个头皮拿给军官看，为了不被长官们看到，他把它放在背心和衬衫之间。

问—他们的政府是什么类型的？

答—他们有一些世袭的首领，这些首领只有在获得功勋时，才拥有一些权力。除此之外，在战争时期，他们依据才干和勇气挑选一位战争首领。

问—他们的司法是什么类型的？

答—当一个人杀死另一个人时，有时人们会把他交给死者的家族。更经常的情况是，公共权威根本不介入。由受害人的亲属进行复仇。人们很经常达成和解。

与蒙特利尔修道院院长奎布里埃(Quiblier)先生的谈话。 77

奎布里埃先生在我们眼里是一位和蔼可亲的、开明的教士(1831 年 8 月 24 日)。这是一位几年前来自法国的法国人[24]。

---

[24] 这场谈话以及下面的几场谈话，参阅按字母顺序排列的笔记本 A 中的条目“加拿大”，第 210 页及其下。参阅皮尔森，前引书，第 314 页。

他—我不认为这个世界上还有比法裔加拿大人更幸福的民族。它的民情很温和,既没有世俗的也没有宗教的纷争,而且无需负担赋税。

问—但是这里不是存在一些封建制度的残余吗?

答—是的,不过更确切地说,这只是名义上的,而不是其他。法裔加拿大人绝大部分的土地还被划分为领地。那些居住在领地上或买了一块土地的人必须向领主交纳租金和移转税。不过租金只是很小的一笔钱。领主不享有任何荣誉性的权利,对于向他交纳年贡的人,领主不享有任何优越之处。我想领主相对于交纳年贡者的地位还不如欧洲的地主相对于佃农的地位高。

问—教会的开支谁来支付?

答—靠什一税。教士总的来说没有任何地产。人们所说的什一税指的是收成的二十六分之一。人们交纳它的时候没有不情愿和为难。

问—你们有男子修道院吗?

答—没有。在加拿大只有一些女子修道院。而且修女们都过着积极的生活,教育孩子和照顾病弱。

问—你们有新闻自由吗?

答—有完全不受限制的自由。

问—有时会有人试图用它反对宗教吗?

答—从来没有。宗教太受尊崇了,记者不敢对它进行哪怕是最小的一点攻击。

问—这个社会的上流阶级信教吗?

答—是的,很多。

问—两个民族之间有仇恨吗?

答—有。不过不强烈。它不会扩及日常的生活关系。法裔加拿大人认为英国政府只把职位给英国人,英国人反过来抱怨说英国政府偏袒法裔加拿大人。我认为两者的抱怨都夸大其辞了。总的来说,两个民族之间几乎没有宗教冲突,法律规定的宽容是全面的。

问—您认为这个殖民地很快会脱离英国吗? 78

答—我一点也不这么认为。法裔加拿大人在现政府的治下是幸福的。他们享有几乎与人们在美国享有的一样充分的政治自由。如果他们独立了,将会有一大笔公共开支需要他们负担;如果他们加入美国,他们将担心他们的人口很快会在移民潮中流失,而且如果他们失去了英国的市场,他们那些一年中有四个月要封闭的港口,将变得毫无价值。

问—教育确实是在普及么?

答—在这方面,几年来发生了根本的变化。现在对教育普及的推动非常有力,正在成长的这一代法裔加拿大人将与目前这一代人大不相同。

问—您一点也不担忧这种教育的启蒙会对宗教原则有害吗?

答—人们还无法预知教育将产生的后果。不过我相信宗教没什么好害怕的。

问—法裔加拿大人是否开拓新的疆土?

答—是的。不过是缓慢地逐渐地拓展。他们毫无美国人特有的冒险精神和对血缘及家庭关系的轻视。一个法裔加拿大人不到万不得已不会离开家乡和亲人,而且他将尽可能在最近的地方定居。不过还是有大量的迁徙,正如我已经说过的,而且随着教育的增进,它将会成百倍地增加。

与蒙德莱(Mondelet)兄弟的谈话[25]**。(1831 年 8 月 24 日)**

蒙德莱兄弟是蒙特利尔的律师。这是些聪明的和有见识的年轻人。

问—在加拿大,法裔人口和英裔人口的比例是多少?

答—9 比 10。但是几乎所有的财富和贸易都掌握在英裔加拿大人手中。他们在英国有家族和关系网,因而有着我们所没有的便利。

---

[25] 参阅皮尔森,前引书,第 317 页。

问—你们有很多法文报刊吗？

答—两家。

问—它们的订户与英文报刊的订户的比例是多少？

答—800 比 1300。

79 问—这些报刊有影响力么？

答—有。影响相当显著，但是不如人们在法国所说的那么大。

问—教士的地位如何？您是否在他们身上看到欧洲的教士所具有的遭人指责的那种政治倾向？

答—也许人们可以在他们身上看到一种隐秘的统治和操纵的倾向，不过那微不足道。总的来说，我们的教士完全是忠于民族的。这部分的是他们的处境使然。从征服之初至今，英国政府一直暗中努力改变法裔加拿大人的宗教观念，以便使法裔加拿大人变得与英国人更为同质。因此宗教的利益与政府的利益相对立，而与人民的利益相一致。每一次我们与英国人斗争时，教士不是我们的领头人就是加入我们的行列。他们一直受到所有人的喜爱和尊敬。他们远不是与自由思想作对，他们自己就鼓吹自由思想。我们不顾英国政府的反对几乎是强行推行的有利于公共教育的所有措施，都得到了教士的支持。在加拿大，持有贵族式观念的是新教徒。人们指责天主教徒是煽动家。我认为我们的教士的政治性格是加拿大特有的，因为不时地有教士从法国来我们这儿，他们与我们的教士正相反，对权威显示出一种我们所无法理解的屈从和恭顺的性格。

问—加拿大的民情是否纯洁？

答—是的，很纯洁。

与魁北克的　　　先生[26]（商人）的谈话。

问—您认为法裔加拿大人有什么可怕之处么？

答—没有。法国族裔的律师和富人憎恨英国人。他们在他们的

---

[26] 姓名处空白。

报刊和他们的众议院里激烈地反对我们。不过那只是嚼舌头，并无其他。法裔加拿大的主要民众毫无政治热情，况且几乎全部的财富都掌握在我们手中。

问—但是您不担心这个数量庞大而且密集的、今天尚无政治热情的人群明天会有热情吗？

答—我们的人口每天都在增长，在这方面我们很快就没什么可担 80
忧的了。法裔加拿大人对美国人的仇恨更甚于对我们的仇恨。

注：在谈及法裔加拿大人时，　　　先生[27]冷静的面容上呈现出了很明显的憎恶和轻视的表情。一个人很少会带着这样的激情谈及他毫不惧怕的事的。

1831 年 8 月 26 日

1831 年 8 月 27 日。**与尼尔森（Neilson）先生的谈话**[28]。

尼尔森先生是苏格兰人。出生于加拿大、与法裔加拿大人联姻的他，说一口与他的母语一样流利的法语。尼尔森先生虽然是外国人，却可以被看作法裔加拿大人与英国政府历次斗争中的领袖之一。尽管他是新教徒，15 年来法裔加拿大人却总是选他当国会议员。他是所有对法裔加拿大人有利的政策的热情的辩护人。正是他和另外两个人于 1825 年（?）被派到英国去吁求纠正冤情。尼尔森先生是一位思想活跃且有独创性的人。他的出身和他的社会地位之间的对立有时会在他的思想和他的谈话中形成奇特的反差。

问—加拿大今年花费了英国政府多少钱？

答—在 200000 到 250000 英镑之间。

问—加拿大是否给英国政府带来什么收益？

答—一点也没有。海关征收的税费被用于殖民地。我们宁可战斗，也不愿把我们的一个子儿给英国人。

问—但是英国维持对加拿大的统治能得到什么好处呢？

---

[27] 姓名处空白。

[28] 《全集》第八卷，第 257 页及其下；参阅皮尔森，前引书，第 326 页及其下。

答—好处就是一个大庄园主要保存他名下的大宗地产所得到的好处,虽然这使他们花费巨大,并经常使他们卷入棘手的诉讼案件当中。但是无法否认的是,英国维持对加拿大的统治有间接的好处;在与美国交战期间,圣劳伦斯河是英国运送物资和军队进入美国内部的一条通道。在与北欧的民族交战时,加拿大向英国提供建筑所需的所有木材。再说英国负担的费用并没有像人们想象的那么多。英国必
81 须拥有对海洋的统治权,这不是为了荣耀,而是为了生存。英国为了获取霸权地位而不得不付出的费用,使得它占领殖民地的成本与一个只想维持其殖民地的国家相比,显得低多了。

问—您认为法裔加拿大人会很快摆脱英国的枷锁吗?

答—不会,除非英国人逼我们这么做。如果它不逼迫我们,我们的独立是与我们的利益完全相悖的。在下加拿大(Bas-Canada),我们还只有600000人;如果我们独立了,我们过不了多久就会被美国包围。我们的人口将会被不可抵挡的移民潮压垮。必须等到我们的人口已经多到足以捍卫我们的民族性的时候。那时我们就成了加拿大民族。任我们的人口自然发展,它与美国人口的增长速度相当。在1763年征服时,我们的人口只有60000。

问—您是否认为法国族裔的人总有一天会成功地摆脱英国人?(鉴于和我谈话的人的出生地,这个问题我提得很谨慎。)

答—不。我相信这两个种族将在同一片土地上生活和融合,而且英语将继续成为官方语言。北美将是英国人的,命运已经昭示了这一点。不过法裔加拿大人不会消亡。混合做起来不像您想的那么困难。在这里,维持你们的语言的是教士。教士构成了惟一一个开明而且有智识的、有必要说法语而且说纯正法语的阶级。

问—法裔加拿大农民的气质如何?

答—在我看来,这是令人赞赏的一族人。法裔加拿大农民的趣味简单、对家人很有温情,民情十分纯朴,非常容易交往,举止彬彬有礼;同时具备这些很有利于反抗压迫的品质:独立且尚武,受到平等精神的滋养。在这里,公共舆论的力量大得惊人。在村庄里没有权力机

关，然而公共秩序却比世界上任何一个其他地方都好。当一个人犯错时，人们都疏远他，他只好离开村庄。当有人偷盗时，人们并不谴责这个罪犯，但他会名誉扫地并不得不逃之夭夭。在加拿大，十年来人们不曾见过一例死刑。在我们的乡村，私生子女的事几乎是闻所未闻。

我想起了与××（我忘了这人的名字）的一次谈话；两百年来，人
们从未见过一个私生子女；十年前一个英国人前来定居；他引诱了一 82
位姑娘；这个丑闻是骇人听闻的。

法裔加拿大人亲切地依恋着他的出生地，他的教区和家庭。正是这一点使他们难以去别处寻求财富。此外，正如我说过的，他们极其喜爱交往（*social*）；友好亲切的聚会，一起祈祷，在教堂门口集会，这些就是他们惟一的娱乐。法裔加拿大人虔信宗教，他们付什一税时没有不情愿。任何人都可以通过宣称自己是新教徒以免除什一税，但至今没有发生这样的事。在这里，教士只是与人民紧密关联的一个群体。他们赞同人民的想法，与人民有着共同的政治利益，和人民一起对抗当权者。他们来自人民，为人民而存在。这里有人指责他们是煽动家。我还从来没有听说过欧洲人这样责难过天主教教士。事实上，他们是宽容的，开明的，然而他们虔信宗教，他们的德行堪称典范。我就是他们的宽容的一个明证：作为一位新教徒，我已经十次被天主教徒选入我们的众议院，而且我从未听说过哪个人对我持有哪怕是最小的一丁点宗教偏见。从欧洲来到我们这里的法国教士们，在德行方面与我们的教士们相似，在政治倾向上却截然不同。

我对您说过，法裔加拿大农民有一种强烈的社会意识。这种精神使得他们在所有危急情况下都能相互扶携。他们中的一个人田地遭灾了，通常是社区里所有的人全体出动来帮忙。最近××的谷仓被雷电击中了，五天后，邻居们免费帮忙重建了谷仓。

问—这里是否存在某些封建制度的残余？

答—是的，不过很轻微，以至于它们几乎不被觉察：其一，领主从他原先让予他人的土地上收取几乎是微不足道的地租。比如，90

阿庞(arpents)[29]的土地收取6至8法郎。其二,人们必须在领主的磨坊里碾磨谷物,不过领主收取的费用不得高于法律规定的价格。这个价格低于人们在拥有自由和竞争的美国碾磨谷物所支付的价格。其三,有一些名为土地转移税的税费,也就是说,当土地所有人出卖附属于领主的土地时,他必须向领主交纳地价的十二分之一。若非民众当中占主导地位的想法是安土重迁,这个负担将十分沉重。这些就是加拿大的封建制度的残余。此外,领主不享有任何荣誉性的权利和特
83 权。这里没有什么贵族,也不可能有贵族。这里和美国一样,人们必须自食其力。这里看不到佃农。因而领主自己通常就是一位耕夫。但是,无论领主们现在是如何地平等待人,民众看待他们时仍带有一些畏惧和忌妒。只有通过加入平民党派,领主中的一些人才能成功地被选入众议院。农民们还记得他们在法国政府的统治下所处的从属地位。有一个词尤其像一个政治上的骇人怪物一样存留在他们的记忆中,那就是土地税(*taille*)。[30] 他们不再确切地知道这个词的涵义,但对他们来说,它永远意味着一种令人难以忍受的东西,我确信,如果有人想要征收一种税,如果称之为taille,人们都会拿起他们的武器。

问—参选你们的众议员要具备什么资格条件?

答—无需任何条件。

问—在乡村,谁能成为选民?

答—从土地中收入41里弗尔(livre)的人。

问—你们一点也不担心一个如此庞大的选民群体么?

答—不。所有的人都拥有财产,都信仰宗教,喜爱秩序,他们的选择是好的,尽管他们对选举抱有很大的兴趣,他们几乎从未陷入纷争与骚乱。英国人本想把他们的腐败制度引进到我们这儿,却在我们的农民的美德与荣誉感面前碰了一鼻子灰。

---

[29] 旧时的土地面积单位,相当于20至50公亩。——译注

[30] 法国旧制度时期向农民和非贵族的土地所有者征收的一种土地税,贵族和教士免交。该税按户根据土地面积摊派。因为该税收最初是用来供养军队,因此又可译为军役税。该税收是旧制度时期最为人痛恨的税收之一。——译注

问—初等教育的情况怎么样?

答—这就说来话长了。在法国统治时期,根本就没有教育。法裔加拿大人手里总是拿着武器。他们没法在学校待。征服之后,英国人只关心他们本国人的教育。20 年前政府想要办教育,可这件事干得很拙劣。它触犯了宗教偏见。它让人们以为它想控制教育并将教育往有利于新教的方向引导。至少我们是这么说的,于是计划搁浅了。英国人认为天主教教士想要让人民停留在愚昧无知当中。无论这一边还是另一边说的都不是实情,不过这就是党派立场的话语。四年前我们的众议院清楚地意识到,如果法裔加拿大人没有受教育,他们最终会发现自己完全被在他们身边和在他们当中成长起来的异族所同化。有人进行劝说,有人鼓励民众,有人创立基金,最后有人任命了学校的监察员。我就是监察员之一,并且刚巡察完回来。没有什么比我要做的那个报告更令人满意的了。人们有了动力,他们以非同寻常的积极性抓住了这个受教育的机会。教士倾其全力帮助我们。我们已经让一半的孩子,大约 50,000 人[31]入了学。我不怀疑两三年后所有的孩子都将入学。我希望到那时法裔加拿大人开始离开河岸,向内地进军。至今我们已经沿圣劳伦斯河两岸开拓了将近 120 里长,不过这条路线还不足 10 里宽。不过更远处有些极好的地,这些地几乎总是免费的(我这样说毫不夸张),而且易于耕种。每个劳力的价格在城市是 3 法郎,在乡村则更少。食物很便宜,法裔加拿大农民自己生产所有的必需品:他们制作鞋子,衣服,所有身上穿的毛织品(这是我亲眼看到的)。 84

问—您认为法国人会来这里定居吗?

答—是的。一年前我们的众议院通过一项法令,撤销了没收外侨遗产权的法令,在居住七年之后,外国人可以成为加拿大人,并享受一些公民权。

---

[31] 或 60,000。

我们和尼尔森先生去参观离魁北克 3 里远的、由耶稣会会士建立的村庄劳莱特(Lorette)。尼尔森先生把耶稣会会士建造的古老教堂指给我们看并对我们说:"在这里,耶稣会会士留下的纪念物很受崇敬。"印第安人的家里十分整洁,他们说法语,看起来几乎像欧洲人,尽管他们的衣着不同。他们几乎全是混血儿。没见到他们耕种土地令我感到惊奇。尼尔森先生对我说,"呵!那些休伦人可都是些绅士,他们认为劳动是有失体面的事。他们说,像牛那样耕田,只适合法国人和英国人干。他们依然靠打猎和他们妻子做的一些小工艺品谋生。"

问—印第安人是否真的对法国人有所偏爱?

答—是的,这是无可争议的。法国人也许是自己原本的特点保持得最完整的民族,但它也能在一段时间内最不费力地适应他们生活于其中的民族的民情、观念和偏见。通过变成野蛮人,你才会从野蛮人那里获得持久的依附之情。

问—那么,始终向法国人表示依附之情并在殖民地的历史上扮演过如此重要角色的休伦人变成什么样了?

85 答—他们渐渐衰亡了。然而他们曾是大陆上最大的印第安民族。他们可以武装 60,000 人。您见到了它的残余。人们认为北美几乎所有的蛮族都有着相同的起源。只有住在哈得逊湾的爱斯基摩人明显属于不同的种族。在那里,一切都不同:语言,独木舟(?)……我刚才和您谈到过。你们有变成蛮族的天赋。在加拿大,有一族现在几乎已经灭绝了的人,他们在这方面极有天赋。那就是人们称为旅行者的毛皮代理商。他们来自于各个族群。我难以相信勇敢和冒险精神可以达到那样的程度。在印第安人的森林里,他们甚至令印第安人都感到吃惊和折服。

波士顿,9 月 16 日

我问德怀特(Dwight)先生[32],一位很热忱的、和我谈起过教育的

---

[32] 参阅皮尔森,前引书,索引,第 839 页。

好处的新教牧师："在法国，有些人对教育抱有盲目的热情。他们自认为只要教一个人读写和算术，就能把他变成一个好公民，并且几乎可以把他变成一个有美德的人。在美国人们也犯同样的错误吗？"

他回答道："当然不是。这里没有人会持有欧洲人经常持有的这个看法——教育可能产生一些有害的后果，而是每个人都默认教育必须是道德性和宗教性的。对于有人想要引进与此相反的教育体制，民众会齐声抗议，会导致民怨沸腾。而且每个人都认为与其用这种方法教育，不如不要教育。我们所有的孩子都是从《圣经》里学习读书的。不过我也曾见过一位有见识的人坚持说，尽管宗教教育比所有其他教育都来得好，但他认为总体而言，无论采取哪种教育方式，教育总比愚昧无知对人民更为益处。"

德怀特先生补充说，他相信宗教事业在美国获得了进展。他对我说，一些已经公布的报告显示，今年领圣体（新教圣餐）的人数大幅增长。不过他承认，在波士顿，一位论（unitérianisme）[33]有 13 个教堂（我认为是这样）。在人口为 60,000 的波士顿，总共有 60 个教堂。

波士顿，1831 年 9 月 18 日，总评。

至今为止，我很吃惊美国的开明人士对于法国事务的理解是多么有道理。我还不曾遇到过一个相信我们能维持共和或民主制度的人。 86
这也许是因为他们近距离地观察民众的激情在美国得到的充分自由的展现，因而他们比我们更能判断出在类似的情形下，建立一个良好的政府，尤其是一个稳定的政府，有多么困难。所有人都相信，一个民族要建立共和体制，必须是审慎沉稳的，信仰宗教的和相当开明的。许多人认为，除了这些条件以外，还必须满足人们对物质幸福的追求，不会因为需求得不到满足引发内乱。这些人暗示或者大胆地断言美国在一段时间之后将会采用君主制。不过这肯定是在十分遥远的未来。这些开明人士对德·拉法耶特先生的评价中没有任何推崇之意，

[33] 指拒绝三位一体正统基督教教义、认为上帝只是一位的神学。——译注

几乎所有人都认为复辟王朝的政体对于法国是最令人满意的组合，而目前的革命对于欧洲的自由是一个危险的甚至是致命的危机。中产阶级、民众和表达民众激情的报刊则相反地被一种盲目的本能所驱使，接纳了所有在欧洲被公开宣称的自由原则，以及那些公开宣称这些原则的人。因此，这个世界上最信仰宗教的民族，却衷心地希望我们当中最毫不掩饰地公开表达对所有宗教的仇视的政党能获得成功。

2. 未按字母顺序排列的笔记本 2 和 3

1831 年 9 月 18 日

今天克雷(Clay)先生①(克雷先生是佐治亚州的一位大农场主,我很少见到比他更和蔼可亲和见多识广的人)把波士顿几幢最漂亮的房子指给我看并对我说,大部分建造了这些豪宅的人都已经创下了自己的产业并且是从低微的阶层上来的。他补充说道:在这里,财富的易手惊人地频繁。人们看到一个富有的父亲之后几乎总是紧接着一个贫穷的儿子,一个家庭只要经过一代就会衰落。

"这是为什么?"我问道,"我知道你们的继承法有利于分散财富。不过,法国还有更民主的法律。毫无疑问,财富会逐渐缩减,但它们不会像你们这儿的财富那样迅速减少。"克雷先生回答说:"产生这种不同的原因是,在法国,大宗的财富是地产,而在新英格兰,它们都是商业资产。您知道,在这里,而且总体说来在美国,人们看不到佃农,相反的情形是例外,土地太不值钱而且农产品太低廉,人们不愿意耕种土地,除非他是土地的所有者。没有佃农,就没有大地产。现在大宗商业资产的获得和维持靠的是勤勉和机灵,它们不像美元那样可以遗

① 参阅皮尔逊,前引书,第 368 页及其下。

赠他人,而且父亲很少能传给儿子。在南方则相反,那里的奴隶取代了你们的佃农,财富消失的速度并不比你们那里快。"

这使我们谈到了奴隶。克雷先生对我说:"在我们南方诸州的许多地区,白人无法适应那里的环境,而黑人居住在那里并繁衍生息。我猜想,随着南方的黑人族群获得自由,他们将逐渐聚居在美国的这块土地上,相反,白人族群将逐渐远离那里。这么一来,那里将形成一个完全是非洲人后裔的族群,他们可以拥有自己的民族性,并适用他们自己的法律。对于奴隶制这个大问题,我看不出有什么别的解决办法。我不认为黑人会与白人完全地融合,并形成一个单一的民族。引进这个异族是美国严重的和惟一的祸患。"

注:克雷先生谈到的美国北部形成大地产的不可能性(这种不可能性是无可置疑的),岂非在很大程度上促成了使联邦这一部分的人们显得如此与众不同地从事商业、制造业和投机生意的热情?在新英格兰,渴望致富的激情只能通过商业和工业得到满足。

1831 年 9 月 19 日

斯帕克斯(Sparks)先生[②](波士顿的著名文学家)今天对我说:现在大多数有识之士都认识到,杰克逊将军不适合当总统;他在处理国事方面的缺乏经验和他的高龄使他无法胜任。但他将再度被选为总统。

——那么为什么会这样呢?我问道。

——斯帕克斯先生回答道,我们的民众和你们的不同。我们这里的公共舆论形成得慢。它从来不会被突如其来的事件压倒,尽管它很容易犯错。有人花了很长时间和很大力气让民众相信杰克逊将军是一位伟人,他给美国带来了荣耀。他们成功地使民众相信了这一点。人们还来不及把民众重新引向其他的情感,大多数人仍然

② 参阅皮尔逊,前引书,第 367 页及其下,及本卷导言第 16 页。

信任将军。

1831 年 9 月 20 日

哈佛大学校长昆西(Quincy)先生[3]今天对我说:“马萨诸塞州是一些小共和国的集合体,它们自行任命行政官,自行处理事务。”——“但是,”我问道,“什么是它们的中心纽带呢?”——“法律,”昆西先生回答道,“这些小共和国有一个由法律规定的行动范围,超出这个范围的完全由代表人民的大政治团体来决定。当个别的社群违反法律时,由州的总检察长在法庭面前起诉它们。它们也可以由那些受到它们损害的人来起诉。某个城市有责任整修一条道路,但它疏忽了,我的车坏在路上了。我马上会要求该城市给予我损害赔偿。”

昆西先生还对我说:“我认为我们现在的幸福应更多地归功于一些不因我们的意愿而改变的情况,而不是我们的宪法。这里的人们所有的物质需求都得到满足,而且我们生而自由,我们只知道自由。马萨诸塞州革命前享有的自由与今天相差无几。我们把国王这个名称换成了人民。除此而外什么也没改变。”

注:政府缺席的最令人满意的结果之一是(一个民族足够幸运可以不需要政府,这种情况是罕见的)个人力量的发展,后者是前者的必然结果。每个人都学会自己思考和行动,不依赖外力的支持,无论人们预想得如何周到,这种外力永远都无法满足所有的社会需求。由此,习惯于只靠自己的努力寻求福利的个人在自己的判断和别人的意见中都得到提高;他的内心变得坚强了,同时心胸也更加开阔了。昆西先生谈及的那个起诉城市任其公共道路破损失修的人就是这样一个范例;其余的人也是如此。当一个人想到要对这个社会做某种改进时,无论是一所学院,一家医院,一条道路;他不会想到向政府求助。他宣布他的计划,自告奋勇去实施这个计划,吁请其他个人的力量前

③ 参阅皮尔逊,前引书,第 362 页。

来支援他，直面每个困难并与之斗争。我承认，他最终取得的成就与政府当局在他的位置上时取得的成就相比，经常要少得多，不过总的说来，所有这些个人创办的事业加起来的成果比一个政府所能创办的事业要多得多；此外，这样一种状况对民众的道德和政治品格的影响，弥补了它所有的不足，如果它真有什么不足的话。甚至它的好处还不止于此。不过必须重复的是，只有极少数民族可以这样而无需政府。
90 类似的这种状况只有在文明的两极才可能存在。只需要满足身体欲求的野蛮人只依靠自己。为了让文明人同样只依靠自己，他必须达到这样一种社会状况：他的知识使他清楚地看到什么对他是有益的，而且他的激情不会妨碍他将其付诸实施。一个好政府最需要关切的应当是使人民逐渐养成不需要政府也能自我治理的习惯。

1831 年 9 月 21 日

与格雷(Gray)先生[4]的谈话。格雷先生是马萨诸塞州的一位参议员。他还是一位非常有才干的人。

——我问他，“你们是否有一整套规范乡镇政府的法律？”

——“没有，”格雷先生回答道，“我们有一些一般性的原则。所有其他的都依照惯例。”

问—这些原则是什么，它们在实践中是如何被应用的？

答—总的原则是，全体人民有权通过他们的代表管理所有的乡镇事务(affaires communales)，不过他们应当避免干预所有与乡镇(communes)的内部管理相关的事务，如治安法，对岁入的管理，仅仅与地方相关的事业。立法从不干预这些事务；乡镇自己通过它们每年任命的官员来处理这些事务。公认的规则是，只要一个乡镇处理的是自己的事务而且没有损害任何人的权利，它在自己的领域内就拥有全权。因此，它有不受限制的权力去征税以便为某些事业提供经费，而且它的预算从来不会被修改。

---

④ 这场谈话是托克维尔在按字母顺序排列的笔记本 B 中提及的，它排在字母 J 处，参阅皮尔逊，前引书，第 363 页。

问—当乡镇不遵守法律时会怎么样？

答—检察官(Prosecutor General)会传讯它到它所在县的大陪审团面前，就像对待个人一样。它的任何一个居民都不能担任陪审员，而且如有必要，它会被判处罚金。

问—如何强制乡镇支付罚金？在法国，省长有权按规定把这笔花费记入乡镇的预算。

答—我们这里的做法不同，法律允许罚金或损害赔偿费的债权人任意挑选一个乡镇居民，要求他赔偿。这样一来，这个居民变成乡镇的债权人，他可以如法炮制前一个债权人的做法，并依此类推。尽管如此，这只是一种纯粹的理论。为了避免执行这样的法律，乡镇总是很快就支付了罚金。

问—法官们是否掌握政治大权？

答—我们的法院是州里首要的权力机关。他们被公认可以拒绝执行一项他们认为违宪的法律，而且他们每天都做着这样的事。我把这项赋予法官的权力视为一个民族可能拥有的对自由的最强有力的保障之一。而且法官一点也没有滥用这项权力。他们丝毫没有激起民怨。民众熟悉他们，通过陪审团参与他们的审议。我发现民事陪审团最大的好处之一就是我刚才说到的这种联系以及它在民众与法官之间营造的和睦关系和相互信任，这很大地增加了后者的道德力量。

问—既然您说到陪审团，那么请向我解释一下为什么在美国或者至少在纽约州，你们从不让陪审团审判那些与不诚实有关的和其他涉及良心的同类案件。在我看来，陪审团在裁决这类案件时尤其有用。那么你们的衡平法院(Cour de Chancellerie/court of chancery)的意义何在？

答—首先您必须知道，在马萨诸塞州衡平法院根本不是以同样的方式组织的。您在这里说到的案件和其他案件一样，都在陪审团的管辖权限之内，除非诉讼当事人所期望的与此相反。衡平法院之所以在纽约州和联邦的其他许多州完全地建立起来，是因为这里的人盲目仿效英国的法律。现在说说为什么您指出的、我也承认的这种怪现象会存在于英国法当中。英国是一个从一开始就完全中止使用罗马法的国家。所有的法律都建立在惯例的基础上,而且所有的案件都由陪审团判决。但是当这个民族开始变得文明开化时,人们开始觉察到惯例法的缺陷。这些缺陷是如此之大,以至于我不认为一个民族可能在遵从惯例的同时变得开明起来。渐渐地,人们借鉴了成文法的某些部分。开始着手变革的是教士这个最有学识、最开明的阶层;凭借知识和雄心,教士们或者以这个理由,或者以那个理由把大量的诉讼案件吸引到他们的法庭。总的说来,那是一些与背信弃义、与良心相关的
92 案件。不过,在教会法庭面前和使用成文法时是没有陪审团的。因此这类案件不再由陪审员判决。后来衡平法院接替了教会法庭,尽管排斥陪审团的理由已不复存在,由于习惯的缘故,人们仍继续沿袭这一做法。就这样,一个产生于罗马教权的制度延续到我们这些新教共和派生活的时代。

1831 年 9 月 22 日

利贝尔(Lieber)先生[5](利贝尔先生是一位年轻的德国人,他因主张自由主义而流亡,并因其著作《美国百科全书》而闻名美国)今天晚上对我说:"我们这些欧洲人以为可以通过组织一个大的政治议会来创建共和国。其实正相反,在所有的政体当中,共和政体的产生最有赖于社会整体状况。看看这个国家!共和无处不在,在街道上正如在国会里。当公共道路上出现路障时,街坊邻居们马上组建一个商议的团体;他们任命一个委员会,在冷静沉着的指挥下用集体的力量清除路障。当举行公共典礼或宴会时,您同样会看到一个会议,一次商讨,并会产生一个负责执行的权力机构,没有人会认为事先就存在一个当事人应当服从的权威:这个民族的共和精神是深入骨髓的。"

---

[5] 参阅皮尔逊,前引书,见该书索引。利贝尔(Lieber,1800—1872)来自柏林,1815 年当过志愿兵,并参加过希腊独立战争。他于 1827 年定居美国,从此致力于编撰他的《美国百科全书》。他写过几本关于政治科学的重要论著,并把博蒙和托克维尔的《监狱制度》一书译成英文。同时参阅:《弗朗西斯·利贝尔的生平及通信》,Th. S. 佩里编,伦敦,未注明日期。

另外有一次他对我们说："一个观察过美国的人，如何能相信人们可以移植美国的政治法律到欧洲，而且尤其是相信这是可以一蹴而就的？自从我观察了这个国家，我无法相信德·拉法耶特先生真诚地相信自己的理论；人不会犯这么笨的错误。至于我，我觉得自己一天比一天更倾向于认为宪法和政治法律就其本身来说没有任何意义。它们是一些死物，只有一个民族的民情和社会状况能赋予其生命。"

我们问他："这儿的民情是否真的如人们认为的那样纯洁？"他回 93
答道："底层民众的德行不如开明阶层的好；不过我认为他们比欧洲的同一阶层好。至于开明阶层，他们的德行和人们所能想象的一样完美。我不认为在波士顿的社交界有过一桩风流韵事。一个遭到猜疑的女子会声名狼藉。不过这里的女子太爱卖弄风情，她们的卖弄风情甚至比我们的妇女还要大胆，因为她们知道自己不会逾越一定的限度，而且没有人会认为她们逾越了这个限度。总之，相比美国妇女的冷淡和利己主义的德行，我还是更喜欢我们欧洲的有缺点的妇女。"

问—您认为这里的人们对其激情有惊人的控制力的原因是什么？

答—有许多原因：体质，清教主义的残余（？），劳动的习惯，不存在一个游手好闲的或腐化的阶级（譬如没有驻军），早婚，甚至也归因于住宅的构造，它使得不正当的私通几乎无法隐匿。

问—有人说年轻人的婚前生活并不贞洁？

答—没错，他们和英国人一样趣味粗俗，不过，和英国人一样，他们严格地区分日常生活中的社交和用来享乐的社交。这就像毫无共同之处的两个世界一样。他们绝不会引诱那些正派的女子。

当我们和利贝尔先生散步时，他指着一位正走过我们身边的绅士对我们说："这个人是县治安官，他曾在军队里担任上校。昨天我们在市长奥蒂斯先生[6]的家里见到他（这是真的）。两个月前，我看见他绞死了两个人。"

——怎么会这样呢？我们问道。

---

⑥ 参阅皮尔逊，前引书，索引，第846页。

——在美国，县治安官担当死刑执行人的职责。

——这样的职责不会带来耻辱么？

——一点也不会。处决罪犯的县治安官只是遵照法律办事，就像法官判处罪犯死刑一样；这个职业既不会招来仇恨，也不会招来轻视。正是这种来源于对法律本身的极度尊重（因为它是人民制订的）的对法律执行人的尊重，使这里的人们对警察、征税员和海关职员没有任何敌意，所有这些职业都受到尊重。

他还和我们谈到德国："我们的不幸是没有形成一个单一的民族。在文学上有一个德国，在政治上没有。我认为对一个民族来说，政治上的统一比自由更重要、也更难达到得多。我认为全体德国人能受制于同一个枷锁是一种巨大的幸福，哪怕是一个铁的枷锁。这样他们就会变成一个单一的民族，久而久之也会获得自由。"

感想[⑦]：

在欧洲，最令我们头疼的是那些出身低微又接受了教育的人，教育使他们产生了离开本阶层的渴望，却没有为他们提供相应的手段。在美国，教育的这一缺点几乎不易觉察到。教育总是提供致富的必要手段，并且没有引发任何社会问题。

1831 年 9 月 28 日[⑧]

格雷先生今天对我说："我认为在一个民族当中建立市政制度（institutions municipales）比建立大的政治议会（grandes assemblees politiques）还要困难。我说的市政制度不是指制度形式，而是指赋予制度以生命力的精神。通过商议来处理一切事务以及所有人共同处理事务，甚至是最琐屑的事务，并由多数做决定的习惯，比所有其他习惯都更难以养成。然而正是这个习惯自身造就了真正自由的政府。

---

⑦ 博蒙，第八卷，第 274 页。

⑧ 同上。

正是它使新英格兰不仅与欧洲的所有国家,而且与美国的所有其他部分区别开来。甚至我们的孩子也从不向他们的长辈求助。他们自行处理事务,在我们这儿,没有哪个15岁的人还不曾担任过上百次陪审员的。我毫不怀疑,在波士顿,地位最低微的人也比我们的绝大多数众议员更加具有真正的议会精神(esprit parlementaire),而且更习惯于商议公共事务。不过我们经过了200年的努力才形成这种精神,而且我们有英国的精神和一个完全是共和主义的宗教作为我们的起点。"

问—您不认为新英格兰居民的政治性格很大程度上缘自其天性 95
(nature)吗?

答—天性起了某些作用,不过主要是法律,甚至更多是习俗的缘故。

1831年9月29日

前美国驻西班牙大使和著名作家埃维莱特(Alexander Everett)先生[⑨]今晚对我说:"一个民族的起点极为重要。它的后果无论好坏,总是有着令人吃惊的影响。我们的英国祖先容许监禁被证实欠了债的人;他们甚至容许比这更不合理得多的事情,即未经证实就监禁人。这条法律传给了我们。不过有人批评它,并且有几个州已经开始修订它,在纽约州一个明年将生效的法律彻底取消了债务监禁。在肯塔基州,人们取消了债务已得到证实的情况下的债务监禁,但是人们仍然容许原告在审判之前监禁被告。起源给一个民族带来的习俗是多么地难以克服。"

1831年9月29日

斯帕克斯先生今天对我们说:"有一个关系到整个联邦的普遍的

⑨ 参阅皮尔逊,前引书,第393页。埃维莱特(Everett,1792—1847)曾任驻海牙及马德里的公使。此后他编辑《北美评论》,并任马萨诸塞州议会的议员。1822年他写了一本关于欧洲及其未来的很受好评的书,在另一本出版于1827年的著作中,他为美国考察了相同的问题。

政治问题，它吸引了所有地方报刊的注意力。它们全都站在赞同或反对中央政府的一边。从这个意义上说，它们共同产生的影响与巴黎的两三家大报产生的影响相似，尽管并不完全相似。尽管如此，它们甚至很少在对待某个州政府的态度上产生过分歧。报刊极少关心州政府，它们关心的是它们出版所在地的琐细利益，至少在马萨诸塞州是这样。”

问—每年都会选举众议员和参议员。这样做有时会不会导致立法团体的全体更换？

答—不会。一般说来，四分之三的成员是重新选出的。

问—州长的选举是否会激发很多政治阴谋，选举是否动荡不安？

答—马萨诸塞州的州长只有很小的权力，而且任期只有一年。由此导致的结果是，人们对州长的职位没有太大的热情。而且人们总是可以指望一年之后能够胜出，这缓和了党派的热情。在宾西法尼亚州，州长握有许多权力，如免去和任命公务人员的权力，而且其任期为三年，选举经常会引发激烈争夺。

问—美国的总统为了统治，是否必须在国会拥有多数的支持？

答—不需要。好多次的情形都正好相反。杰克逊将军在上一届国会就没有获得多数的支持。

斯帕克斯先生补充道：“这个国家的政治信条是，多数永远是对的。大体上，我们很乐意接受这一信条。但是人们无法否认经验经常揭示出这一信条的错误（他举了一些这样的例子）。有时候多数想要压制少数。幸好我们的州长有否决权，尤其是法官有拒绝执行违宪法律的权力，这些是对抗民主的激情和失误的保障。”

他还说道：“我认为我们的起源最好地说明了我们的政府和民情。当我们到达这里时，我们是充满热忱的共和主义者和信徒。我们发现自己被放任自流，被遗忘在世界的这个角落。几乎所有的社会，甚至在美洲也是这样，起初都有一个集中权力的政府，然后社会围绕着这个中心点扩展开来。我们的祖先正好相反，他们在创建州之前先创建

■ 40

了乡镇(*la commune*)。普利茅斯、塞勒姆、查尔斯顿在人们能够提及有一个马萨诸塞州政府之前就存在了;它们只是后来才联合起来,而且是通过它们自愿达成的契约联合的。您可以看到,这样一个起点给乡镇精神(*l'esprit communal*)和共和原则提供了多么大的动力,这种精神使我们甚至在美国人当中也显得独树一帜。那些想仿效我们的人应当考虑到我们的历史是没有先例的。"

波士顿,1831年9月30日

柯立芝(Coolidge)先生[10]今天对我说:"在美国,我们不害怕天主教,因为我们相信在我们这儿,它将变得对我们的政治风尚(moeurs)毫无影响。在这里,我们注意到天主教徒总是投最民主的政党的票。 97
他们的确是最贫困的。天主教徒占主导地位的巴尔的摩,是联邦中最民主的城市。"

查尔斯·卡洛尔(Chrales Carrol)[11]是天主教徒。

问—你们有时会感到政府缺席吗?

答—不,正相反,我们只是担心它插手那些并不是非由它做不可的事务。

波士顿,1831年10月1日

与亚当斯先生[12](前总统)的会晤。我们在参加埃维莱特先生家的餐会时遇见他。人们把他当成一位贵宾来接待,对他非常客气。不过仅此而已。大多数在场的人们称呼他先生。有些人谦恭地称呼他"总统"。亚当斯先生62岁了,看上去精神和身体还充满活力。他的法语说得既流利又优雅。就餐时我被安排在他的邻座,于是我们进行了一次长谈。

---

⑩ 见笔记F,第307至308页。参阅皮尔逊,前引书,第366页。

⑪ 参阅皮尔逊,同上,第501页及下面第120页。

⑫ 约翰·昆西·亚当斯(1767—1848),联邦第二任总统约翰·亚当斯之子,他本人是第六任总统(1825—9)。他击败了杰克逊,后者在下一次选举中报了一剑之仇。

我告诉他当我看到美国人是如此地不需要政府时，我感到很吃惊；我注意到持各种意见的人都有派遣其代表到一个预先指定的地点并召集他们开会的权利，此外还有其他的权利。亚当斯先生回答道："这些集会仅仅始于五六年前。今天我们用这种方式来处理所有的事务，不过坦率地对您说，我认为这种集会是危险的。它们僭占了政治团体(corps politique)的位置，并且最终可能完全妨碍它们的行动。"

我们谈到了美国人通常的性格，他说道："有两个事实对我们的性格造成了巨大的影响。在北方，是新英格兰最初的创建者的宗教和政治信条；在南方，是奴隶制。"

问—您是否把奴隶制视为美国的一大祸患？

答—是的，毫无疑问。几乎现在的所有麻烦和将来的所有忧虑都源于此。

98 问—南方居民意识到了这种状况吗？

答—是的，在他们的内心深处，不过这是个他们不愿意承认的事实，尽管这个事实显然使他们感到忧虑。奴隶制已经完全改变了南方的社会状况。在那里，白人形成一个阶级，这个阶级有着贵族的所有观念，所有激情和所有偏见。不过您可别搞错了，任何地方的白人都没有像南方的白人那么平等。在这里，我们在法律面前是非常平等的，不过在生活习俗方面却完全不是那么回事儿。这里有上流阶级和劳动阶级。在南方，所有白人都同等地享有特权，他们的命运就是驱使黑人劳动而他们自己不劳动。您无法想象劳动是可耻的这一观念在南方美国人头脑中是多么根深蒂固。在联邦的这一部分，黑人不充当从属的工作人员的所有事业都无法获得成功。所有在查尔斯顿(Charleston)和城市(ville)里从事大宗贸易的人都来自新英格兰。我记得有一位和我在华盛顿同桌吃饭的南方议员，当他看到一些白人侍者正忙着为我们服务时，无法掩饰他的惊奇。他对亚当斯太太说："我认为让白人当侍者是对人类的羞辱。当他们中的一位上前为我更换盘子时，我总想把我在餐桌边的位子让给他。"南方白人的游手好闲导致了他们在性格上的巨大不同。他们沉迷于体育锻炼、打猎和赛马。他们体格健壮，勇敢，注重荣誉；他们比所有其他地方的人都更看重与荣誉相关的事，决斗是经常的事。

问—您是否认为，南方确实不能没有黑人？

答—我认为正好相反，欧洲人在希腊和西西里开发土地，为什么他们不能在弗吉尼亚和卡罗莱纳做同样的事呢，那里并没有更炎热呀？

问—奴隶的人数是否在增长？

答—在特拉华（Delaware）以东的所有地区，奴隶的人数减少了，因为那里的人们种植小麦和烟草，而黑奴对于耕种这些作物不仅无益，反倒是负担。于是人们把黑奴从这些地方运送到种植棉花和甘蔗的地区；在这些地区，黑奴的数量增加了。在那些已经引进黑奴的西部州，黑奴的数量仍然很少。我不知道有什么人比一个不和主人说一 99
句话，而且不怕挨打的黑人更傲慢无礼的了。甚至黑奴相当恶劣地对待主人的情况也并不罕见，当他们面对的是一个软弱无力的主人时。女黑奴尤其很经常滥用女主人的仁慈。她们知道对她们施以体罚是不合乎惯例的。

我们谈到了宗教，亚当斯先生似乎认为它是美国社会最重要的保障之一。我问他是否认为宗教原则在美国正走向衰微。

他回答道："如果拿目前的状况与一个世纪前的状况相比，是的；不过如果拿今天的情形与40年前的情形相比，我认为宗教在我们中间赢得了而不是失去了更多的影响力。40年前，法国的伏尔泰的哲学，以及英国的休谟学派动摇了所有欧洲的信仰。美国也受到了冲击。自从那以后，法国大革命犯下的罪行给我们留下了很深的印象；在精神领域出现了反动，它的影响至今仍可以被感觉到。"

我对他说："不过您想一想人类的精神自从离开天主教之后走过的道路。您不认为它们在继续前行，您没有看到这个国家的一位论派教义是区分基督教与自然神教的最后一个环节了么？"亚当斯先生承认他正是这么认为的。他补充道："尽管如此，波士顿的所有一位论派教徒强烈抵制他们的教义的这一后果，并且坚持他们的极端立场。”

亚当斯先生似乎认为美国的秩序与内部安定最重要的保障之一在于人口的西迁。他补充道，“还得经过好几代人，我们才会感觉到人口过剩。”

然后我和他谈及联邦的一些更紧迫的危险，以及一些可能导致它解体的原因。亚当斯先生什么也没有回答，不过显而易见的是，在这个问题上，他对将来的信心并不比我大。

亚当斯先生刚刚当选为国会议员。许多人对于他接受这一职务感到吃惊。这是第一位再次就任公职的总统。

100 1831 年 10 月 2 日

今天我去见查宁(Channing)先生[13]，他是最有名的传教士和美国当今最杰出的作家(在严肃体裁的文学领域)。查宁先生身材矮小，由于劳累而神情疲惫，可他的目光如炬，态度热情。他有着一副我所听过的最动人的嗓音，他很热情地招待了我们，我们和他进行了一次长谈，以下就是这次谈话的部分内容：

我们和他说起了法国的缺乏宗教信仰，他回答道：“我对法国抱有最强烈和最持久的兴趣，我相信整个欧洲与法国的命运是休戚相关的。你们在你们的四周行使着巨大的道德权力，大陆的所有民族将追随你们所开辟的道路。你们手中掌握的善与恶的权力超过了任何一个曾经存在过的民族。我不认为人们没有指望看到信仰宗教的法国。你们历史上的一切都证明了你们是一个宗教民族。此外，我认为宗教是人心的一种如此迫切的需要，以至于一个伟大的民族不信仰宗教是违背自然的。我希望正好相反，你们能朝着人类的完美境界迈出新的一步，而且你们不要像英国人那样半途而废。他们停留于 17 世纪的新教教义。我相信法国受到更高的使命的召唤，将发现一种更纯洁的宗教形式。”

---

[13] 参阅皮尔逊，前引书，第 837 页；博蒙，第八卷，第 280 页及其下。

我们和查宁先生谈起一位论派，我们告诉他，许多属于新教其他宗派的人和我们说起它时都带着冷淡的态度。

——“我们与他们之间的问题，”查宁先生对我们说，“是要知道17世纪会重来呢还是已经一去不复返了？他们开辟了道路并且想要恰好停留在第一位革新者自己停下来的地方。我们呢，我们想要继续前行，我们坚持认为如果人类的理性将趋于完善，人类在一个还是粗俗和堕落的世纪里信奉的东西是不可能完全适合于我们所生活的开明世纪的。”

——“可是您不担心，”我坦率地问他，“由于不断地纯化基督教，你们最终会使宗教的实体消失么？我承认，我对于人类的精神自从信仰天主教以来走过的路感到担心；我害怕它最终会走向自然神教。”

——“我认为几乎不必担心出现这样的结果，”查宁先生回答说，“人类的精神需要一种确定的宗教，它为什么有一天要背弃基督教呢？它的论证一点也不害怕理性最严厉的检视。”

——“请允许我提出异议，”我说道，“我的异议不仅针对一位论派，而且针对所有的新教宗派，甚至在政治世界里有着重要关系：您不认为人类天性的构成使得无论教育和社会状况如何完善，总会有一大群人由于其处境的性质，无法在理论问题和抽象的问题上运用其理性，这些人如果没有一个教条式的信仰，将会什么都不信？” 101

查宁先生回答说：“事实上，您刚才提出的异议，是人们针对新教教义的原则可能提出的最严重的异议。不过我不认为它是无法反驳的：首先，我认为对于所有有着健全心智的人来说，宗教问题并不像您认为的那么困难，而且上帝已经将这个问题的解决之道放在了所有人都可触及的地方；其次，在我看来天主教根本没有解决这一困难；我承认，一旦人们接受了教会无谬误这一信条，其余的就变得简单了，不过要接受这第一点，您就必须求诸理性。”

这个论据在我看来与其说是坚实的，不如说是貌似有理的，不过由于我们的时间有限，我从另一个角度想了想这个问题并接着说：“在我看来，天主教已经在宗教上建立了能人的统治或者贵族制，而你们在这里引进了民主制；不过我得跟您说，用民主制的手段像统治政治社会那样统治宗教社会，在我看来还根本未被经验所证实。”

查宁先生回答说：“我认为不应当过分强调这两种社会的区别。至于我，我认为所有人都能够理解宗教的真理，而且我不认为所有人都能够弄明白政治问题。例如，当我看见使最著名的经济学家们意见分歧的关税问题被交由民众判断时，我认为人们不如把这个问题交给我儿子评判算了(他边说边把一个十岁的孩子指给我们看)。不，我没法相信公民社会建立起来是为了让总是比较无知的大众直接管理。我认为我们走得太远了。”

1831 年 10 月 2 日[14]

我今天和克雷先生在一起(克雷先生是一位非常热忱的长老会信徒)。他热情地为民主和宗教的事业辩护。他对我说：“我承认，我们
102 身处非常有利的特殊境况中。但我丝毫没有对所有开明的民族最终会追随我们的榜样这一点失去希望。”

——“什么！”我问他，“您认为总有一天欧洲的大国会达到你们这样的无限民主么？”

——“我希望这样，”他回答道，“尤其是那些已经成为或将要成为新教徒的民族。我认为新教对于一个共和民族来说是不可或缺的。在我们这里，宗教是自由的最确实的保障。它与自由携手前行，并使自由的原则神圣化。如果有一天我们不再信仰宗教了，我会认为我们的境况相当危险。这一看法是我们这里所有开明之士的共识。我们知道西迁的移民有点远离了他们父辈的宗教习惯。这一景象令我们十分害怕，我们是如此地确信听任我们的近旁建立一个无信仰的社会将带来政治上的危险，以致我们花费巨资来帮助人们建立学校和教堂。新英格兰的许多家庭到密西西比的峡谷去定居，仅仅是为了在那里形成一个信教人群的核心。”

---

[14] 皮尔逊似乎没有考察过这个笔记；参阅前引书，第 736 页。

我对克雷先生说:"特别有利于你们的共和制度的是你们由一些几乎完全相互分立的小国(petite nation)组成。"他回答说:"这一点比您所认为的还要真实。不仅每个州形成一个国(nation),而且州的每个市镇(ville)也形成一个小国(petite nation)。一个市镇里的每个区是一个小国,有着它的独特利益,它的政府,它的代表,总之,有着它的政治生活。只要巴黎仍代表着法国,你们的政府就是群氓(populace)的政府,而不是人民的政府。"

1831 年 10 月 2 日

斯帕克斯先生今天对我说:"在马萨诸塞州,地产不再划分了,长子几乎总是继承所有地产。"

——"那其他孩子怎么样?"我问道。

——"他们迁移到西部。"

注:这个事实的影响极为深远。

1831 年 10 月 5 日

哈特福德的法官(?)邓斯(Dens)先生今天对我说:"去年我在国会。我在那里看到了 36 个原先来自康涅狄格州的议员,我们的移民潮是多么巨大啊。康涅狄格州自己只有 6 个议员。"

1831 年 10 月 5 日 103

马萨诸塞州代理州长的儿子及议员温思罗普(*Winthrope*)先生[15]今天对我说:"这是个人们不愿看到却千真万确的事实,在我们中间,受教育水平最高的省(province)是犯罪率最高的。"这一断言令我吃惊。我在美国第一次听说这样的事。

——"您如何得到关于这一事实的证据的?"我问道。

---

[15] 皮尔逊,前引书,第 441 页。

——“只要对比一下人口状况(l'etat de la population)和犯罪数据就行了。”

注:这一观察需要加以证实。

1831年10月13日

富兰克林的信徒,一位在费城很受尊敬的老人沃恩(Vaughan)先生[16]今晚在和我谈论监狱制度时对我说:“我们的胡桃木街(Walnut Street)监狱的状况很糟。当贵格会教徒管理这个监狱时情况有所不同,不过反对贵格会的政党不久前在选举中获胜,贵格会教徒被逐出了所有的职位。”

——“可是,”我问道,“政治与监狱有什么关系?”

——“当然没有关系,”沃恩先生回答道,“但是各种职位激起了人们的嫉妒心,当一个党派获胜时,它就想要抢占这些职位给它的支持者。”

——“民主制度的这一后果被充分地认识到了,”考克斯(Coxe)先生[17],一位正在谈话现场的费城法官补充说道,“为了设法医治这一弊端,立法机构把任命典狱官[18]的权力交托给了一个绝大多数成员为法官的委员会。人们觉得作为终身法官,他们不太会在做选择时受到政治的左右。”

1831年10月16日

理查兹(Richards)先生[19](费城市的市长,看起来他在这个地区很受尊敬)今天对我说,通常民众在做选择时显得非常明智。

“在法国并不总是这样,”我回答道,“在我们那儿,民众对上层阶级有一种古老的敌意。这使得当民众做主时,人们经常会看到一些没有受过教育的、行为不具备任何社会保证的人当选。”

---

⑯ 皮尔逊,前引书,第461页。

⑰ 同上。

⑱ 监狱长。

⑲ 参阅皮尔逊,前引书,第477页。

理查兹先生接着说道:“在我们这儿,从来没有见过类似的事。的确,在美国,人们可以称为上层阶级的那些人从未享有特权,也从未在政治上公开地脱离民众。不过应当理解我们的处境。可以说,我们的共和制是中产阶级的胜利和统治。例如,在中部和新英格兰诸州,在民众和真正的上层阶级之间,根本没有真正的联系。后者并不掩饰对于民众的才智的缺乏信任,对于多数的激情的某种轻视,以及对于民众的举止的某种嫌恶;他们事实上把自己孤立于民众之外。在民众这一边并没有明确的敌意,但是出于一种本能的嫌恶,它只是偶尔才推选上层阶级担任公职;通常它从中产阶级当中挑选候选人。他们才是真正的统治者。”

问—您是否认为这是件好事?

答—中产阶级对社会最有益处,而且我们发现他们在处理政治事务方面和其他人一样有禀赋。不过我刚才和您说的情况在南方还完全觉察不到。西部也一样,社会前进得太快了,所有的社会要素相互汇合碰撞,形成如此混乱的局面,以至于人们无法下一个类似的论断。

1831 年 10 月 27 日

罗伯茨·沃克斯(Roberts Vaux)先生[20]今天对我说:“我把制造业看作一个社会的必需品,不过是一个有害的必需品。它使人心败坏并使人们经常遭受可怕的贫穷的威胁。人们应当尤其害怕把制造业体系引进一个和我们一样完全民主的国家。在法国和英国,当从事制造业的民众遭受贫困并想要扰乱秩序时,在他们之外还有一种力量准备维护秩序。可是在我们这儿,那个在民众之外的力量在哪里呢?”

我回答说:“可是请注意,您刚才说的话很重要,因为如果您承认多数有时可能想要制造混乱和不公,那你们政府的原则又成了什么?”

---

[20] 参阅皮尔逊,前引书,索引,第 851 页。

罗伯茨·沃克斯先生回答道:“我向您承认,我从未赞成过普选制度,它确实把政府交给了这个社会上最容易激动且受教育最少的阶
105 级。我们这里真的没有任何防范民众的保障。立法权没有任何独立性可言。我希望参议院能由大地产主来选举。可是由于它与众议院是由同样的选民选举出来的,它抵御民众激情的能力并不比众议院更强。”

1831 年 10 月 27 日

费城的著名律师　　　[21]先生对我说:“我们曾有一部破产法,但是尽管它与政治毫无关联,它还是在制订这部法律的政党不再拥有多数的时候被撤销了[22]。”

1831 年 10 月 27 日

和杜蓬索(Duponceau)先生[23]的谈话。杜蓬索先生是一位长者,他是几部受到重视的书的作者,并因其博学多识而闻名。他是法国人,不过已经在这个国家居住了将近 60 年。他一边谈论着法国,好像它仍像他记忆中的那样,一边对我们说:“在法国,构成你们道德观念的一部分的,是你们那儿的每个人都局限于某个他并不指望走出来的特定领域。这儿正相反,无论每个人的出发点在哪里,通向财富和权力的道路向所有人开放,由此产生了一种您难以理解的精神上的不安宁和对财富的热望。您设想一下,这里的所有人都想发财致富和平步青云,而且没有人会认为自己没法成功。由此产生了一种令人疲倦的社会运动,一种充满阴谋诡计的运动,一种持续的骚动,一种无节制地想要超过其他人的渴望。”

——“可是在这些激情当中,”我问道,“平等变成什么样了?”

——“平等只在公共空间(la place publique)才存在,”杜蓬索先生

[21] 原稿的一处空白。

[22] 见按字母顺序排列的笔记本 A,破产,第 207 页。

[23] 参阅皮尔逊,前引书;见索引。

回答道，“金钱在社会上制造了极度的不平等。一位有才学的人，无论他是贫或富，无疑到处都会受到接待；可是人们会处心积虑地让他感觉到他不是一个富人，而且他的妻子和子女不会受到接待。‘我们不能经常和那些人来往，’女人们说，‘他们只有两千古德（gourdes）[24]的收入而我们有一万。’正是这种无节制地想要出人头地的欲望驱使如此多的家庭追求奢侈并破坏了生活的简单质朴。同样，想要出众的欲望也存在于州与州之间。虚荣心让我们白白地从窗户扔出去多少钱啊！”

——“我听说，”我说道，“你们通常让一些无能的人来负责管理你 106
们的事业。”

——“这是真的，”杜蓬索先生回答道，“选中一个有才能的人是很罕见的。所有职位的授予都是出于政治的考虑；这里和君主制下一样，宗派精神和阴谋诡计是推动力。只不过主人不同了。”

杜蓬索先生在另外一个时候说道：“那些做了事的人们是怎样地容易忽略事情的后果啊！我不怀疑如果英国1763年没有征服加拿大，美国革命就不会发生。我们就还是英国人。在北面需要抵御法国的力量，在西面印第安人与法国人是天然的盟友，这会使殖民地继续依赖大不列颠。如果它们试图摆脱枷锁，法国为了不让加拿大闹独立，将不敢站在殖民地这一边。可是在我所说的那个年代，没有哪个民族比英国更陶醉于自己的胜利了。”

他还说道：“美国最大的祸患是奴隶制。它只会日益恶化。时代的趋势倾向于赋予奴隶自由。我不怀疑黑奴最终会全部得到解放。不过我认为他们的种族有一天将从我们的土地上消失。”

——“为什么会这样呢？”我问道。

——“在我们中间，白人的血和黑人的血永远不会混杂。这两个种族彼此仇恨却不得不住在同一片土地上。这种状况是违背自然的。最终两个互为仇敌的民族中较弱的将被消灭。而白种人由于得到西

---

[24] 海地货币单位。——译注

部和北方白人的支持，在南方不可能被消灭。黑人将武装起来对付白人并将被灭绝。我们只有通过大屠杀，才能走出我们的祖先由于引进奴隶制使我们陷入的困境。”

1831 年 10 月 28 日

和布朗先生[25]的谈话。布朗先生是一位著名的律师，路易斯安那州一位十分富裕的种植园主。他曾任驻法国大使达 8 年。

我们谈到了贵格会教徒，他对我说：“很可惜，贵格会教徒无所顾忌地穿着怪异的服装，并且在任何情况下都禁止反抗压迫。此外，他们的教义倒是值得赞赏的。在所有的宗教派别中，这是惟一一个总是
107 尽可能地身体力行宽容和基督教的慈善的。享乐是贵格会教徒所禁止的，他们的(?)钱财也无用，行善是他们惟一的乐事。不幸的是，他们的数量在减少，而且他们内部闹分裂。长期以来，他们主张这样的教义：使人得救的是善行，而不是信仰；可是后来他们抛弃了这个有益的信条；今天他们形成了两个不同的教派，其中一个与一位论派十分接近，并和他们一样否认耶稣基督的神性。”

——“既然我们正在谈论有关宗教的话题，”我说，“那么告诉我应当如何看待这个国家的宗教原则。它只是流于表面吗，或者它深深地扎根于人心中？它是一种信仰，还是一个政治原则？”

——“我认为，”布朗先生回答道，“对于大多数人来说，宗教与其说是一种经过证明的真理，不如说是一种值得尊敬和有益的东西，我认为在人们的灵魂深处有一种相当明显的对教义的漠不关心。人们在教会从不谈论这个，他们关心的是道德问题。可是在美国我没见过唯物论者，我相信人们对于灵魂不死和报偿及惩罚的理论的坚定信仰可以说是普遍的；这是所有教派相互交汇的共同领域。我已经当了 20 年的律师，我总是看到人们对于誓言抱有很大的敬意。”

我们谈到了布朗先生已经居住了 20 年的新奥尔良。他对我说：

---

[25] 《全集》，第八卷，第 284 页及其下。

“在新奥尔良，有一个阶层的妇女专门与人姘居：那是有色人种的妇女。对她们而言，伤风败俗的事几乎可以说是她们在忠实履行的一个职业。一个有色人种的女孩一出生就注定了要做一个白人的情妇。当她到了婚龄，她的母亲便留心着给她找个人家。这是一种暂时的婚姻。它通常持续几年，在这段时间内，很少有人会责备这个给人做情妇的女人不忠。她们就这样从一人之手被转入另一人之手，直到她们攒足了一笔钱，她们就真正地与一位和她们门当户对的男子结婚。然后再让她们的女儿走自己的老路。”

——我说道：“这种事情是非常违背自然的；它一定会极大地扰乱社会。”

——“并不像您认为的那样严重，”布朗先生回答道，“富家的年轻子弟是十分荒淫放荡，可是伤风败俗的事只局限在有色人种的妇女圈子内。法国和美国裔的白种妇女的道德十分纯洁。她们之所以是贞洁的，我认为首先是因为她们喜爱贞洁，其次是因为有色人种的妇女们不守贞节；拥有一个情夫就等于与她们为伍了。”

——“这一点是真的么，”我问道，“北方的美国人和南方的美国人 108
的性格有很大差异？”

——“差异极大，”布朗先生回答道，“北方的美国人都充满才智和活力；在他们的生活中，心灵的享乐几乎不占据什么位置。他们是冷静的，精于算计的，谨慎持重的。南方的美国人正好相反，他们是坦率的、热烈的；发号施令的习惯赋予了他们的性格以某种傲慢，以及一种完全是贵族式的对荣誉问题的敏感。他们生性极懒，把劳动视为一种耻辱。”

——我在另外一个时候问布朗先生：“在美国，民众在做选择的时候难道不经常犯错吗？”

——“是的，经常犯错。”他回答道。

在另外一个时候，布朗先生对我说：“有件奇怪的事，在新奥尔良，有色人种总是和白种人携手行动一致反对黑人。”

1831 年 10 月 30 日

与巴尔的摩一位很著名的律师拉特罗布(Latrobe)先生[26]的谈话。

他对我们说:“我认为马里兰的宪法是美国最民主的。人们无需缴纳一定量的税额才能成为选民。任何男子,只要是美国的公民,并在共和国住满一年就可以成为选民。”

——“您没有发觉,”我问道,“普选制度有什么弊病吗?”

——“有一些弊病,”拉特罗布先生说,“民众的选择并不总是对的。有人发现我们的立法机构里有才干的人不如弗吉尼亚那么多。”

——“可是,”我接着问道,“既然你们的立法机构是如此地民主,那么在美国,马里兰并非真是贵族精神更为显著的地方了?”

拉特罗布先生回答道:“我们外在的习惯确实保持着一种贵族制的外表,但它既不存在于我们的法律中,也不存在于我们的政治风尚中。因而这里比其他所有地方都更讲排场;您会在街上看到四驾马车,短上衣(jackets),各种侍从;不同家族的成员以地产的名字相互区分。

——“过去你们的法律,连同你们的民情,都是贵族制的?”

109 ——“是的,马里兰是由一些英国贵族创建的,此外,最初的移民信奉的是本身赞同贵族制的天主教。于是他们把土地分割为大地产;可是美国一点也不利于大地产的存在,大地产主们从来没法从他们的土地上获取巨大收益。不过,直到革命前,马里兰都显得像一个英国的省份;在那里,出身和在大西洋的另一侧一样重要;所有的权力都掌握在一些大家族的手中。”

——“是什么改变了这种状况?”

——“继承法。随着财产的平分,财富被迅速分割。有几个家族,例如查尔斯·卡洛尔[27]由于在几个世代中只有一个代表(representant),因而保住了他们的财富,但是通常情况下大地产都被分割成上千块。伴随着小土地所有者和工商业的发展,民主诞生了。您已看到它带来了多大的进步。”

㉖ 参阅皮尔逊,前引书,第 493 页。

㉗ 参阅皮尔逊,前引书,索引,第 837 页。

——“可是那些大家族的成员如何能容忍这种变化呢？他们对民众的态度如何，民众又是如何看待他们的？”

——“民众丝毫没有像您似乎认为的那样，对古老家族的成员抱有敌意。民众不偏不倚地任命他们担任所有的公职。在古老家族的成员这一方面，他们也没有表现出对现存秩序的任何敌意。这种状况可归因于两方面的形势：在与大不列颠的战争爆发之际，马里兰的大家族热情地支持争取独立的事业，他们分享了民众的激情并在战场上指挥民众。独立战争结束后，使人们意见分歧的政治问题是宪法。这个民族分裂成想要赋予联邦很强大的中央权力的联邦主义者，以及想要为各州保留几乎完全的独立的民主主义者或共和主义者。后一个党派最终胜出，它是最受民众喜爱的党派。马里兰的贵族出于对权力的热爱，以及出于保持他们在当地的重要地位的愿望，几乎完全支持这个党派。这就是两次重大时机，在其中贵族与人民并肩前行，并赢得了一些获得支持的权利。我刚才和您谈到了联邦主义者和共和主义者，而且我告诉您共和主义者最终获得了胜利。这指的是他们最终掌握了权力。尽管如此，一旦他们掌管了政府，他们对政府的管理与他们的对手可能做的几乎完全一样。他们认可了一个中央权力，一支 110
常备军，一支舰队……反对党从来就不可能按照使他们上台掌权的那些原则来统治。现在，美国并没有真正意义上的党派；一切都变成了人事问题(questions d'hommes)。有一些掌权的人和一些想要掌权的人，在位者和不在位者。

——“民众最经常选哪个阶层的人？”

——“律师。美国是由律师统治的。正是他们占据了几乎所有的职位。总统是位军人，不过看看他所有的部长：没有一位部长不是律师。这里的律师比联邦其他地方的律师更具优势，因为这里有个习俗，选举前候选人会与民众交谈。我们经常看到候选人中的一个凭着滔滔雄辩出乎意料地赢得了选举，而他的对手本来应当凭真才实干赢得这场选举的。”

——“马里兰还存在奴隶制么？”

——“是的，不过我们为了废除它作出了巨大的努力。法律允许出口奴隶但绝对不允许进口奴隶。由于种植的是小麦，我们没有黑奴也没有问题。这甚至还可能是一种节约呢。”

——“解放奴隶是被允许的么？”

——“是的，可是我们经常看到解放奴隶带来许多恶果，获得自由的黑奴发现自己比受奴役时更加不幸，而且更加孤苦无告。有一件怪事，在切萨皮克(Chesapeake)以西，黑人的人口增长得比白人快，而在同一个海湾以东，情形正好相反。我认为这是因为西边仍然被分割为大地产，这根本没法吸引有技艺的自由人口。”

“巴尔的摩[28]现在有 80,000 人口，在革命的年代只有不到 30 户人家。”

——“那么是什么使这个城市发展得如此迅速呢？”

——“首先是我们的革命的后果；然后是圣多米尼加[29]的没落使许多法国家庭回流到我们这里并使我们获得了殖民地的原材料供应，最后是欧洲的革命引发的战争。英国和整个大陆作战并控制了海洋；我们变成了欧洲的制造商。”

——“北方的美国人和南方的美国人真的存在很大的差异么？”

——“是的，在巴尔的摩，我们相信自己可以认出大街上的北方

佬，甚至是纽约或费城的居民。”

——“可什么是使北方区别于南方的主要特征呢？”

——“我这么说它们的不同吧：北方的特色是有进取精神(*l'esprit d'entreprise*)；南方的特色是有贵族气。南方居民的举止坦率，豁达；他容易激动，甚至易怒，对与荣誉相关的问题十分敏感。新英格兰人则冷静，精于算计，有耐性。当您到一个南方人的家里时，您会受到热情款待，他会和您分享他家里的一切乐事。北方人呢，当他接待了您之后，他就开始盘算是否可以和您做生意。”（拉特罗布先生有声有色地描绘完这幅画像之后，似乎担心对我们说得太直率了；于是他补充

---

[28] 参阅《托克维尔全集》，第八卷，第 287 页及其下。

[29] 指海地——译注

了几个细节，以便消减刚才那番话的影响。）

——“可是你们目前的法律，特别是你们的继承法，应当会改变你们的社会面貌？”

——“是的，过去我们这里有一批靠他们的土地为生的地产主。通常那些人是这个国家最出色的人。他们接受了非常好的教育，有着英国上流阶级的言谈举止和思想观念。我们还有一定数量的绅士农民；可是继承法和民主扼杀了他们。两三代人之后，他们将会消失。”

——“你们对此不会感到惋惜么？”

——“从某种角度看，是会感到惋惜。这个阶级通常是立法和军事方面的杰出人才的摇篮。他们是我们的最好的政治家和最有品格的人。革命中所有的伟大人物都出自南方的这个阶级。不过，我倾向于认为，通盘考虑起来，新的秩序更好些。现在我们这里的上层阶级不那么卓越了，可是民众却更加开明了；杰出之士少了，但幸福更为普及了。总之，我们一天比一天更接近新英格兰了。现在，尽管新英格兰有着我和您说过的那些问题，但它在所有与社会经济相关的领域都远远超过了我们。我认为有一天，整个美国大陆必定会以新英格兰为榜样，加快这一进程的是北方人的持续南迁。他们致富的热望和进取精神不断地把他们推到我们中间。所有的商业和对社会的掌控都会逐渐落入他们手中。”

——“您认为在马里兰，人们可以不需要奴隶么？” 112

——“是的，我确信这一点。一般说来，奴隶制是一种昂贵的耕作方式，而对于某些作物来说就更是如此。种植小麦的确需要大量工人，可是只在一年中的两个时期，即播种和收获的时节。奴隶在这两个时节是派得上用场的。在一年中的所有其他时间里，必须供养他们，却可以说是不使用他们。此外，在一个有奴隶的农庄里，总是有许多妇孺需要供养却没有用。因而在种植谷物的地区，奴隶制通常没有任何益处。而马里兰的绝大多数地区都是这种情形。在种植园的产出很大的南方，人们则可以使用奴隶。”

——“可是如果糖和咖啡比小麦更有利可图，而且奴隶制是比自由劳动更昂贵的一种耕作方式,由此的确可以得出南方人可以保留他们的奴隶的结论,可是同时也可以得出结论说,如果他们自己来耕种或雇用自由劳动力,他们还会从土地中得到更大的回报?"

——"无疑是这样,但南方的白人无法从事黑人轻易就能做到的那些事而不生病或死掉。此外,有一些作物是使用奴隶比雇用自由工人花费更少的,比如说烟草。烟草需要有人持续地照看;人们可以让妇女和儿童来种植它。在一个劳动力和美国一样昂贵的国家,不用奴隶是难以种植烟草的;这种作物特别适于使用奴隶劳动。烟草是惟一一种在马里兰种植的南方作物。随着奴隶的消失,人们最终将放弃种植烟草。失去这一方面的收入比保留着它来得好。我和您说的所有这些绝不只是我一个人的看法,它是公共舆论的表达。15 年来人们对这个问题的看法发生了一次彻底的革命。15 年前,人们不允许说奴隶制在马里兰可能被废除;现在,没有人对此有怀疑了[30]。"

——"您不认为继承法会对奴隶制的存在产生重大影响么?"

——"是的,影响极大。财产的划分使富裕的小业主增加,并迅速产生出一个与奴隶竞争的白人劳动者阶级。在马里兰所有财富已经
113 被划分的地方,奴隶制都已经消失,白人群体也得到了异乎寻常的发展。"

——"在马里兰,你们有一部黑人法典吗?"

——"没有。刑法典适用于两个种族。不过有一些行为只有黑人做了才算违法。例如一个黑人,即便他是自由人,也不可以携带武器。一个黑奴如果没有他主人的书面允许,不可以为了自己的利益从事买卖。自由黑人不可以集会。"

——"解放了的黑奴是否享有政治权利?"

——"没有。在宾西法尼亚州,法律赋予了他们政治权利,但实际上它们和我们这里一样没有被行使。"

——"马里兰的公共教育真的比新英格兰落后很多吗?"

---

[30] 《全集》,第八卷,第 288 页。

——“是的。我们只不过刚刚踏上北方人已经走了200年的道路而已。我们遭遇到的最大障碍在于民众自身的观念。我们这儿长期以来而且现在还时时有这样的怪事:社会上的开明阶级感到有必要发展对民众的教育,并不断努力普及它。可是民众还看不到拿他们的钱去实现这个目标的必要性,他们不让那些想要不顾民众自身的意愿为民众谋福利的人担任公职。”

——“您是否知道您对我说的这些话是反对人民主权原则的一个非常强有力的论据?”

——“不,至少我不这么认为。民众经常是盲目的,他们会犯些令人难以置信的错误。可我总是看到他们最终会明白他们自己的利益所在。而且到那时他们所做的比最强大的政权所能做的还要多。因此,在公共教育方面,长期以来我们不可能做任何事;可是现在公共舆论开始转向我们这一边,推动力已经产生了,现在什么也无法阻止我们办教育了。”

——“天主教徒在美国发展得怎么样?”

——“他们的人数增长得极快,而且他们一直保持着很巧妙的发展策略。天主教徒是惟一一个从来不在教义问题上闹分歧的宗教团体。他们团结得像一个人似的向前发展。20年来,他们很有技巧地把他们所有的努力转向教育。他们创建了一些神学院和中学。在马里兰,最好的学校是天主教徒创办的。在其他州,也有一些中学。这些中学里有很多人是新教徒。马里兰大概没有哪个受过良好教育的年轻人是没有受过天主教的教育的。尽管他们十分留心不向他们的学生谈论他们的信仰,你会感觉到他们总是在施加着某种影响。此外, 114
他们非常明智地把他们最主要的努力转向妇女教育。他们认为当母亲是天主教徒时,孩子们也几乎总会成为天主教徒。通常他们在美国的主教都是些有才干的人。”

——“美国的天主教徒如何看待教会的统治?”

——“他们承认教皇有任命主教的权力,主教有任命神甫的权力。至于信仰问题,他们认为只有教皇出席的全体主教会议(? le Concile universel joint au Pape)才有权作决定。”

1831 年 11 月 1 日

与斯图亚特先生[31]的谈话，斯图亚特先生是巴尔的摩的一位名医。

他对我说：“医生在美国有一定的政治影响力。在小地方，他们拥有民众的信任并经常被选派到立法机构和国会。人们有时也选派教士去这些机构。但这种情况很少见。人们通常倾向于让教士待在教会里，并使他们与国家分离。”

——“您对美国的宗教精神有何看法？我向您承认，所有那些宗教信仰深处的对宗教的严重冷漠引起了我的注意。我设想开明阶级中的大多数人对教义存有许多疑虑，但他们小心提防着不把它们流露出来；因为他们感到一种确定的宗教（une religion positive）是一种道德和政治制度，维持它有着重要意义。”

——“您描绘的这幅图景有些夸大其辞。在美国，绝大多数人，甚至包括开明阶级，而尤其是民众，是确确实实信仰宗教的，他们坚信一个非基督徒不能提供任何社会保障（ne donne aucune garantie sociale）。这种观念是如此地根深蒂固，以致它成了一种您所无法想象的不宽容的源泉。它赋予了教士一种重要的非直接的影响力。这样一来，如果一位以虔敬闻名的牧师宣称他认为一个人是不信神的，那这个人的一辈子几乎肯定被毁了。”

其他的例子：一位医生很能干，但他不信基督。不过，由于他有才干，他掌握了一手好医术。他刚被介绍到一户人家，一位虔诚的基督
115 徒、牧师或其他什么人就前来找到一家之主并对他说：“当心这个人。他可能会治愈您的孩子们，但他会引诱您的女儿们或您的妻子。这是一个不信神的人。这里有个某某先生正相反，他的医术和这个人一样好，同时他还信基督。相信我，把您家人的健康托付给他。”这样的建议几乎总是被采纳。因此，很难说教士是我们当中的一个公民权力

㉛ 《全集》，第八卷，第 288 页。

(une puissance civile);但至少宗教的确在教会之外行使着极大的权力,而且还对世俗的事务有着非常大的影响力。

——"这种状况应当会产生出一些伪君子吧?"

——"是的,可是人们被阻止这么说。在我们这里,公共舆论做着宗教裁判所永远没法做到的事。我看到,我知道有许多年轻人,他们在接受了科学的教育之后,自认为发现了基督教并非真理;凭着年轻人的热情和冲动,他们开始大张旗鼓地表达自己的观点;他们对于热忱的基督徒的不宽容感到愤慨,并且公开地表现出对他们的敌意。这下可好!一些人被迫离开这个国家或者在这里悲惨地过着无声无息的生活。其他人感到这场战斗是不对等的,不得不在表面上回到宗教的道路上来或者至少保持缄默。被公共舆论这样最终压服的人数相当可观。在我们这里,人们根本不出版反对基督教的书,或者至少这种事是十分罕见的。不过不信教的思想开始渗入几家报刊。这种类型的报刊在波士顿有一家,在纽约有一家,在泽西(Jersey)有一家,还有一家在辛辛那提。但是这种观点的发展十分缓慢。不过我们的几位伟大人物分享了这种观点。人们不知道华盛顿对基督教持什么看法,他从未阐述过。但是杰斐逊、富兰克林、约翰·亚当斯确实无疑是自然神论者。另一方面,应当认识到,在我们中间有许多有才干的人士过去是、而且现在还是坚定的信徒。不过我猜想他们的数量在减少。"

1831年11月2日

与克朗西(Cranche)先生[32]的谈话。克朗西先生是一位天主教神甫,巴尔的摩的圣-玛丽学院的副院长。目前的这一代人几乎全都出自这个学院。它是40年前由迪布尔(Dubourg)先生,一位法国教士创办的。从那以后它获得了很大的发展。

我—美国的天主教组织是什么样的? 116

[32] 参阅皮尔逊,前引书,第499页。

答—在美国有一位大主教(un archeveque metropolitain)驻在巴尔的摩,此外还有13位有投票权的主教(eveques suffragants)。当主教职位出现一个空缺时,剩下的每一位主教都给大主教送去一张写有3位候选人的名单。教皇就从这些候选人中进行挑选。

问—这种程序是法律还是惯例?

答—是惯例。从理论上说,教皇的挑选是自由的,但他总是会从这些主教提供的候选人中挑选一位。

问—较低级的神职人员是如何任命的?

答—所有的统治权都集中在主教团手中。在欧洲,本堂神甫只有在品德不端时才会丢掉职位。美国被认为是一个异教(infidèle)的国家,在美国没有常驻的神职人员,只有一些传教士。主教挑选传教士,他们可以随意地任命或召回传教士。

问—这么说你们这里完全没有类似于法国古代的宗教裁判所?

答—没有,我们没有任何类似教会法庭的东西。

问—天主教在美国是否得到拓展?

答—是的,它得到了惊人的拓展。

问—可它是否通过让人改变信仰得到拓展,你们知道改变信仰的人数有多少么?

答—我们不知道改变信仰的人数;但我们知道有很多。

问—我看到你们当中有许多信仰新教的儿童;他们有时会否成为天主教徒?

克朗西先生语气有些激烈地回答说“不”。“至少这种事非常少见,”他补充说道,“我们很小心地从来不对他们说反对他们父母的宗教的东西。如果两个小孩在他们中间谈论与新教徒的争论,他们会受到惩罚。不过我们的确让他们来参加我们的宗教活动。但他们的父母把他们放在我们这儿之前就知道这件事了。”

——“可是在我看来,尽管你们小心地不和你们的学生谈论天主教,他们却不可能生活在像这样完全的天主教氛围里而不形成一种有利于你们教义的强烈印象?”

——“这种印象的强烈程度足以消除他们对天主教的偏见;不足以让他们改变信仰。更确定地产生了影响的,是新教徒和天主教徒的婚姻。这种婚姻在欧洲是被禁止的,我们这儿赞成。我们注意到,当母亲 117
是天主教徒时,孩子们总是而且丈夫也经常会成为天主教徒。在巴尔的摩,有许多负责教育的女子学校。年轻女子成为天主教徒并不罕见。”

——“从我在美国听说的情况来看,在美国像你们那样的机构数量在增长?”

——“这一个是第一个,有 180 名学生。另外有一个在马里兰,是由一些耶稣会会士按同样的规划来管理的,第三个在哥伦比亚地区。”

——“美国天主教徒对于教皇的权力以及教皇相对于全体主教会议(conciles genereux)的独立性有何看法?”

——“这很难说。在美国和在欧洲一样,有一些教会自主论的拥护者和一些信奉教皇至上主义的人。后者的首领是耶稣会会士。可是直到现在争论这些问题的仍然局限于神学研究人员,民众从未参与,没法说大多数人的意见是什么。”

——“美国的天主教徒虔诚吗?”

——“是的,我认为美国被呼召成为天主教的家园。它在这里得到自由的传播,没有世俗[33]权力的支持,没有激发仇恨,只凭借它的教义的力量并完全独立于国家。”

——“民众慷慨地提供礼拜活动的费用吗?”

——“教士不富裕,但他们所拥有的足以满足需要。”

——“您是否认为用这种方式维持礼拜活动比强制的捐献来得好?”

——“在美国,当然是这样。”

1831 年 11 月 3 日

我昨天在詹姆斯·卡洛尔(James Caroll)先生家吃晚餐。在座的

[33] 世俗的(civil)一词位于不按字母顺序排列的笔记本 2 末尾。后面的内容从不按字母顺序排列的笔记本 3 开始。

还有马里兰州的州长、霍华德上校的儿子霍华德先生,刑事法庭的首席法官芬利(Finley)先生[34]以及其他几个人;这些先生们大都属于马里兰的古老家族。人们就这个州的政治体制谈了很多,所有人都一致认为选举权的门槛被降得太低了。这么一来,这些先生们说,真的是由这个民族中最不开明的那部分人来统治其他人了。然后我把芬利先生拉到一旁去说话,于是我和他有了下面的一场谈话:

118 ——"我感到遗憾,"他对我说,"您上个月初没能到巴尔的摩来。那时候人们正在选举立法机构的成员,我们的选举场面一定会让您非常感兴趣。"

——我回答说:"您能否向我描绘一下那个场景?"

——"这样更好,"芬利先生回答道,"因为我也是当事人。共和派,或者说反对杰克逊的党派选了我作候选人。我的对手同时也是我最好的朋友之一。选举之前的两天,我们一起去华盛顿广场。人们已经在那里搭起了一些木板做的台子,以便乡镇大会[35](*town meeting*)的演讲人使用。我第一个走上台,开始向观众——那儿至少有一万人——陈述杰克逊将军和现任政府自从上台以来犯下的错误。我的对手则相反地为政府辩护。当我说我们这样做,我指的是我们试图这么做,因为与演讲人作对的那个党派用一片喝倒彩声盖住了他的声音。一些人开始大打出手。有几个人手脚折断了,最后每个人都躺在了床上。第二天,我的对手和我出发去巡游那个县的不同地方。我们乘着同一辆车出游,在同一张桌子旁吃饭,在同一个旅馆下榻,然后在同一个议员竞选(*husting*)上针锋相对[36]。"

——"可是您对于如此混乱无序的集会一点也不担心么?"

——"就我而言,我认为议员竞选演说的制度是可恶的。不过它并不存在您想象的那些危险。我们的民众对于这些选举程式已经习

---

[34] 参阅皮尔逊,前引书,第 501 页。

[35] 地方的公民集会。

[36] 英国的一项制度,旨在从一个讲坛上选出一场政治选举的候选人;随后他们在讲坛上向民众发表演说。

以为常了。他们清楚地知道在什么地方应适可而止，以及他们可以在这种古老的狂欢中投入多少时间。在有人用棍棒相互打斗的选举之夜，巴尔的摩就像行圣灰礼仪的星期三的罗马一样平静。此外，过度的民主还部分地把我们从民主的危险中拯救出来。所有的公共职位都以一年为期限。这一年失利的政党希望着下一年会胜出。它为什么要采用不合法的手段呢？"

——"您像一个从未见过受到真实深刻的政治激情鼓动的民众的人那样谈论这件事。到目前为止，你们这里所有的（争端）都是表面的。它们不涉及什么重大的实质性的利益。"

——"这可能是真的；请注意我说的只是我们的以及目前的 119
情况。"

——"无疑你们这儿就像新英格兰一样，是由行政当局召集乡镇大会的。"

——"本来应该如此的；不过我们这里的习俗不同。在马里兰，只要在报纸上刊登告示并说明会议的目的，每个人都可以召集一场会议。我看到在选举的时候，有些旅店老板告示要在他们的酒馆附近召集这种会议，以便招徕顾客；而这种告示会大获成功。"

——"你们真的不设定任何选举权的财产资格么？"

——"连最低的门槛也没设；我见过一些由济贫院的穷人赢得的选举，这些穷人是其中一位候选人叫来的。"

——"您是否认同这样的现状？"

——"不。把民主如此这般地推到其最大限度，我们事实上是把社会的领导权交托给了那些毫无兴趣保持社会稳定的人，因为他们一无所有，而且几乎没有知识。此外，我们把我们的社会秩序建立在了一块不断流动的土地上。在我们这儿，每一年不仅公务人员要更换，而且政府的行为准则也在变，政党以令人难以置信的速度进行着权力的轮替。社会地位和财富也不断地被卷入这场普遍的运动当中。各种事业毫无连贯性。"

——"可是制订现存法律的是你们这些上层阶级的成员们。50年前你们是这个社会的主宰。”

——“的确是这样，可是每个政党为了获取权力，都想要迎合民众，并通过赋予其新的特权来获取其支持。就这样，一步一步地，联邦里最贵族化的州变成了最民主的州。”

120 1831年11月3日——今天，我对 [37]先生、巴尔的摩的刑事法官说：“在民事方面，你们有两个法庭来裁决几乎同样的案件，有两套程序规则，两部法律。您不认为人们可以简化这种状况吗？”

他回答道：“是的，我深信可以。可是如何让我们的立法机构做这样的事呢？我们让政治充斥一切。我们所有的法律都是政治性的。一个党派让它们通过；另一个党派就反对它们。引发行动的是两方面党派的利益，而不是州的利益。在这样的一种变动当中，如何制订出好的民事法律呢？”

1831年11月3日——我今天对拉特罗布(Latrobe)先生[38]说：“如果有必要，我愿意承认民主可以处理社会内部的事务，但我无法相信它能够处理对外的政治事务，所有在这个世界上有影响力的民族，所有在疆域之外成就大事业的民族，都是由强大的贵族领导的。”我举了古代的罗马及我们时代的英国为例。

拉特罗布先生回答道：“在这一点上，我同意您的看法。事实上那正是民主的暗礁。不过我们还未曾因此遭过难。我们没有邻邦。总的说来，”他补充道，“我认为美国绝对没有为共和制提出任何有利的证明。”他还说，“人们对于习惯在民族的历史中如同对于其在个人的历史中的重要性缺乏足够的重视。人们会跑大老远去寻求令我们维持共和制的原因。在我看来，最重要的是我们已经习惯了共和。需要解释的是这种习惯从何而来。在革命之后的最初十年里，我们之所以经历了如此严重的社会动荡，是因为我们还不习惯于作为一个独立的

[37] 原稿里的一处空白。

[38] 参阅皮尔逊，前引书，第492页及其下。

州进行自我统治，尽管我们已经习惯于在每个州的内部进行自我管理。”

1831年11月5日

今天晚上我们拜访了查尔斯·卡洛尔[39]。

查尔斯·卡洛尔是在《独立宣言》上签名的最后一位幸存在世者。他出身于一个非常古老的英国家族。他拥有当今美国最大的地产。他居住的地域内有13,000英亩土地和300名黑奴。他把孙女嫁给了韦尔兹利的公爵。他是天主教徒。查尔斯·卡洛尔95岁了。他身板笔直，没有病弱之象，他的记忆力很不可靠。不过他依然言谈甚健，显得既有学识又和蔼可亲。他是在法国接受教育的。他非常亲切和友好地接待了我们。谈话的主题是他一生中的最重要的时刻，即革命时期。他带着十分自然的骄傲提醒我们他在《独立宣言》上签过名，而且他的这一举动是在拿他的生命同时也是在拿美国当时最巨大的一笔财富冒险。我大着胆子问他是否争端初起时殖民地已经有了独立于大不列颠的想法。

——“不，”查尔斯·卡洛尔回答道，“我们的内心紧紧地依恋着母 121
国。可是它一步一步地迫使我们从它那儿分离出来。”他非常和善地补充道，“不，毫无疑问我们没有想到事态会发展到那种地步。甚至当我们签署《独立宣言》时，我们还想着大不列颠会被我们的举动吓坏，寻求与我们接近，并且我们还能重新成为好朋友。可是英国人坚持他们的观点，而我们则坚持我们的。”

我们谈到了美国政府。查尔斯·卡洛尔表现出对马里兰古老的贵族制度的惋惜之情。总的说来，他的全部谈话透着英国贵族的语气和想法，有时还以一种特别的方式夹杂着他所生活于其中的那个民主政府的习惯，以及对美国革命的光辉记忆。他末了对我们说：“纯粹的民主下只有群氓（*A mere democracy is but a mob*）。英国的政府形式

[39] 参阅《全集》，第八卷，第289页及其下。

是惟一适合你们的。”他对我们说，“如果我们忍受了我们的政府，那是因为我们每年可以把我们的创新者推向西部。”

查尔斯·卡洛尔整个的生活方式和精神气质使他完完全全像一个欧洲的贵族。也许革命时代南方的大地产主和他非常相像。从这种人中曾经涌现出美国最伟大的人物，现在这种人消失了。和他们一同消逝的是高雅举止的传统；民众受到了启蒙，知识得到了普及，一种中等的能力变得普遍。突出的才能，伟大的个性更罕见了。社会更不辉煌杰出了，却更加繁荣兴旺了。这些由文明的进程及启蒙带来的各种后果，在欧洲只是刚被人们觉察到，在美国已经显而易见了。它们的首要原因是什么？我还无法看清。

1831 年 11 月 5 日

詹姆斯·卡洛尔先生[40]今天对我们说：“不应该夸大我们这里的民主的缺点。无疑在许多细节问题上，在许多特殊情况下民众没有见识，可是总体来看，民主机制运行着，州（l'Etat）繁荣了。无疑普选存在着一些危险，可是它有个优点，即有了它，就不存在一个与其他阶级
122 敌对的阶级；在这个民族里，总体的福利增长了。我认为无论民主有什么缺点，只要它能够存在，它所带来的好处就大于坏处。它在整个社会机体中激发一种活力和生命力，这是其他的政府所无法创造的。尽管如此我并不认为它可以在任何地方存在。我认为我们处于独特的环境中，而且我们的经验无法证明任何东西。”

——“这个社会的富裕阶级对现状持什么看法？”

——“上层阶级非常清楚地看到民众的错误和激情；他们认为在许多事情上他们能比民众更成功地领导这个社会。可是他们也认识到，从整体来看，这个州（l'Etat）繁荣了；他们服从于现存的秩序；认识到这种秩序最终会带来的好处，同时也注意到它的具体的缺陷。”

---

[40] 皮尔逊无法确认这个人。

注：詹姆斯·卡洛尔先生的头脑冷静且公正，我认为他值得信赖。

费城，1831 年 11 月 18 日

美国银行的行长比德尔(Biddle)先生[41]是这个国家最卓越的人物之一。我今天对他说："在美国我最弄不明白的，是政党的存在和行为方式。在法国以及欧洲的其他地方，社会由于两三个重要观念而分歧，在这些观念周围聚集着一些实际的利益和激情。在美国，我没有看到类似的东西；有人说这里只有一些小集团，没有严格意义上的党派。人是最重要的，原则无足轻重。"

比德尔先生回答道："我想象得出您难以理解美国政党的存在和运作，因为我们自己也并不知道得更多。它是所有旧党派的混合体，而且如今没法说那些支持政府和攻击政府的人的政治信念是什么。"

——"可是并非总是这样吧？"我问道。

——"不，当然不是，"比德尔先生接着说道，"这对我们来说是新近的事。在很长一段时间里，我们分裂为联邦党人和共和党人。这两个党派和你们在欧洲的党派十分相似；它们有一些政治信条并有与这些信条相关联的利益和激情。他们之间的斗争激烈，直到最后联邦党 123
人这个总是在数量上处于弱势的党派被它的对手完全击垮：由于对战败感到灰心丧气，联邦党人最后自暴自弃；他们或者并入胜出的党派，或者以其他的名号重新集结起来，关注一些细节的问题。但是这个党派的旗帜确确实实是永远地倒下了。这场革命到杰克逊将军上台时最终尘埃落定；他声称，他在进行选择时并不认为过去的党派有什么区别。从那时起，有一些人支持政府，另一些人则攻击政府，一些人鼓吹一项措施，另一些人则贬低这项措施。不过并没有严格意义上的党派相互反对和接受相反的政治信条。事实上的情况是，目前不存在两种治理这个民族的可行方式，而且政治热情只是表现在施政的细节上而不是原则问题上。"

---

[41] 参阅皮尔逊，前引书，第 535 页。

问—在你们这里州长可以在议会的多数反对他时让公共事务不受影响吗?

答—是的,当然可以,我们的政治机构被组织得便于单独运行。您说到的这种情况已经出现过好几次了;甚至现在总统就失去了国会和开明阶级的信任。他的提议不被采纳,他的选择被参议院驳回,但是公共事务运行得和从前一样好,而且没有人为将来担忧。我把我们无需政府或不顾政府反对可以运行良好这一便利视为我们制度的优越性的最佳证明。

费城,1831 年 11 月 20 日

长期担任美国驻墨西哥大使并且声名十分卓著的波因塞特(Poinsett)先生[42]今晚对我说:“要评判美国南方人的特点,得到肯塔基州和田纳西州。肯塔基人是弗吉尼亚人的后裔,他们从未与外来人融合。他们比任何其他州的人都更好地保持了自己的精神与民情。俄亥俄州正好相反,伊利诺依州和整个西部居住着来自联邦各地,尤其是来自新英格兰的移民。这些移民具有一种相当独特的不安分的精神:土地从来不会保留在开垦者的手里,当它开始产出时,开垦者就卖掉它并再次隐没到森林深处。似乎迁徙、打乱现有秩序、中断正在做的事、破坏
124 现状的习惯,已经成了他生存的必需。很经常发生的,是第二个土地所有者也没法安定下来,当土地有好收成时,就轮到他来卖地,然后到更远的地方去改良新的土地。不过第三位移居者会定居下来,正是他们会繁衍生息。其他人就像美国荒野里文明的先遣队一样。”

1831 年 12 月 2 日——辛辛那提[43]

与辛辛那提的首席律师(le premier avocat)斯陶雷(*Storer*)先生[44]

---

[42] 参阅皮尔逊,前引书,第 643 页。

[43] 见笔记 E 关于俄亥俄州和辛辛那提的部分,第 281 至 285 页,及便携笔记本 3,第 189 至 190 页。

[44] 参阅皮尔逊,前引书,第 554 页。

的谈话。

问—你们的司法制度与其他州的司法制度不同吗?

答—在这一点上尤为不同:我们的法官是由立法机构任命的并且任期只有七年。我想在整个联邦只有佛蒙特州和我们是一样的。

问—您认为这种创新好吗?

答—我认为这十分有害。法官应当不受政治激情的左右,这一点是我们的自由最重要的保障。在这里,他们受到党派精神的制约。

问—这个害处民众是否感觉到了?

答—我认为是的。我们希望很快能修改我们宪法中的这个部分。可是要做到这一点,必须召集一次公会(convention),而我们担心目前这些政治激情将使公会组织得不好。1802 年制订我们现存宪法的工会就组织得相当糟糕。当时居住在俄亥俄州的人非常不值得称道,选民的品行影响了选举的结果。我们这里对民主让步得太多了。

1831 年 12 月 2 日——沃克(*Walker*)先生[45],俄亥俄州一位十分出色的年轻律师。

问—您认为你们任命法官的制度好吗?

答—我认为它很危险,而且经验已经证明了它的弊病。总的说来,我们的宪法倾向于一种过于无节制的民主。它还有一些别的缺点:我们的立法团体人数太少,这就使其失去了一部分道义的力量;人们永远没法确信它是否真正代表了人民的意志。

问—我听说你们这一带的土地极为丰饶,人们说的是真的吗? 125

答—是的,我出生于并且曾经在马萨诸塞州生活过一段时间。在那里,一英亩年产出 25 至 30 蒲式耳[46]。在这里,是 70 至 80 蒲式耳。

问—俄亥俄州的一部分人已经动身去密西西比的右岸,这是真的吗?

答—是的,这就是正在发生的事:通常那些拥有土地的人守护着

[45] 见以下本书第 128 至 131 页,及笔记 F,第 323 页。参阅皮尔逊,同上。

[46] 1 英亩相当于 40 公亩,1 蒲式耳相当于 36 升。

它们并在这里留下来。可是他们的儿子去往西部更远的地方，到一些尚无人居住的州寻求财富。此外，每年有许多来自其他州或来自欧洲的工人和无产者到我们的城市来。这些人在这儿停留两三年。劳动力的价格是如此之高昂（比新英格兰高出三分之一）而生活费用又是如此之低廉，两三年后他们就积攒了一笔资金。然后他们就离开我们到西部购买土地从而变成地产主。

问—在你们的城市真的没有一个游手好闲的人吗？

答—我不认识一个没有职业和不从业的人。

问—俄亥俄州的公共教育办得怎么样？

答—俄亥俄州大约有 25,000,000 英亩地，它被井然有序地划分为每一个都面积相当的镇区（*township*）。当国会把俄亥俄州确立为一个准州时，它宣布每个镇区中 1/32[47] 或 1/36 的土地不能出售，而应作为公共教育基金。它确立了同样的规则以利于宗教崇拜。我们已经从这笔基金里得到了用来创办学校的最重要的资金来源。耽搁我们的教育事业发展的，是缺少好老师。

问—政府是否涉足教育？

答—必须做一个区分：每个人都有创办学校或学院（college）的自由；从这一点来看州与教育没什么关系，可是您知道州这一方面要提供免费教育，它因此掌控了对教育的领导权，当然是间接地。由此学校便处于督学的监管之下，他们不是中央派来的，而是由每个地方任命的，他们考核教师、教学方法以及学生的进步。

126 问—你们的乡镇制度（systeme communal）和哪个州最相似？

答—和最邻近的宾西法尼亚州的地方自治制度最相似。

1831 年 12 月 2 日——辛辛那提的律师蔡斯（*Chase*）先生[48]今天对我说："我们这里已经使民主走向了它的极限。选举权是普遍的。由此导致了一些很糟糕的选择，尤其是在城市。辛辛那提县选出的最

---

[47] 这个数字被用线划掉了。

[48] 参阅皮尔逊，前引书，第 554 页。

末四名议员因此完全不配担任人们赋予他们的职位。”

问—可是他们如何能获得任命呢?

答—通过逢迎所有人,这是杰出的人士永远不会做的;和民众打成一片;卑鄙地迎合他们的偏见;和民众吃吃喝喝。不过民众并不经常选送这样的人到州议会。这种人有许多在国会。但是尽管如此,统治我们的仍然是有才之士的影响力。

问—可是您不认为当选举权如此普遍时,民众必定经常作出错误的决定?

答—我是这么认为的,而且我确信联邦中没有一个杰出人士不认为非常普遍的选举是一件有害的事。但是他们无法抗拒不断朝这个方向发展的公共舆论的潮流。我们在弗吉尼亚见到了这样的例子。弗吉尼亚是联邦中地产主至今一直成功地维持着选举财产资格的州。去年他们最终控制不住局面了。他们开始降低选举财产资格。现在,他们不再能停下脚步了。只有在新英格兰,尤其是在马萨诸塞州,民众才足够开明和足以控制他们的激情以便总是选出最优秀的人,我能这么说是因为我的家庭来自那里。不过我认为这是一个例外。

问—俄亥俄州的岁入通常是多少?

答—大约50万法郎。可是它经常造成额外的开支。那些运河已经花费了600万法郎。它通过一些借款支付了这笔开支。为了筹到这笔款项,必须去欧洲,这表明了美国仍然多么缺少资金。

问—你们俄亥俄州有新英格兰的乡镇制度(systeme communal)吗?

答—没有。我们的制度和宾西法尼亚州的更相像。我们有一些镇区(township),但它们不像在新英格兰一样形成一个单独的和同一 127
的、只有一个意志和一个政府的实体。在俄亥俄州,镇区(township)当中经常有一镇(town),它有着自己的政府并独立于镇区(township)。我认为新英格兰的制度更简单更完善。

问—您不认为在俄亥俄州人们让立法机构来任命法官并限制其任期为七年是危险的吗?

答—是的，我认为这项措施是危险的。美国的法官是用来维持各党派之间的平衡的，他们的职责尤其在于反对民主的狂热与偏差。当他们出自于民主，前途需要仰赖民主时，便无法获得这种独立。此外佛蒙特州比我们走得更远，它每年选举一次法官。

1831 年 12 月 2 日——麦克·里恩(Mac Lean)先生[49]，美国最高法院的法官。

他对我们说："在我看来，我们这里最有利于共和制度的创立和维持的，是我们划分为许多州。如果联邦只是构成一个单一民族(un seul peuple)的话，我不认为通过我们的民主我们能够长久地统治整个联邦。更不用说统治欧洲的大国了。我还认为联邦制度特别有利于各民族的幸福。一个大国的立法机构永远不可能像一个小国的立法机构那样体察到地方利益的具体而微之处。凭借我们的联邦组织，我们拥有了一个小国的幸福和一个大国的力量。

问—您知道俄亥俄州有多少选民吗?

答—大约 15 万。选举杰克逊将军时，13 万人投了票。选举不像您想象的那样喧乱，因为人们极为小心地避免大型的民众集会。每个镇区都有一个选举团(collège électoral)。选举 6 个小时内就在全州完成了，没有喧乱，没有人来人往(déplacement)，也没有花费什么钱。

问—您知道俄亥俄州的银行为何这么少吗?

答—10 年前有 40 家左右，可是它们都倒闭了，民众确实对它们失去了信任。此外它们发行的大量票据赋予了各种消费品一种虚假的
128 价值。现在除美国银行以外的票据(billet)已经很少被人接受了。

问—人们不想摧毁美国银行的特权吗?

答—想啊。一些党派的人利用人们一想到特权和垄断自然会激起的仇恨来谋利。我不相信银行的反对者心怀善意。美国银行(la Banque)的用处显然很大，尤其在西部，它提供了可靠及可携带的货

---

[49] 参阅皮尔逊，前引书，第 554 页及其下。

币。除其他的好处外，它还阻止了坏银行的建立。它拒绝接收它们的货币，并以这种方式使它们立刻丧失了信用。

1831年12月3日

与沃克先生的第二次谈话：重要。

我们的宪法是在以杰斐逊为代表的民主党在整个联邦占优势的时候制订的。人们不可能认识不到它是在怎样一种政治情感的影响下被制订的。它的民主性超越了所有的界限。政府在这里比在任何其他地方都软弱许多。州长根本什么都不是，而且只有1200美元的收入。民众任命治安法官并控制(?)普通的法官。立法机构和参议院每年都在变动。一般而言，我们的立法和所有西部新州的立法的与众不同之处，是创新的大胆果敢，是对过去和小心谨慎的人的轻蔑，是需要革新和摆脱立法的技术性细节，以便迅速探求到事物的根本(arriver au fond des choses)。这样一种精神的自由无处不在。在我们当中，没有什么东西是确定的，没有什么东西是有规律的，无论在世俗社会还是宗教社会。一切都在个人冲动的驱使下前行，这表明了确定的见解是完全缺乏的。

问—民众经常作出好的选择么?

答—不。他们几乎总是作出不太好的或是糟糕的选择。这里人们会看到一种持久和强烈的民主的嫉妒心，它不是针对那些上层阶级，这里根本不存在上层阶级，而是针对所有那些凭借着他们的财富、才干和服务脱颖而出的人。我们在上一次选举中看到一个惊人的例子。前国会议员，声名卓著的将军，一个准州的州长(un gouverneur d'un territoire)，曾两度任驻外大使的哈里森(Harrisson)将军被列为我们立法机构的候选成员。他落败了。他的主要对手是一个年轻人，129
三年前我们见到他在街道拐角处卖蛋糕。自那以后，他的确去学习做律师：他赢得了选举。在我认为拥有最完美的共和政府模式的马萨诸塞，人们不会公然地拉选票，民众自己几乎总是选出最出色的人。在西部，候选人必须到街头向他的支持者发表演说，并和他们到小酒馆里吃吃喝喝。

问—您对民主原则的这种过度发展一点都不担忧么?

答—担忧。我在公共场合不说,不过在我们之间我承认这一点,我害怕裹挟我们的这场运动。在我看来,美国面临一场危机。我们现在正做着没有限度的民主的试验,一切都朝向那里;可是我们能承受得了它么?还没人能断定。

问—我看到西部各州在政治和社会状况方面独有的特征。它们不会给联邦带来一些它们所特有的并且可以打乱现有平衡的利益吗?

答—这个问题的答案需要略加详述:西部没有与其他地区相反的利益,至少到目前为止是这样,而且没有什么情况显示它有一天会有这种利益。美国北部几乎专门发展制造业,南方几乎专门发展农业。西部同时兼具二者。没有什么情况显示西部的利益与美国其他部分的利益将来会有冲突。不过它的发展必将给联邦带来另一副面貌。在密西西比河流域已经有 500 万居民。我不怀疑 20 年后美国最大多数的人口会在俄亥俄州以西;最巨大的财富和最重要的影响力将位于密西西比河和密苏里河流域。到那时就需要迁都,把它设在帝国的尽头。影响力和财富的迁移必将带来无法预见的新的联合。

问—您不担心这个巨大的机体会无法维系?

答—到目前为止一切都顺利兴旺,在我们的内心深处甚至有一种强烈的本能让我们与联邦紧密相联。不过我并非不担心它能否持久。有几个原因削弱了联邦的纽带(le lien federal)。首先,所有州都有一种针对中央政府的嫉妒心。这一点很容易被觉察到。在西部,民主原则的过度发展使得新州更加不耐烦受到联邦的羁轭以及它加诸它们
130 的主权的种种限制。税率问题一直令我忧心。南卡罗莱纳确实摆出了带威胁意味的态度;而且它得到了南部几乎所有州的支持[50]。在联

[50] 此事涉及 1828 年非常具有保护性的关税措施,它加重了 1824 年关税措施中的条款,提升了工业制成品的价格,此时正逢南方惟一的出口商品棉花的价格下跌。南卡罗莱纳州的立法机构坚持认为这个关税措施违反了联邦条约并声称要对联邦行使"州拒绝执行联邦法令"的权力。

邦的这一部分，政党的领袖似乎已经决定要不惜任何代价夺取权力，他们煽动一些在我看来是不合理的激情。北方的发展，南方的衰弱已经部分地破坏了联邦的平衡。未来将以一种可怕的方式出现的一个问题是荒地的问题。您知道国会是所有荒地的所有者。它还拥有大量已并入新州的土地。这些州开始公开要求对这些土地的所有权。印第安纳州和伊利诺伊州已经发出强有力的要求。这就是州与联邦之间的一个冲突点。还有几个其他的冲突点。

问—中央政府真的把所有职位分配给其亲信而不考虑其才能吗？

答—是的。当杰克逊将军上台时，他解除了1200个公务员的职务，只是为了给他的支持者安插职位。自此以后他一直做着这种荒唐事。那些职位是用来酬报为他个人效犬马之劳的人。这正是我对他指责最甚之处，他让腐败进入了中央政府而且他的做法被效仿。所有那些为他效劳过的记者都被安置了职位。甚至最高法院的法官，他也是从自己的朋友中挑选的。

问—让我们回到俄亥俄州的问题上来，宗教思想在这里真的比在联邦的其他部分更少影响力么？

答—在俄亥俄州有许多不信教者，他们尤其比其他地方的人更公开地表现自己。因为正如我早些时候说过的，这里比所有其他地方都更少有人们必须服从的一套观念。每个人更加我行我素一些。不过和联邦任何其他州包括新英格兰相比，这里的民众至少是同样地而且有可能更加充满宗教情感。它的确是一种更不开明的宗教。由于居住在丛林里，不得不与生活的所有艰难困苦作斗争，新州的居民无法得到与老州居民同等的教育。卫斯理教派（Methodist）在整个密西西比河和俄亥俄河流域占据优势。不过人们察觉到既定规则和成体系的方法在宗教方面和在所有其他方面一样缺乏。许多人群既没有教堂也没有定期的礼拜。一些巡回教士来向他们传布福音。最早来的人经常担任这一职责。人们在这乡野之地不像在新英格兰那样，能看到有公认的才能和固定薪水的牧师。 131

问—俄亥俄州和肯塔基州的气质的存在重大差别么？

答—差别惊人。肯塔基州比俄亥俄州早20年就有人居住了，那里的土地肥沃，气候更加温和，乡村令人赞叹。可是俄亥俄州的居民是肯塔基州的居民的3倍之多，它的企业是肯塔基州的10倍之大。肯塔基州的人口在增长，可是它的发展却停滞不前。对这一差别人们可以给出的惟一理由就是奴隶制在肯塔基州盛行而在俄亥俄州却没有。在那里，劳动是可耻的，在这里是光荣的。在那里，人们无所事事，在这里是永不止息的活动。肯塔基州没有接收移民，俄亥俄州吸引联邦所有地方的有技艺者前来居住；此外没有接收任何移民的南方也送一些居民来俄亥俄州；南方的贫穷阶级来俄亥俄州是因为他们可以在这里劳动而不觉得耻辱。我看不出奴隶制有什么理由会在肯塔基州废止。目前的民众尽管认识到了它造成的弊端，却无法学会抛开它行事；而且没有人移居他州。

问—你们在俄亥俄州制订了一些针对黑人的非常严厉的法律。

答—是的。我们用尽各种手段力图使他们感到愤恨。我们不仅制订了一些法律允许他们被任意驱逐，而且我们还用种种方式来折磨他们。一个黑人没有政治权利；他不能充当陪审员，他不可以提供不利于白人的证词。这后一条法律有时引起最令人愤慨的不公正。最近有一位黑人来咨询我，他向一艘汽船的主人供应了许多消费品。那位白人否认了这笔债务。由于这位债权人是一位黑人，而且原本可以作有利证词的他的工人们也同样是黑人，他们不能出席法庭，（这位债权人）甚至无法提起诉讼。

问—法律经常变更吗？

答—不断变更，这正是我们的民主最大的缺点之一。不过，从结果上看（en resultat），我们的立法的许多部分都是好的。

132 1831年12月3日——德雷克先生（Drake）[51]，辛辛那提最好的医生，今天对我们说："我们的民主是没有限度的，而且我承认民众的选

[51] 参阅皮尔逊，前引书，第554页及其下。

择并不令人满意。我注意到通常杰出的人士得不到选票。可是州却极为繁荣。它的事业做得很大，而且有利于全体的福利。我从未听说过对法律的哪怕是最微小的抗拒。人民幸福而且安宁。如果管理我们事务的只是一个蛊惑人心的政客，那么事情无疑会弄得很糟；可是一些人和另一些人会相互制约、相互妨碍。民众的选择导致的弊端并不像人们以为的那么大。”

路易斯维尔，1831年12月9日[52]

与马克·伊勒万(Mac Ilvaine)先生[53]的谈话，他是路易斯维尔最大的批发商之一。

问—有人说路易斯维尔(Louisville)这几年繁荣兴旺得很快？

答—非常快。当我七年前来这里定居时，路易斯维尔只有3000人；它今天有13,000人，我现在自己一个人做的生意比七年前路易斯维尔所有商家做的还要多。

问—为什么会有如此快速的发展？

答—主要是由于向西部迁徙的惊人的移民潮。路易斯维尔成了几乎所有溯密西西比河而上供应移民的货物的集散地。我认为路易斯维尔注定要成为一个很大的城市。

问—肯塔基州和俄亥俄州的繁荣真的存在很大的差别么？

答—是的。差别是惊人的。

问—原因是什么？

答—奴隶制。我认为奴隶制对于主人比对于奴隶还更有害。肯塔基州的奴隶受到很温和的对待，吃得好穿得暖。没有什么比见到他们从主人家里逃出来更稀罕的了。可是奴隶制阻止了移民前来我们这儿。它从我们这儿夺走了那些不蓄奴的州所特有的活力和创业精神。

问—奴隶制是否真的会妨碍一个州发展制造业？

---

[52] 见托克维尔关于肯塔基州和田纳西州的笔记，笔记E，第285至289页。

[53] 参阅皮尔逊，前引书，第382页。

133 答—许多人认为黑人无法成为工厂里的好工人。我认为正好相反，当黑人年纪轻轻被送到工厂时，他们和白人一样有能力成为好工人。我们在肯塔基州有例可证；几个由一些奴隶管理的工厂办得欣欣向荣。如果说南方的制造业不如北方，那不是因为奴隶无法在工厂工作，而是因为奴隶制使得主人们缺乏必要的技艺来创办和管理工厂。

问—在肯塔基州，公共舆论是否真的开始反对奴隶制？

答—是的。这几年来在精神领域发生着一场惊人的革命。我深信如果有人在肯塔基州挨个儿询问人们的意见，大多数人是主张废除奴隶制。可是人们不知道如何处置奴隶。我们的祖先在我们中间引进奴隶是给我们制造了一个可怕的罪恶。

问—可是既然舆论如此明显地反对奴隶制，为何当这么做很容易时密苏里州还如此顽固地拒绝废除它？

答—在那时，我刚才说的那场革命还没有进行。此外对于新移民来说，在一个几乎不可能找到自由工人的地方，拥有一些可以帮助他们砍伐树木和开垦土地的奴隶是如此的便利，以致不难理解，废除奴隶制的遥远的好处在密苏里州没有被恰如其分地感受到。此外我认为他们现在已经感觉到他们犯下的错误了。

问—黑人的人口在肯塔基州增长很快么？

答—是的。不过它永远不会构成对白人人口的威胁。在肯塔基州土地被划分为小块田产；在每块小田地之上是一个拥有几个奴隶的白人家庭。田产的划分和作物的种类决定了只需要很少的奴隶，这阻止了我们这里出现大量黑人耕作一个白人的土地的情形，正如人们在更南边的州看到的那样。在我们这儿奴隶制是一个很大的罪恶，但不是一种祸害。

问—人们在肯塔基州耕种些什么？

答—玉米，小麦，大麻，烟草。

问—您认为对于这些不同种类的作物，用奴隶比用自由工人更经济么？

答—我认为正好相反。奴隶劳动得不如自由工人好，此外，他们始终是一种负担，必须抚养他们而且当他们年老时还必须供养他们。

1831 年 12 月 15 日 134

与我们在桑迪桥(Sandy Bridge)[54]的旅店老板的谈话，他是一位农耕者。

“我来自南卡罗莱纳，几年前来此地定居。”

问—那么，告诉我为什么我们在这个森林里见到的所有住房都只是提供如此不完备的庇护措施来抵御恶劣的天气。墙壁透光透得这么厉害，雨和风很容易就打进来。这样的住房对于主人和对于外人一样，都是不舒适和有害健康的。把住房密闭起来就那么困难么?

答—没有什么比这更容易了，但是这个地方的居民通常很懒惰。他把劳动视为一种恶。只要他有足够的食物和一个可以让他勉强藏身的住所，他就满意了，而且只想着抽烟和狩猎。

问—您认为这种懒惰最重要的原因是什么?

答—奴隶制。我们习惯于自己什么也不做。在田纳西州没有哪个农耕者会穷到没有一两个黑奴的。当他没有更多黑奴时，他经常不得不和他们在田地里劳动。可是只要他有了十来个奴隶，这是很经常的事，他就让一个白人指挥黑人干活而他自己除了骑马打猎什么也不干。没有哪个农耕者不花一部分时间去打猎，或者不拥有一把好步枪的。

问—您认为让奴隶耕作是经济的么?

答—不，我认为那比使用自由工人花费更大。

新奥尔良，1832 年 1 月 1 日

与路易斯安那最出色的律师之一马祖罗(Mazureau)先生[55]的

---

[54] 参阅《全集》，第八卷，第 293 页。桑迪桥位于田纳西州。博蒙在他编辑的这个版本中指出，托克维尔在桑迪桥这个地方生了一场病。

[55] 见便携笔记本 3，第 191 页，便携笔记本 4，第 198 至 199 页，并参皮尔逊，前引书，第 625 页。

谈话。

问—在接受美国的统治之前，你们有某些自由政府的制度么？

答—没有。

135 问—从完全的服从转为完全的的自由困难吗？

答—不难。国会小心谨慎地逐步让我们独立。它首先是以一种几乎和我们先前的统治者一样独裁的方式统治我们。然后，它赋予我们准州的立法权。最后它把我们作为独立的州纳入联邦。在这条道路上我们和联邦的其他州一样进展顺利，虽然大多数人仍属于克里奥尔人[56]。在我看来国会甚至可以(?)免掉我们的试验阶段。一个处于像我们的州这样的位置的小州，总是有能力自治的。在那些小型社会里，几乎不必担心人民主权会导致任何有害的后果。

问—您认为在路易斯安那，白人没有奴隶也可以耕种土地么？

答—我不这么认为。不过我出生在欧洲，我到这里时在这个问题上有着和您看上去所持的一样的想法。可是在我看来经验似乎与这一理论相违背。我不认为欧洲人能在这热带的太阳曝晒下耕作土地。我们的阳光总是有害健康的，经常还是致命的。我并不是认为完全不可能劳动。但是白人为了躲避死亡，不得不以一种很有限度的方式劳动，以至于他仅能勉强糊口。我们在阿卡帕斯(Arkapas 地区)可以找到一个例证：西班牙过去曾运送一些亚速尔群岛的农民来路易斯安那的这个地区定居并且没有奴隶。这些人耕种土地，可是种得那么少，以至于他们是路易斯安那最贫苦的人。

问—可是不能把他们的贫穷更多地归咎于缺乏技艺而不是气候么？

答—在我看来，气候是最主要的原因。

问—有人[57]说在新奥尔良人们看到了所有民族的混合？

答—这是真的。我们在这里看到所有种族的混合。美洲和欧洲没有一个国家不向我们派出一些代表，新奥尔良有所有民族的样本。

[56] 路易斯安那地区法国、西班牙移民和土著印第安人和黑人生育的人口。——译注

[57] 参阅《全集》，第八卷，第 294 页。

问—可是在这种混杂之中，哪个种族居主导地位并影响其他种族的发展？

答—到目前为止是法国族裔。正是它确定基调并塑造民情。

问—黄热病在这里真的像人们说的那样造成了那么大的灾害吗？

答—我认为人们夸大了它的祸害。我的经验告诉我，在 10 个生 136
活有节制而且不让自己做任何放纵之事的外国人当中，只有 2 个人死于黄热病。我说的是那些无需靠双手劳动谋生的人。因为在同样数量的属于工人阶级、白天在户外工作的人当中，可能有 7 至 8 人死于这种疾病。此外，您知道黄热病只局限于新奥尔良城。两英里以外从来没有人得过此病。

问—路易斯安那的黑人境况如何？

答—相当安适。对黑人的虐待是例外。20 年来黑人的境况有了很大的改变。以前他们住在破旧的、可以说根本不能为他们抵御恶劣天气的茅草屋里，他们的衣服是一张毯子，人们给他们的一个月的食物是一桶玉米(大约可装 2 斗)。现在他们通常衣食充足，居所卫生。

问—法律保障他们的生命么？

答—是的。我记得当我任总检察长时曾判处一个杀害其奴隶的主人死刑。

1832 年 1 月 1 日——与法国驻新奥尔良领事吉耶曼(Guillemin)先生[58]的谈话。

吉耶曼先生确实是一位有头脑的人，而且我认为他很有能力。这一切都是例外。因为法国驻外官员的无能似乎是一个通则。他在新奥尔良居住了 15 到 17 年。

“这个地区[59]，”他对我们说，“基本上还是法国风格的，无论是观念、民情、舆论、习俗，还是风尚。人们不加掩饰地模仿法国。我经常吃惊于我们的政治激情在这里引起的反响，以及在这一点上路易斯安

[58] 参阅皮尔逊，前引书，索引，第 841 页。

[59] 参阅《全集》，第八卷，第 295 页及其下。

那人和法国人依然存在的相近之处。我经常凭着一个事件给这里带来的印象来预言它给法国带来的印象，而且我总是猜中。路易斯安那的居民对法国的事务比对他们自己的事务还关心。”

问—这种倾向应当对我们和美国之间的商贸关系有好处。

答—很有好处。我认为法国的民情在路易斯安那得以保持是法
137 国最重要的利益之一。通过这种方式，美国的一扇重要的门户向我们敞开了。以前我们确实很难继续把路易斯安作为我们的殖民地，可是我们本来至少可以在相当长的时间里维持它并给予它足够的关照，以便在这里造就一个日后可以自我维持的法国民族。我们现在十分弱小，难以坚持抵御美国种群的压力。路易斯安那几乎所有的土地仍然在法国人手中，但是大商业在美国人手中。应当说，这两个民族对待商业的态度有很大的不同。路易斯安那的法国人在生意场上不是敢闯敢干；他们一点儿也不喜欢拿既得的成果去冒不确定的风险，而且他们害怕受破产的羞辱。每年从北方到我们这儿来的美国人则满脑子充斥着发财的欲望；他们为了这个已经放弃了一切；他们来的时候已经没有什么好失去的了，而且很少顾虑到法国人在偿还债务时想到的荣誉问题。在这里研究两个种族之间存在的惊人的不同，以及它们各自的优缺点，是很有趣的。

问—路易斯安那的美国人和法国人之间似乎存在的这场斗争不会导致两个民族之间的仇隙么？

答—它们相互指责，很少碰面，不过在内心深处并无任何真正的敌意。法国人在这儿一点儿也不像在加拿大一样是一个战败了的民族；相反他们生活在真正的和完全的平等之中；他们与美国人之间不断地缔结姻盟；最后这个地区享受着巨大的繁荣，这种繁荣每天都在增长。新奥尔良的前途不可限量。如果人们能够战胜或者仅仅是大大减少黄热病的灾害，新奥尔良一定会成为新世界最大的城市。50年后美国人将大量涌向密西西比河流域，而我们在这里把守着入河口。

问—您认为这种繁荣有一部分要归功于被赋予路易斯安那的自由政府么？

答—必须像我15年来所做的那样，近距离地观察一个完全民主的小共和国的事务，以便确定这繁荣不是因政治制度而发生，而是与政治制度无关。您对这种混乱局面会摸不着头脑。民众任命一些没有才能的阴谋家就职，卓越之士几乎从来不会获得任命。立法机构不断地制订、修改、废除法律。这简直是珀涅罗珀的织锦[60]；最重要的措施被偷偷地拖延了。政府是党派的牺牲品。您看到了这个城市处于一种怎样无人照管和肮脏的状态；它有100万法郎的收入。但是这里严重浪费公款的现象盛行。有人说随着选举权的扩大，投票的独立性会提高。我认为正好相反。工人阶级在所有国家都受到那些雇用他们的人的操控；而在那些由他们决定选举的地方，其实是几个工厂主用阴谋诡计在行使着所谓的民众的自由选择。不过，正如我和您说过的，路易斯安那非常繁荣兴旺，它在不断地发展，这个政府的好处是它很软弱而且不会妨碍任何自由。不过在这里人们对自由还没有什么可害怕的。这一点不仅适用于路易斯安那，而且适用于全美国。我从来没法设想人们可以从美国的制度中推导出什么普遍的结论；美国的处境是如此地特殊。 138

问—有人说此地的宗教对人们的灵魂几乎没有影响力？

答—它的影响力不大。但我认为这要部分地归因于从欧洲派给我们的差劲的教士。我们这里充斥着一些和我们的居民毫无共同之处而且品行可憎的意大利人。但是人们对于从来不插手事务的天主教神甫没有任何一种政治敌意，也没有其他形式的敌意。最近有人打碎了一位拒绝让一个自杀者葬在圣地的本堂神甫的窗户玻璃，但我确信民众如此行事很大一部分是仿效圣-热尔曼-奥克瑟鲁瓦教堂(Saint-Germain-l'Auxerrois)[61]的场景。根据我在这里和在美国其他

---

[60] 典出希腊神话。珀涅罗珀，奥德修斯的妻子，在奥德修斯远征失踪后，为了抗拒络绎不绝的求婚者，她在白天编织，而在晚上，则又悄悄地把织好的衣服拆毁。喻永远完不成的工作。——译注

[61] 1831年2月14日，在巴黎，一些正统王朝拥护者想要在圣-热尔曼-奥克瑟鲁瓦教堂举行纪念贝里公爵的宗教仪式。民众闯入教堂，洗劫了教堂以及神父的住宅和大主教的官邸。

州所看到的，我深信为了宗教的利益，人们应当将政教完全分离，并且放任宗教发挥其自身固有的影响力。

问—在路易斯安那，教士的薪水是如何被支付的？

答—州完全不插手此事。不过乡镇通常有一些专作此用的地产，此外还有教徒送给教士的酬金，自愿的捐献，教会的席位费……

问—有人说这里的民情，尤其是有色人种的民情很糟糕？

答—在有色人种当中，确实盛行着许多有伤风化的事。不过您怎
139 么能指望他们是另一种情形呢？法律以某种方式导致有色人种的妇女注定是放荡的。您无疑已经注意到在黑白混血儿居住的保留地的演出或其他场合，有一些和欧洲最美丽的妇女一样白皙的女子。这又怎么样？她们还是属于被放逐的种族，因为习俗使人们知道她们的血管里流着非洲人的血。可是这些女子，还有其他许多不像她们那么白皙的女子，几乎已经拥有了欧洲人的肤色和优雅，并且通常接受过良好的教育。可是法律禁止她们与占统治地位和富裕的白种人联姻。如果她们想要缔结一门合法的婚姻，她们必须和自己那个等级的男子结婚，并且分担他们的屈辱，因为有色人种的男子甚至还不享有人们赋予有色人种的妇女的那些令人蒙羞的特权。尽管经常的情形是，他们的肤色和他们所受的教育并不会暴露他们的身份，但他们仍然被判承受无休无止的凌辱。没有一个白人乞丐(?)无权呵斥挡在他道上的不幸的人，并把这人扔在烂泥里同时向他叫骂道："滚开！你这混血杂种！"在他签订的文书开头，法律强迫他这么写道：有色人种男子，自由人。他什么也不能指望。可是我认识他们当中一些充满美德和才干的人。正是通过顽固地使自己隔离于所有其他人，白人贵族(通常所有贵族都是如此)在美洲大陆上把自己置于危险之中，在安得列斯群岛上把自己置于几乎确定无疑的毁灭之中。如果白人贵族没有给予黑人权利，但至少把那些在出身和教育上最接近它的有色人种纳入它的圈子，那它必定会使他们与它利益相联，因为他们事实上与白人比与黑人接近得多；这样白人就使黑人那一边只剩下了蛮力。通过排斥他们，白人相反地就给予了奴隶获得自由惟一缺乏的力量，即才智和

领袖。

1832年1月1日——与新奥尔良一位很著名的、我忘了他的名字的律师的谈话。

他说道[62]：

“当立法机构召开会议时，可以说整个立法都成问题了。我们的议会很大一部分是由年轻无知的、很爱玩弄阴谋诡计的律师组成（这里的每个人都认为自己能成为立法者）。他们胡乱地制订、废除、修改和删削法律。这里是一个例证：自从转让给西班牙后，我们的民法中 140
的许多部分都按照西班牙的法律调整过了。1828年末，在会议快结束时，一项法案不引人注意地通过了，它废除了所有这些法律，却没有设立任何替代它们的东西。第二天，律师和法官们一觉醒来目瞪口呆地知道了前一天发生的事。可是事情已经定了。”

问—可是为什么出色的人不进入立法机构呢？

答—我怀疑民众是否会选他们。此外人们几乎不看重公共职位，卓越之士并不谋求它们（这同时是使这个州运行得如此糟糕和使它免于革命的原因）。

领事提供的另一个同类型的例子：三年前，立法机构在会议的最后一天以一种不引人注意的方式在一项与此毫不相关的法案（acte）中通过了一条法律（loi），规定从此以后在路易斯安那亡故的外国人财产的十分之一要归州所有。这与没收外侨遗产权的法律没什么差别。“我提出了一些劝诫，”这位领事说道，“在我看来许多成员自己也惊讶于他们所做的事。这一法案在随后的会议中被撤销了。”

这件事与下面的情况正相反：路易斯安那现任州长是一位有才干有个性的人。路易斯安那的两位参议员约翰逊（Johnson）先生和爱德

[62] 《全集》第八卷，第296页。

华·利文斯敦(Ed. Livingston)是联邦中两位首屈一指的人物。然而他们是被选举出来的。

与蒙哥马利(Montgomery,阿拉巴马州)一位律师的谈话,1832 年 1 月 6 日。

我与这位年轻人同游了两天。我忘了他的名字,再说它十分模糊难记。不过我认为应当记述他的谈话。它显示出从实践中得来的非常好的见识。此外他所说的话得到了后来的好几个资料的证实:

"一种错误的说法每天愈来愈盛地在我们当中传播,"他说道,"它认为民众有能力包办一切并且几乎能直接进行统治。由此导致所有可能与行政权力类似的东西都遭到了惊人的削弱;这就是我们的宪法以及联邦西南部所有新州的宪法显著的特点和致命的缺点。它有着严重的后果。如此一来,我们这里的人们就不愿意赋予州长任命法官的权力,他们把这一权力交托给立法机构。它的后果如何?选择的责
141 任被分散了;小集团,地方的小阴谋家握有无限的权力,人们不是把精明强干的人任命为法官,而是把那些操纵地方选举的党派小头目以及立法机构的成员想要攀附和酬谢的人安插到法官的职位上。我们的法官完全没有才干,民众和我们一样感受到这一点。此外没有人想要信赖合法的正义。这种在肯塔基,田纳西,密西西比,甚至乔治亚州很常见的状况,在我看来是导致受到人们公正批评的这些州的居民民情凶暴的最主要因素。"

问—那么阿拉巴马州的民风真的和人们说的那样凶暴么?

答—是的。这里没有一个人不是在衣服底下携带有武器的。人们稍有口角就把刀或手枪握在手上。这种事不断地发生;这是一种半野蛮的社会状态。

问—可是当一个人以这种方式被杀死时,杀他的人不会被惩罚么?

答—他总是被审判而且总是被陪审团宣判无罪,只要不存在能加重罪刑的情节。我想不起曾见过一个有点熟悉的人为类似的罪行付出生命的。这种暴力被民情所容忍。每个陪审员都觉得一走出法庭,

他也可能处在与被告相同的处境中，于是他宣判被告无罪。请注意陪审员是从所有的地产主（free-holders）中选取的，无论他们的地产是多么地微不足道。因此审判人民的是他们自己，而他们的偏见在这个问题上妨碍了他们的见识。此外，我的交谈者补充说："当我遇到这种事时，我并不比其他人更明智；看看我头上的疤痕（我们确实看到四五个很深的伤痕）。这是我挨的刀伤。

问—可是您起诉了么？

答—天哪！没有。我试图以牙还牙。

问—民众会选出好的代表吗？

答—不，他们通常选出那些与他们来往并逢迎他们的人。我一点也不怀疑限制选举权的好处。那样作出的选择必定好得多。可是在一个民主的州里，正如在我们这里，选举权以不可抗拒之势不断扩展直到所有人都是选民，这是符合事物的发展规律的。我向您预言在法 142
国你们也不可能永远止步不前。

问—可是这些糟糕的选择一定会产生糟糕的法律和一个糟糕的政府吧？

答—远不是像人们乍一看时认为的那样。在我们的议会里总是有几个能干的人；这些人从一开始就压过了其他人，完全主导了事务。事实上是他们在制订法律并讨论它们。其他人投票赞同他们。我们有一些既不会读也不会写的代表。

问—您自己是否发现[63]北方和南方的社会状况有重大差别？

答—差别极大。我们南方人可能比北方人拥有更多天赋的才干，可是我们不活跃得多，尤其是不坚韧。我们的教育很受忽视。没有什么正规的学校体系；我们的人口中三分之一的人不会读。对所有的社会需求从来没有得到同等的关注，也看不到对将来有同等的深谋远虑。

问—宗教情感在你们当中有什么力量？

---

[63] 参阅《全集》，第八卷，第297页。

答—美德在我们这里比在北方少见得多。不过严格意义上的宗教情感在这里可能更狂热。在北方是宗教,在这里是狂热。卫斯理宗居主导地位。

问—阿拉巴马州的大多数人对关税有何看法?

答—大多数人很反对关税,但对联邦很有好感。那些主张拒绝执行联邦法令的南卡罗莱纳人在我们当中没有支持者。

问—您对陪审团的应用有何看法?

答—我认为陪审团在刑事上是有用的,在民事上当涉及与法律无关的事实或涉及道德评判时,我认为是有用的。例如我认为所有与损害赔偿和诽谤有关的案件应当交由陪审团审判。可是对于严格意义上的民事案件,对于法律问题,对于法律文件的审查,我认为陪审团是令人讨厌的。我宁愿只由法官审判。我们的陪审员的缺点之一在于他们是从太小的区域(县)选出的,陪审员在辩论之前就知晓案件了。它在被审理之前就已经被审判了,而且是在小酒馆里被审判的。

到达蒙哥马利时,我们听说有个人刚刚被一发手枪子弹杀死在大街上。

143 和波因塞特(Poinsett)先生[64]的谈话,1832年1月12至17日。

美国的海上贸易前程无限[65]。我们注定要成为这个世界上首屈一指的海上强国。这首先归因于我们土地上的物产。我们这儿有全世界需要的大量原材料。我们是最具天赋的运输家。此外,我们民族的天性召唤我们像英国人那样成为外国的经纪人。看看已经发生的事:几乎只有美国人运输美国的产品到欧洲,而且欧洲的产品是搭乘美国的船只抵达美国的。我们的船只布满了勒阿弗尔和利物浦的港口,我们在我们的港口几乎看不到英国和法国的船只。

问—人们说美国人是运输成本最低的航海者。这是怎么做到的?

---

[64] 波因塞特(1779—1851)曾在南美洲负有外交使命,并于1825—1829年任驻墨西哥公使。关于他与托克维尔的会面见便携笔记本5,第204至206页。

[65] 见笔记E,第259至260页。

答—是凭借智力上的优势而不是身体上的优势。在美国劳动力的价格很高,造船的费用和海员的工资比欧洲更高。不过美国的航海者活跃而且有经济头脑,有一种他们所独具的对于自己利益的精通。没有一艘英国或法国的船只和我们的一样在如此短的时间里穿越大洋,并在港口停留如此短的时间。这样我们就弥补了我们的不足,甚至不止于此。此外,美国人具有一种特质,这使得他在海洋上和在陆地上一样,特别适于成功和创造财富。这是一个很文明的人,被投入到一个初生的社会中,在那里,工业还来不及完全分门别类。这使得在我们这儿,每个人对什么东西都知道一点,他们从童年时就习惯于什么事都做一点。我们的农民做鞋,他们的妻子织布做地毯。当我们遇到困难时,有一句极好地刻画了我们的性格的话总在我们嘴边:我要试试。

问—有人说你们的船只通常很不耐用?

答—应当区分为了出售而建造的船和供自己使用的船。在北方有个造船厂。那里出产的海船的确寿命很短。可是当我们想要建造 144
一艘可以供我们使用尽量长时间的船时,我们在我们的建筑用的木材,尤其是在佛罗里达州的绿橡木中找到世界上最好的材料。我们的船不耐用的原因是我们的商人经常在刚开始做生意时只有很少的流动资金,在他们那一方面,得要精打细算。只要船只的耐用程度足以让他们得到比成本更多的一笔钱,目标就算达到了。此外在我们这儿有一种普遍的想法,它妨碍我们寻求制造任何坚固耐用的东西:在美国,一个流行的普遍的对人类精神进步的信念占统治地位,人们总是期待着一切事物都得到改进。而且事实上人们经常是对的。几年前我询问北河岸的汽船制造商为何他们制造的船如此不坚固。他们回答我说,它们可能还过于耐用了,因为汽船的航海技术日新月异。事实上,这些时速 8 或 9 英里的船一段时间以后就没法和另外那些其构造允许它们的时速达到 12 或 15 英里的船竞争。

问—您不认为当美国人口大量涌向密西西比河流域时,你们的海上贸易会因此遭受损失,资金会绝大部分转向工业和农业么?

答—我认为恰恰相反。联邦拥有强大的海上力量对于密西西比的居民和对于临大西洋诸州同等重要,因为他们的产品最重要的销路在海外。如果我们不能防止我们的港口被封锁,生长在密西西比河、密苏里河和俄亥俄河两岸,每年被运输到南美和欧洲的棉花、玉米、蔗糖……将会怎样?这正是我在国会里激动地对克雷先生作出的答复,他谈到西部诸州对临大西洋诸州的贸易作出的让步;我向他证明他所称的让步是符合西部自身利益的。

问—您不认为[66]没有诸如强征水兵或海军军籍登记这样的强制性
145 法律,战争时期联邦将难以找到海军士兵吗?

答—不会。首先高薪总是为我们带来大量外国水手,此外在战争时期,贸易遭破坏,大量工作无着落的水手所求的不过是登上州的航船。

问—联邦在贸易和海洋法方面的原则是什么?

答—在贸易方面是最完全的相互平等。我们注意到,我们过去在国外获得了一些特惠,但为了对我们获得的特权作出回报我们要承担义务而带来损失,而这些特惠怎么也比不上这些损失。因此现在我们不仅从来不要求在外国的港口获得特别接待,而且明确地拒绝享受特惠。当我负责与南美的国家谈判一个贸易条约时,我就是这样做的。根据我们的海洋法,我们坚持(中立国)国旗保护货物的原则[67]。我认为我们在这个问题上弄错了:首先我不知道这个特惠是否确实写在国际法里;但可以确定的是,与此相反的原则对于那些在海上占统治地位的民族大有好处。现在,我们注定会在短时间内发现我们处于这样的地位上。那时我们就必须收回我们的原则,这对于一个民族正如对于一个人,总会造成伤害。国旗保护货物的原则只是对于那些永远不能指望统治海洋的民族有好处。法国就是这种情况。法国永远会是一个海上大国。但绝不会是最强大的。甚至把这个作为目标都不符合它的利益。

---

[66] 《全集》,第八卷,第298页。

[67] 按照国际公法,交战国一方不得扣留对方用中立国船舶载运的货物。——译注

问——一般而言您如何看待关税，特别是美国的关税？

答—我不是关税的支持者。我认为它倾向于妨碍而不是促进贸易。至于美国的关税，我认为它既没有带来大的坏处也没有带来大的好处。一些野心勃勃遭到挫败的人利用它作借口。但是我不认为它具有人们所料想的好的或坏的影响。它的拥护者说我们的制造业15年来发生的巨大进步应归功于它。我不以为然。让我们的制造业突飞猛进的是1812年战争[68]。在和平时期，关于贸易的禁止措施永远是不充分的。惟有战争可以真正封闭一个国家的边界。正是战争迫使 146
我们成为制造业国家，此后这种突飞猛进没有关税也可以保持。即使有了关税，英国商品的进口总量每年都在增长。可是无论有没有关税，我们在我们的土地上拥有一些人们无法从我们这儿夺走的天然优势。关税的反对者说它毁了南方，我不以为然。它对南方产生的惟一影响在我看来还未被觉察。事情是这样的：通过拒绝英国制造的货物进入我们的港口，我们减少了英国制造商的财富，为了使它的工业不遭受损失，它被迫做这两件事当中的一件：或者降低劳动力的价格，或者降低原材料的价格。然而在英国甚至在整个欧洲，不可能降低一个工人的工资却不把他送进医院。他所挣的仅够糊口。因而必须降低的是原材料的价格。于是关税的后果就是降低了我们的棉花的价格（注：在我看来这与他其余的话有矛盾并且证明了关税对北方是有利的）。我只从一个角度考虑关税的用处；如果征收适度，它们会成为比其他许多税种更加稳定的一种税。

问—在美国，民情是否如同人们所说的那么好？

答—社会的底层阶级有一点放纵，不过其余各处民情极好。我在我的任何一次游历中从未见过可与这种状况相媲美的。英国与此毫无相似之处。英国的民众和上层阶级的民情十分放纵，只有在中等阶级身上才能找到美德，在我们当中，婚姻关系受到如此出奇的尊重，以至于一个已婚妇女的情夫比屈从于他的那位妇女还要确定无疑地名

[68] 英国在拿破仑封锁欧洲时期宣布对美国船只实施的管制，导致了这两个大国之间的战争（1812年6月）。以维持现状为基础的和约直到1814年12月才签署。

誉扫地。通向荣誉的道路对他封闭了，甚至通向财富的道路对于他也变得困难了，如果他不遭到谋杀而是另有死法，他应当自认为十分幸福了。那位妇女的亲属往往会认为有义务为了家族的荣誉向他寻仇。

问—可是依您看来，是什么造成了这种民情的极度纯洁呢？我坦率地向您承认我并不认为你们是一个充满美德的民族。

答—我也不认为我们比其他民族更有美德，我们民情的纯洁更多地应归因于特殊的处境，尤其是由于完全不存在一个有闲暇和手段侵犯妇女贞洁的男性阶级。此外我认为美国的妇女非常地出色。我认为她们比我们的男子出色得多。

147 问—您认为民情的这种状况会反过来对这个社会的政治状况产生影响么？

答—当然，影响很大。它赋予了我们遵守秩序的习惯以及可用来有效约束政治激情的品德。

问—您如何看待宗教对政治的影响？

答—我认为美国的宗教状况是最有力地帮助我们维持我们的共和制度的事物之一。宗教精神对政治激情行使着一种直接的控制力，此外对民情还有一种间接的控制力。这是因为许多开明的美国人相信这样一个真理：他们不仅不应表现出他们对基督教的真实性可能持有的怀疑，而且对于接受像一位论派这样的新教也应慎重。他们担心这样会间接地导致基督教的毁灭：这将是人类的一个无法挽回的损失。

问—在南方，州有权拒绝执行联邦法令这一制度(le system de la nullification)意味着什么？在我看来这个制度等于是不折不扣地把联邦废除了。

答—毫无疑问它将间接地导致这个后果；不过主张州有权拒绝执行联邦法令者否认这一点。他们只是主张个别州有权搁置国会的法律并促成公会(Convention)的召集。

问—这个主张会使您对联邦的前途感到忧虑吗？

答—不会。主张州有权拒绝执行联邦法令者只是在南卡罗莱纳才结成党派;甚至在那里,他们的多数地位也是可疑的。即使整个州都拥护他们,住在那里的700,000个白人又能做出什么对抗联邦权威的事呢?这个党派正如其他许多党派一样,其创建全凭几位公民,尤其是卡尔霍恩(Calhoun)先生[69]和杜克(Duke)先生的个人抱负。对于州有权拒绝执行联邦法令的学说的鼓吹过去没人相信,现在有了一些信徒。(波因塞特先生来自南卡罗莱纳而且是其立法机构的成员。)

问—南方和北方的社会状况真的存在人们所说的那么确实的区别吗?

答—有。区别是明显的而且一切都对北方有利。

问—这一切的原因是什么? 148

答—首要的原因是奴隶制,其次是气候。不过南方正在取得进展,只是由于北方和西部发展迅速,它看起来像是在后退。每十年南方都失去它的一些代表席位,西部和北方相反地则赢得一些选票。权力迅速地从这些以前的中心地带移出。不久最初的13州在国会将不再拥有多数。

问—这种状况不可能不在南方引发嫉妒和猜疑的精神。弱者通常不相信强者的公正。

答—的确如此。

问—南方有用来运送物产的船只吗?

答—一只也没有。是北方前来寻求南方的物产并把它们运送到世界各地。

问—怎么会产生这种奇特的情形呢?

答—部分地是因为在南方还没有下层阶级。人们不知道去哪里找当水手的人。

问—可是为什么不雇用黑人?

答—这样得冒着失去他们的风险,他们可能会逃跑。此外南方缺乏工业。

---

[69] 卡尔霍恩(Calhoun, John Caldwell 1782—1850)于1828年起而强烈反对他形容为“可憎的关税”的新关税时,已担任过联邦的国务卿和副总统。

问—您看出有什么办法可以废除奴隶制吗?

答—没有。那个由州出钱替奴隶赎身并把他们运送到别处的计划在我看来是荒唐的。整个联邦的财富也不敷此用。随着奴隶的减少,他们的价格会变得极高。此外,人们对奴隶的需求将使他们再次经由人口贩卖被引进来。我并不担心黑人的增加会危及白人的安全。奴隶的起义永远不会成功。如果他们变得足够开明,可以联合他们的力量并建立一个强大的联盟,他们就会足够明智,可以看出他们的处境使得他们无法指望最终的胜利。

问—黑白混血儿会与黑人携手合作吗?

答—不会。他们傲慢地对待黑人,黑人则憎恨他们。他们自以为更多地接近白人而不是黑人。最危险的人是被解放的黑奴。他们的存在使奴隶们骚动不安并渴望自由。我认为有必要剥夺奴隶主解放黑奴,尤其是立遗嘱解放黑奴的权力。华盛顿临死时解放他的奴隶,作出了一个很坏的榜样。公共舆论对奴隶制的态度是如此地开明,这真是件不同寻常的事。把奴隶制视为一种严重的罪恶并认为人们可以废弃它,这种看法越来越占上风。我希望事物的自然进程将使我们
149 摆脱奴隶制。我还认识一些曾经在新英格兰经历过奴隶制的人。在我们的时代我们见证了它在纽约州的被废除,接着是在宾西法尼亚州,它在马里兰州只是以一种极不稳定的方式存在着,在弗吉尼亚州的立法机构,人们已经发言反对它。由于受到白人移民的驱赶,黑人正不断地朝南方撤退。

问—您认为有人通过走私把奴隶运入联邦境内吗?

答—几乎没有。不过存在着大规模的奴隶贸易。去年,英国下议院让人就这个问题作了一个调查,我本人从它的报告中得知每年从非洲运出的黑人数量已上升至300,000。

问—您如何看待美国的印第安人?

答—我认为这是一个不愿意变得文明的即将灭亡的种族。人们只有在混血儿的帮助下才能成功地使其文明化。此外我认为文明人有权夺取野蛮人的土地,他们不懂得从土地中获得收益,而白人则在

这片土地上繁荣兴旺并迅速繁衍。

问—您是否认为美国现行的银行体制有助于这个国家的繁荣?

答—是的。在一个像我们这样资金如此匮乏的国家里,银行的作用是巨大的,不过我不知道同样的道理是否适用于法国和英国。在美国的所有银行中,新奥尔良的银行在我看来是按最完美的规划建立起来的。

问—在美国,舆论是否真的不像在欧洲一样严厉地禁止破产?

答—是的。只要商人这一边没有明显的欺诈行为,舆论就不会指责他。他可以大胆从事最冒险的事业,没有资本就开始创业,以各种方式拿借来的钱去冒险,而不会在实质上损害他的声誉;他第二天又重起炉灶了。几乎我们的所有商人都孤注一掷,而且人们认为这平常不过。必须承认我们的商业道德和欧洲的商业道德很不一样。

问—美国的道路是如何建造和维修的?

答—弄清楚国会是否有权建造除军用道路以外的道路,这是一个宪法上的大问题。我自己确信这个权力是存在的;可是由于它受到质疑,可以说没有人运用过这个权力。经常是由各州负责开通和养护穿越它们的道路。最常见的是这些路由县来负担。通常我们的路养护 150 得很糟糕,我们缺少一个可以强制各县履行其义务的中央权力。由于监管是地方性的,它不公正而且无力。的确,个人有权起诉那些没有适时维修其道路的乡镇当局;可是没有人愿意和乡镇当局打官司。只有需缴通行税的高速公路情况尚好。需缴通行税的付费公路(*turnpike*)系统在我看来相当好。可是它需要一段时间才能让一个民族习惯。应当让它和免费的道路系统竞争。如果需缴通行税的付费公路比其他的道路好得多或者更近,旅客不久就会感到从那里路过对他们来说是一种节约。

问—总统的选举会引发真正的政治激情吗?

答—不会。它使利害攸关的人极度不安。它使报刊吵吵嚷嚷。可是大多数民众无动于衷。事实上总统对于民众福利的影响是如此地微弱!真正说来是国会在统治。

问—您可以告诉我一些关于墨西哥的情况吗?

答—我在墨西哥看到的一切使我相信,这个美丽国度的居民在西班牙人到来的时候已经达到了一种至少和西班牙人同样高级的文明状态。但首先是战争技艺上的优势然后是压迫摧毁了一切。

问—现在,墨西哥的人口由哪些部分构成?

答—它包括把白皮肤视为一种高贵的西班牙人和贫穷无知、耕种土地的印第安人。印第安人是自由人而且在法律上是与西班牙人平等的,但事实上他们在政治天平上毫无分量。那里几乎没有黑人和混血人种。

问—您如何看待这个国家的未来?

答—我希望它能够建立在坚实的根基上。它确实正在取得进展。不应当过于严厉地评判新世界的西班牙人。当革命席卷他们时,他们还停留在16世纪,不过人们在那个世纪享有的独立经常赋予生活于那个世纪的人们的那些原始美德是他们所没有的。这个想法在我处理事务时很有用。我经常自问16世纪的人们在这种处境中会做些什
151 么,会想些什么,对这些问题的回答使我几乎能确切地预知未来。您不可能想象有比这更彻底的对所有现代文明的发现的一无所知。他们开始时像南美洲的人一样想要创建一个不可分割的大共和国。他们没有成功,而且就我而言,我不相信一个大共和国能够持久,除非它实行联邦制。墨西哥人最终采纳了美国宪法,除了几个不重要的例外。可是他们还不够先进,不能像我们那样运用宪法。这是一部复杂而且难弄的机器。

问—您不认为欧洲国家以为西班牙殖民地的独立将为它们打开巨大的销售市场是犯了一个明显的错误吗?

答—无疑是一个错误,文明带来的需求在西班牙的美洲还没有被人们感受到。时候还没有到,不过它正在来临。

问—墨西哥的教士地位如何?

答—他们每天都在丧失影响力。他们在民众中几乎已经不再得到支持。您看到这种状况和西班牙一点也不相像。不过墨西哥的教

士仍然拥有财产。那是一些人们还不敢触动的巨大财富。在墨西哥，是教士发动了革命。他们担心西班牙国会没收他们的财产，于是他们鼓动民众起义。他们只是想进行一场不完全的革命，可是这场运动一经发动，就不可能停止了。

我在结束谈话时问波因塞特先生，西班牙美洲的民情怎么样。他笑着回答我："那可不是一幅图景中美好方面。我一生中有一段时间在西班牙美洲度过，我可以说从合恩角到北纬35度，我不认识一个忠于其丈夫的妇女。在这个问题上，对和错的观念被如此地颠倒，以至于妇女把没有情人视为一种耻辱。"

1832年1月24日——埃维莱特(Everett, Edouard)先生[70]今天告诉我，在国会的议员中，有十分之九属于律师阶层。在那里地产主的人数很少。

1832年1月24日——20年前担任过法国驻美公使的塞吕西耶(Serurier)先生[71]告诉我，他回来时发现这儿起了很大的变化。人们的精神境界降低了，再也看不到伟大的政治才干了。 152

1832年1月24日——在政府任职的特里斯特先生(Trist)[72]，一位很有才干的弗吉尼亚人，今天对我说："弗吉尼亚只是她自己的影子；她的伟大人物，甚至她的著名人物都已经消逝，而且人们再也看不到有人出现在他们的位置上。"

1832年1月27日——在外交部任高级职务的特里斯特先生今天对我们说："在这个国家一切都被出版，可是也许没有哪个地方比这儿更难收集到有关过去的事情的文献。由于在政府内部，无论人或事，

---

[70] 参阅皮尔逊，前引书，在索引中。

[71] 参阅皮尔逊，同上。

[72] 参阅皮尔逊，同上。

没有什么是稳定不变的,文件以一种令人难以置信的速度消失着。例如,没有什么比弄到国会会议的一整套文献更难了。最近弗吉尼亚州想要让人出版其立法机构自革命以来的会议文献。人们从来未能弄出一册有关会议讨论的完整文献。人们不得不放弃这件事!”

1月28日

我今天问亚当斯先生[73]为什么人们会接受西部新州与新英格兰在社会状况方面的差别。他回答我说:“这几乎完全源自起点。居住在新英格兰的是一批很开明而且虔信宗教的人。西部居住着联邦里能找着的所有冒险家。这些人大多数既无准则又无道德,他们受贫困或坏品行的驱使离开旧州,有的只是致富的激情。”

---

[73] 参阅皮尔逊,前引书,第274页。

3. 便携笔记本 1 153

自1831年1月1日至6月9日从欧洲抵达纽约的旅客为4,000人。

《信使和调查者》(Courier and Enquirer),6月10日

有色人种在上加拿大的威尔伯福斯(Wilberforce)建立的殖民地。参观此地应当是有趣的。

同上

《自哥伦布1482年的大发现至1826年的美洲年鉴》,Abial Holmes著,D. D.,两卷本。

著者住在纽黑文或剑桥。

M. Am. Mar. d'incl

汽船。

夏夜[①]。

① 这里写有两个地址,其笔迹并非托克维尔的。第一个无法辨认。第二个是:Dr. 温赖特在格雷斯教堂(Grace Church)后面。

怎么做才能吸引县(comté)里的儿童前来?这不会导致对他们的品德无可挽回的伤害吗?

租借合同的条款是什么?参见这个地区的情况。

带有彩图插页的《北方旅行家》。一卷。一本介绍所有的宗教和宗教派别的词典,犹太教徒、异教徒、伊斯兰教徒和基督徒,以及一个概要介绍世界人口现状的附录。宗教……Hannan Adams 著,波士顿,1817 年。

Balestier 先生推荐的书。

离奥尔巴尼 40 英里远的波士顿公路上的瑞典斯多克布里奇(Stockbridge)。

154 继承法。

宗教。

民主,变动的精神。

[这里的手稿中有包括以下内容的关于一座房屋的规划:]

在方形土地的内部两侧有 11 扇窗户。

从备膳室到花园深处的墙,60 步。

从大门口到房屋的第一道墙,36 步。

从那儿到对面的外墙,90 步。

从这道墙到女子侧楼的第一道墙,22 步。

方形土地内侧翼的长度,46 步。

[2]的长度,52 步。

国会关于哥伦比亚地区的感化院的第 20 条法令(Acte du 20)。1831 年 3 月 2 日的法令。

---

[2] 一个无法辨读的词。

1620年，耶稣会士把十字架旗帜树立于底特律，这一年清教徒登陆新普利茅斯。[3]

巴黎的习俗直到1810年还在这里沿用。

出自《底特律信使报》

这不像法国的圣西门主义者那样是一个奇怪的亦庄亦谐的集合体。这是一个举止简朴严格、不苟言笑的哲学派别。

因此同样的原因——漠不关心（l'indifference），把人们推向两条相反的道路。那些精神炽烈，想象力或柔和或活跃的人，那些对来生有很多企盼的不幸的人，依靠在（?）所有宗教中最具确定性，最专横和最强有力的宗教的怀抱中。那些冷静而且逻辑性强的人，那些心性爱好思考而且沉静的人，那些习惯于智力活动或博学多识的人相反地选择一个完全是哲学性的派别，它允许他们几乎是公开地主张纯粹的自然神论。

因此这两个重要原则以它们最简单和最完全的形式在这里对峙。155
最极端的权威与最极端的自由相互争执。

至于金钱上的损失（如果有人想到这一点），我投入比我原本在公务上投入的少得多的劳动，只要管理得当，将轻易地获得比维持生存所需的更多的东西，所有人都知道，靠华盛顿的薪水几乎无法维生——由于这个缘故我没有什么好怨恨的[4]。

圣-路易斯附近的印第安人刚刚进入美国境内，把一切置于血与火之中。新移民们正撤退而军队正在圣-路易斯集结。

1831年7月4日的报刊

有人说欧洲人相对于其他的人种，正如一般而言的人类相对于整

③ 原文为英文。——译注

④ 原文为英文。参见本书第219至220页“公职”这一条目。——译注

个有生命的自然。当他不能让它们屈从并为其所用或者让它们间接地为其福利服务时，他就摧毁它们并让它们渐渐地在他面前消失。印第安人在与欧洲文明对峙时就像雪花一样消融在太阳的光芒里。他们为了对抗其命运而作的努力仅仅是加速了他们毁灭的时间的到来。大约每十年[5]，被驱赶到西部荒野的印第安部族就会发觉撤退并未使他们得到什么，而白人的推进比他们的后撤还迅速。由于感到自己无能而被激怒，或者由于受到一些新的伤害而激动，他们重新集结并迅猛袭击那些他们从前居住过的地区，那里现在建立起了欧洲人的住所，拓荒者粗朴的陋屋以及最初的村庄。他们踏遍这个地区，烧毁房屋，杀掉畜群，剥去一些头皮。于是文明后撤了，不过是像涨潮时的海浪一样后撤的。美国为其哪怕是最微不足道的殖民点的利益奋斗，向这些可怜的部落宣战[6]。于是一支正规军开过来与他们战斗，不仅美国的领土被重新攻克，而且白人把野蛮人驱赶到自己的前方，摧毁他们的村庄，夺走他们的畜群，把他们的属地的边界设置在离先前位置
156 100 里(lieue)远的地方。被有学识和开明的欧洲人喜欢称之为战争的权利的东西夺走了新的寄居地之后，印第安人再次开始向西的征程，直到他们在一些新的偏远之地暂时落脚，在这里，白人的斧斫声不久将再次响起。在他们刚刚破坏过而且今后不再受侵袭的地区，建立起了舒适的村庄，这里不久将成为人口稠密的城市(至少居民们相信这一点)。作为先遣队在许多欧洲家庭前面行进的拓荒者，这一次轮到他们抢占不久前由野蛮人居住的森林了。他们在那里建造起粗朴的陋屋，并等待着第一次战争为他们开辟通向新荒野的道路。

在尤蒂卡，1831 年 7 月 6 日

主日学校：200 名囚犯　星期日 2 时

30 名教师　来自神学院

仅教授阅读。进步迅速。

---

⑤ 托克维尔的注释：放在一边。

⑥ 此句在另一个稿本中为：美国联邦宣称这些可怜的部族违反了国际法。

要知道在旧体制下监狱的花费，应当询问奥尔巴尼的审计员。人们认为纽约的监狱每年的花费达 50,000 美元。

梳子车间：

承包商的代表在场。

他告诉我每个犯人的平均工资是 25 美分。一个好的自由工人支付 1 美元。这里有些工人支付 4 先令，不过一般说来他们被雇用时是没有经验的。此外他们从来不会劳动得像有自由时那么好。

他接着又说了与此相反的话："我认为他们尽其所能地劳动了。对他们而言劳动是一种慰藉。"

切割石头的车间：

承包商的代表不在。我觉得这些犯人的劳动是被用于州的建筑。
看守(*keeper*)告诉我这些人劳动出色，也许比有自由时干得还好。一 157
个好的自由工人挣 12 先令。

工具车间：

30 名犯人，一个承包商代表。

问—您为一位犯人每天的劳动支付多少钱？

答—平均 30 美分。

问—您为同样的一个自由人支付多少钱？

答—至少每个月 20 美元。

问—这种差别的原因何在？

答—首先，承包商得到很多优惠，因为当他签订合同时，州需要他。我认为他本来可以给出 50 美分而不损害他的生意。

其次，承包商必须让犯人有事可做，即使他们制造的产品没法卖出去。他不可以按照业绩解雇他的工人。他必须从每日的工资中获得对这一损失的补偿。

问—此外犯人比自由的工人劳动得更少吗？

答—在某些日子里是这样的，一年里就不是了。我确信在一年的时间里，人们从一个犯人那里比从一个自由工人那里获得更多的劳动。

看守似乎是一个不一般的人。

问—您如何从这些犯人那里得到持续的劳动？

答—通过鞭子唤起他们的恐惧。我认为用鞭子处罚（惟一一种在奥本用过的处罚）是维持监狱纪律的惟一手段和最人道的处罚。

制鞋车间。62 名囚犯。

看守独自一人看管。

问—这些人每天可得到多少工资？

答—他们不是按日而是按件领取工资的。一双质量上乘的靴子付 16 先令，次等靴子付 12 先令，一双皮鞋付 5 先令。

问—同样这些东西在奥本的价格如何？

答—一双质量上乘的靴子 20 先令，次等的 16 先令，一双皮鞋 1 美元。

问—承包商住在奥本吗？

答—是的。

158 问—他经常来这儿吗？

答—每周很少超过一次[7]。

问—为什么会这样？

答—他比别人更少有兴趣来，因为他只按件支付工资。此外他把事情托付给我了。

问—那么您是一位专业人员了？

答—是的。

问—为什么在一个工资这么高的地区还能找到一些愿意当看守

---

⑦ 这里插入了稍后可以看到的位于笔记第 25 页至 28 页的《西部之旅》。而写于奥本监狱的笔记的后续部分从 31 页开始。

的好工人呢?

答—找这样的人很难。我是出于健康原因才决定来这里的。

问—您认为看守是专业人员有好处吗?

答—有。好处大得很。当看守不是专业人员时他不可能恰当地监督犯人的劳动。必须允许一个承包商进入工场,这对于纪律是不利的。过去人们禁止他们进入工场。可是在这种情况下难以找到承包商。制鞋的合同是书面的:这是监狱订立得最早的合同。人们约定计件取酬,是为了使承包商的在场没有用处。

问—你们经常处罚犯人吗?

答—极少。我在监狱里的13年来我从未见过更好的纪律或更少的惩罚。

制桶车间。43名犯人。

承包商的代表不在,不过他经常在这儿。

看守有才干。

问—每个人劳动的平均工资是多少?

答—25美分。

问—人们付给一个同样的自由人多少钱?

答—大约83美分。

问—这个差别的原因何在?

答—首先,承包商不得不同样地支付工资给愚笨和不熟练的犯人以及能干的犯人。其次,他没有把握卖掉所有的产品。 159

问—此外您认为犯人和自由人劳动得一样好么?

答—我不怀疑这一点。

问—您经常有机会处罚犯人么?

答—极少。他们知道处罚是不可避免的而且会当场落在有过错的人身上。他们不招惹处罚。

问—您要处罚的犯人不会偶尔造反么?

答—这样的事极少发生,而且在这种情形里,其余的犯人会马上站到看守这一边来。

问—您是否必须汇报处罚的情况？

答—是的，每天晚上我们总看守汇报处罚、原因以及鞭打的数量。

织布车间。105名犯人

承包商不在，不过他很经常上这儿来。

这位看守看上去不如其他看守能干。

他只能提供给我大致情况。

平均每个人挣25美分；他不知道自由人挣多少。

问—您来这儿之前是做什么的？

答—我过去是农民。

问—在看守当中有专业人员吗？

答—有两个泥瓦匠，一个鞋匠和一个破产的商人。

问—在看守和不断前来工场查看的承包商之间是否经常发生争执？

答—通常他们相处得很融洽。我在这里的两年来，只看见他们争吵过两次，争吵立刻就用钱调解了。

问—您经常不得不处罚犯人吗？

答—这里有6个星期没打过犯人了。

问—您如何看待环绕这个工场的木制瞭望台？

答—我认为这是人们可能有的最出色的发明。它大大减少了处罚的必要性。

制铁车间。37名犯人

看守很有才干而且很出众。

问—您经常不得不处罚犯人吗？

答—我曾经在四个半月里没打过一次犯人。目前我已经两个半月没打过犯人了。秘密瞭望台(la galerie secrete)极好地帮助我们维持了纪律。从这个监狱的创建之初我就来到了这里。我还记得要让这些犯人安静下来有多么困难。我记得在不到一个小时内就见到19个人犯有过错。

问—您如何看待承包制(l'entreprise)?

答—我认为人们可以不需要它,而且这里使用这一制度的方式很危险。事情的来龙去脉是这样的:最初监狱里只有看守和犯人。犯人们为州里劳动。为了节省时间并摆脱大量琐事,监狱的总管(l'agent)引进了承包制。可是这么一来监狱的总管就不能对犯人发一条指令了,甚至不能去犯人那里。我可以向您担保在三年的时间里,我的工场里的犯人甚至不知道承包商是谁。一段时间之后,承包商被允许到工场里来并亲自监管犯人的劳动。接着,他又被允许向犯人发布命令,然后是派遣他的代表。您看到现在他不断地向犯人发话。我们的纪律正逐渐地遭到破坏。目前监狱里外来人比看守还要多。

问—您是否认为许多犯人会改邪归正?

答—我对您说话时是把您当成一位需要知道真相的人。有人在书上说的关于犯人改造的幅度的话是小说。我确信这里没有一个人变得……⑧

每年集中起来的个人的数量。

西部之旅

抵达奥尔巴尼(Albany)。

7月4日的庆典。夹杂着逗乐的和很庄严的印象。步行的和骑马的民兵,充满华丽词藻的演说,台上的水罐,一座教堂里对自由的赞歌。有一点法国风情。

到处是完美的秩序。安静。没有警察。没有权威。民众的节日。没有限制性权力但得到服从的日间典礼官,工业的自由分类,公共祷

⑧ 原文在笔记倒数第二页的末尾突然中断。在最后一页只有两个不是托克维尔的笔迹的地址,第一个几乎无法辨读,第二个:S. Warren,Ivory。

告，旗帜和一些老兵的出现。真挚的情感。

161 7月4日夜间从奥尔巴尼出发。莫霍克族(Mohawk)的谷地。山丘不高。所有的山上都种着树。一部分谷地也种树。总的说来整个地区看起来是人们已经砍伐过的一个树林。与下诺曼底有许多相似之处。一切都显示出一个新开拓的地区的面貌。人们显然还在徒劳地想使自己成为森林的主人。耕种过的田地覆盖着树根长出的新枝，小麦中间的树干。蓬勃而荒野的自然。同一块田地里混杂着小灌木、上千种不同的树木、人们播种的苗木、各种自生自发的草。到处都是溪流。居住着一个古老民族的崭新地区。除了土地以外没有什么是未开化的；整洁的，得到保养的住宅，树林中的商店，孤零零的小屋里的报纸，一些穿戴得很好的妇女。

没有印第安人的踪迹。莫霍克族，最受人尊敬和最勇敢的易洛魁人的同盟部落。

让人难以忍受的道路。没有动力机制(sans ressort)的装有帘子的车。

美国人面对这一切不便时的平静；他们似乎将它们当成不可避免的和暂时的痛苦加以忍受。

抵达尤蒂卡(*Utica*)[9]。

有一万居民的可爱城镇。很漂亮的商店。创建于独立战争时期。位于一个美丽的平原中央。

7月6日。从尤蒂卡出发。

和前一天相同的城镇风光。

在奥奈达(Onéida)城堡遇见最早的印第安人。离奥尔巴尼116英里。他们在行乞(?)

---

⑨ 参阅《全集》，第八卷，第234页。

抵达锡拉丘兹(*Syracuse*)。

坐落在一个相当不卫生却人口众多的平原中央。伊利和奥斯威戈这两条运河的交叉处。拜访埃兰·林兹先生。在他的五金店里。他没法和我们说话,因为他忙着售货。和他的交谈[10]。相貌平庸,充满才干和精力的人。他显露出强烈的独断专行的倾向。

(写于奥奈达湖中央的法国人的岛屿上。)

7 月 7 日

两点从锡拉丘兹出发。骑马。雨伞,枪,小猎袋。我们陷入了新开垦的地里。我们于 6 时抵达布莱沃顿(Brewerton)要塞。大体上看了一眼。与人类作永恒的斗争的森林。被杀死的鸟儿。奥奈达湖的 162
景致。一直延伸到东面长有林木的小山丘之间,视线在那里消失。既看不到一座房屋也看不到一块开垦地。单调而荒僻的景观。我们在一家可恶的客栈下榻。早上 6 时出发。

我们走进一个巨大的几乎找不着路径的森林深处。那里处处洋溢着怡人的清新。令人赞叹和无法形容的景致。令人惊奇的植物。各种各样高大的林木。混乱的一堆,草,植物和小灌木。美国最壮丽的景观,从各处流淌出来的水(?),高大的松树被风刮倒,与各种植物缠绕在一起。两个小时后我们到达南湾。

关于法国人的岛屿的谈话。35(?)年前他们到此地定居。那时,法国人来到这个岛上已经仅仅是一种惯例。31(?)年前到这个岛上待了。她想起了一个木屋的残骸边上的一些花和一株苹果树。

我们自己上了一条小船。我们艰难地登上了那个岛。我们在踏足上岛时感到一阵激动。外观不同于我们刚刚穿越的地区。这个地方重新变得荒凉了。人的踪迹。我们穿过了一个巨大的林带。我们来到一个已经长成的大树显然曾被砍伐过的林中开阔地。几个被砍倒的老树干被虫蛀蚀了,斜倚在一些荆棘、草和树枝当中。我们在岛

[10] 参阅不按字母顺序排列的笔记本 1,第 63 至 67 页。

的中央发现了一株老苹果树。在它的旁边是一株重新变成野生的葡萄树像一根藤一样缠绕在邻近的一些树顶上。房屋就在那里。它不再留下什么痕迹。我们在一株法国梧桐上写下我们的名字。我们重新出发。岛上深沉的寂静，只有自由自在地生活在那里的鸟儿才打破这种寂静。我们走遍了整个岛屿，却没有找到那两个曾经把这个岛屿变成他们的世界的法国人的踪迹。不仅是自从我到美国以来，而且是自从我游历以来，这次行程是最强烈地引起我的兴趣并打动我的[11]。

7月9日。抵达奥本。参观监狱。

7月10日。在此地停留。

7月11日。同上。

拜访特罗普(Throop)州长。小农场。耕种他的土地。州长的职位所得的薪酬如此之低，以至于他只有在乡村生活6个月才能摆脱经济上的困境。大人物不会谋求这个薪酬太低的职位(林兹的话)。

---

⑪ 见《游奥奈达湖》，第336至341页。

4. 便携笔记本 2[①]

163

16 日抵达卡南带卦(Canandaigua)。第一次拜访斯宾塞(Spencer)先生。

睡眠和饮食的不便。和他长时间的谈话。

十分秀丽的湖。红外套[②](*Red-jacket*)。

7 月 17 日

英国圣公会。参观县的济贫院。散步。很怡人的夜晚。

18 日从卡南带卦出发。

直到巴特维亚(Batavia)看上去都有人居住。接着是稀稀落落的房屋。沼泽地。用树干围成的沼泽地的堤道。到达布法罗。在城镇里散步。路上的许多野蛮人(一个付款日),他们令我产生的新想法。他们的丑陋。他们奇怪的神情。他们黝黑的油光发亮的皮肤。他们的黑色的硬直的长头发。他们用野蛮人的方式穿着的欧式服装。酒醉的印第安人的样子。他的同胞和伴随他的印第安女人的粗鲁。被

① 完全没有发表过,除了几个段落,第 173 至 175 页。

② 托克维尔在按字母顺序排列的笔记本 A,印第安人这一条目中详述了他与斯宾塞先生关于红外套(Red-jacket)的谈话。参阅下文第 221—222 页。

我们的葡萄酒和甜烧酒弄得昏头钝脑的人们。比欧洲的同样昏头钝脑的人们更可怕。此外，还有某些野兽的特性。和他们身处其中的品行端正的文明人作对照。

19 日

在布法罗的第二次散步。漂亮的商店。法国的商品。欧洲奢侈品的考究。第二次见到印第安人。和前一天相比这一次的印象不那么令人厌恶。他们中的一些人几乎有我们的农民的特征（不过有着野蛮人的面色），西西里人的面色。相貌过得去的印第安女人一个也没有。

164 动身去底特律。小汽船。没有人认识我们。美国人对我们的态度有显著变化。猛烈的逆风。湖水动荡不安如同暴风雨中的大海一般。

7 月 20 日

我们于早上 9 时到达由法国人创建并以“半岛”命名的伊利（*Eriè*）。如今，伊利湖在大陆与半岛之间开启了一条通道并使后者变成了一个岛屿。在滂沱大雨中参观伊利。一条始于匹兹堡（从前的 Duquesne 要塞）的运河目前正在修建中并将通向伊利。它将联接密西西比河与北岸（the North Coast），墨西哥湾与大西洋[3]。一小时后我们再次出发。

7 月 21 日——和船长的争吵。晚上 6 时到达克利夫兰。直到那里湖景缺乏变化。总的说来，这个湖的右面像大海一样，清澈透明的水一眼望不到边。我们靠近宾西法尼亚的海岸和位于左边的俄亥俄州，这个海岸通常是完全平坦的，有时也会高出几英尺，它看上去几乎完全被原始森林覆盖，参天的树木倒映在浸泡着树根的湖水里。湖景

③ 无疑托克维尔这里指的是竣工于 1832 年的伊利-俄亥俄运河：不过它是从朴次茅斯到克利夫兰，而不是从匹兹堡到伊利。至于联接布法罗经伊利湖到纽约港的著名的伊利运河，是于 1825 年竣工的。

的缺乏变化本身使它显得庄严。人们禁不住会以为搭载他的船是惟一曾在湖水中划过波纹的，而且以为他看到的土地还没有落入人类的统辖。可是并非如此。在沿着一个昏暗的、一直延伸到湖水源头的森林的边缘走了整整好几个小时以后，我们忽然看见了一个钟楼，一些雅致的房屋，一些美丽的村庄，一幅富足和工业的景象。这里除了大自然，没有什么是未开化的；人类到处和自然作斗争，用文明的所有力量做武装。人们不经过渡就从荒野走进一座城市的街道，从最原始的景象进入文明生活最舒适宜人的场景。倘若不是黑夜攫住了您并迫使您在一棵树脚下夜宿，您一定能到达一个地方，在那里您找得到一切，包括法国的流行服饰和关于王宫的漫画。

7时，我们从克利夫兰出发。美妙的夜晚。月亮照亮了森林并倒映在湖水中。

7月22日 165

太阳升起时，我们从湖中央往西北方向航行，湖岸只是在远方显现，不过许多小岛围绕着我们。我们从那个叫 *Middle Sister* 的小岛侧畔经过，这附近曾发生过一场英国人被击败的海战。

底特律河的入口。一个岛屿，两条通道。我们取道英国运河。马尔登要塞的房子。村庄的法国风貌。天主教会。钟楼上的公鸡。河畔穿着军礼服的苏格兰士兵；另一边，两个全裸的野蛮人在一条独木舟里，围绕着我们的船急速地打转转。鼻子挂着些环。在河畔的树下有一些棚屋，中间有炉子。周围一些赤身裸体的孩子。一边是文明的极致，另一边是相反的极致。

我们4时到达底特律。一个漂亮的美国村庄。房屋上有许多法国名字，法国的无边软帽。我们去看望理查德先生[4]，底特律天主教会的神甫。我们发现他正忙着授课。他的经历：在巴黎由爱尔兰人抚养大，在圣叙尔皮斯(Saint-Sulpice)学习神学，由1791年的最后一次圣

---

④ 参阅皮尔逊，前引书，第282页及其下。

职授任礼任命为神甫，被放逐后，来到底特律；几年前由密歇根地区委任为国会代表。这位老人的信仰看上去热烈而真挚。不连贯却有趣的谈话。由于移民的缘故新教人口在密歇根开始占优势。尽管如此，天主教在最开明的人士当中赢得了一些改宗者。理查德先生对美国的上层阶级对宗教的极度冷淡的态度的看法。这是极度宽容，而且是完全宽容的原因之一。人们不会问你信仰什么宗教，只是问你能否胜任这份工作。人们能够给予宗教的最大帮助是使它与世俗权力分离。对民众政府的不满有不易觉察的细微差别，阴谋诡计；选择甚至是由中央政府作出的。美国针对新州的制度。人们逐渐习惯于自己统治自己。Michilimachinac 附近信仰基督教的野蛮人的拓殖。他们的虔诚，他们的热情，他们的教育。

166 离开理查德先生家时我们对于该往哪个方向走感到为难。所有的美国人都想让我们走最好的路并经过最古老的定居点。我们想走荒野未开化的地方，但不敢太明显地承认这一点。

有人建议我们去萨吉诺(Saginaw)湾，我们懒得继续坚持，决定去那里。

7 月 23 日

我们买了一些坐垫，一个指南针，一些白兰地，一些糖，一些弹药。我们租了两匹马。

和比德尔(Biddle)先生的谈话[5]。

我们 11 时出发。我们的衣服。我们旅行的方式。被杀死的鸟儿。终于向荒野进发时我们的快乐。极其平坦的土地。底特律周围一个没有树的有人耕种的地方。之后我们走进一个茂密的森林，有人在那里开辟了一条很好的路。不时地出现一小块空地；周围有一圈令人赞叹的树，和烧焦的树混杂在一起；一块覆盖着树干的田地；中间有一栋木屋，通常没有窗户。没有贫穷。农民穿戴得好。周围牲畜的铃

⑤ 参阅皮尔逊，前引书，第 240 页。

铛。特罗伊(Troy)附近显得富足,一栋木屋门口有一家人正在喝茶。房屋变得越来越稀少。很快地,在它们后面,森林又出现了。我们穿越了一些美妙的沼泽地带。大自然倾力造就的如同英国花园般的景致。在特罗伊的晚餐。法裔加拿大人的景象。

我们于晚上8时抵达庞蒂亚克。我们想换马匹。有人指点我们在一英里外的森林里住着一个人。我们自己动身上路。夜景。森林里令人难以置信的寂静。月亮照在林间的印象。半小时后,我们看见一块小的林间空地,一栋木屋。我们从栅栏上方跳过去,可是我们听到了狗吠声,不敢靠近。我们终于到了。我们走进一个占用了房屋的所有空间的房间。一个角落有火炉,各种工具,另一个角落有一张极好的床,躺着一男一女,女人穿得像一位贵妇。富足和贫穷的奇异混合。居住在木屋里的那些美国人看上去像是到一个狩猎屋暂住一季的有钱人。

7月24日

一离开庞蒂亚克道路就渐渐地失去了大路的特征。它开始在森林里蜿蜒。定居点变得极为稀少。有人指点我们去找一位叫威廉姆斯的先生,他的职业是与印第安人做贸易,他能向我们提供一些有用的信息;在经过离庞蒂亚克4英里的一个定居点时,我们和一位老人 167
搭话,他正好就是威廉姆斯先生。我们表明我们想去的地方。我们和他谈及印第安人。对他们的赞扬。对他们没有什么可害怕的。人们可以信任他们甚于信任白人。

耕田似乎突然之间不见了。隔很长一段时间才有一个木屋。风景如画的地区。有树的山丘。在树林下边看到许多湖。离小泉(Little Spring)五英里的一个奇妙的峡谷;山丘的坡上覆盖着许多松树。沟壑深处发出响声的湍流。我们折回去欣赏这一景致。我们看见一个印第安人奔跑着追随我们并发出狼一样的嚎声。他的头发结成发辫,光头,戴耳环,穿罩衫,没有后裆的红裤子。鹿皮鞋。一个火药壶,一杆长的卡宾枪,手中有两只鸟。一阵不由自主的恐惧。威廉姆斯先生的话和他脸上的表情使我们安心。我们和他交谈。他静静地听我们说并示意他听不懂英语。我们给他一些白兰地，并买了他的鸟儿。我们重新上马。过了一段时间我们又转回去。那个印第安人紧紧跟随我们。我们放慢脚步，他也放慢脚步。我们跑，他也不发出一点声响地跑。这个默不作声且神秘的、似乎在我们周围盘旋的人给我们留下的古怪印象。在一英里远的地方，我们在树林里发现了第二支卡宾枪。我们又惊又怕。这是一个白人，戴着一顶帽子，穿戴几乎像一个野蛮人。这是一个变得半野蛮的欧洲人，他把树丛中他的茅草屋指给我们看！他以狩猎为生。他用那个印第安人的语言（齐佩瓦族语）和他交谈。他和我们交谈时热烈地称赞了印第安人，他似乎喜欢他们的性格和生活方式。他邀请我们回程时到这里看看。我们大步小跑着重新出发了。那个印第安人一直跟了我们两英里。到达小泉的小开垦地。印第安人的临时营地。男人，女人，孩子围着火堆，吃着土豆和烤了一半的玉米。当他们微笑时面部表情很和蔼，当他们严肃时很可怖。轮廓很美[6]，面容很丑。高颧颊。人们向我们提到的他们的好处。只有在酒醉时才可怕。其他时候善良而温和。可资证明的是小泉的主人把他的妻子和6个小孩留在这个印第安游牧部落中，并且今天早上出去打猎了。

168 从小泉到大岸（Grand Bank）各地的风貌。高低不平的地区。没有矮林。一片高大稀疏的乔木林看起来像是人工栽种的。底下覆盖着一种高大的草本植物，尤其是蕨类。几乎不再有房屋。不时地有一群印第安人行走在树下的草木中间，或是有一堆火。在大岸吃晚饭。孤身一人的马蹄铁匠。我们7时重新启程。我们走进一个巨大的橡树林里。矮林又出现了。道路变成了一条难以辨认的小径。黑夜降临。我们担心没法赶到弗林特（*Flint*）河。起风了。完全的寂静。沉沉的黑暗。树林里庄严的寂静。我们的马发出的声响和一只似乎紧随我们的鸟儿的叫声打破了寂静。满月升起。美妙的印象。树林下

⑥ 托克维尔在页边空白处画了一个印第安人的侧面像。

面，月亮使草变得像海浪一样银光闪闪，看似黑色的干枯的树干躺在地上的中间位置。对巨大的橡树树干和白色大理石的高大柱子的奇怪印象。月亮穿行过一个开垦地近旁的一片干枯的树林。看见山丘之间的树下有一个小湖。很远的地方一个印第安人营地的一些火堆。冰冷的凉意。我们来到一个山丘顶。一个开垦地。一条小溪。我们不太认得路。我独自走开到我看见的在远处开垦地的房屋那里去。我在树间跳跃前行，手里拿着我的步枪。地上巨大的橡树。我踩着有一部分呈方形的树木蹚过小溪。我在月光下发现有人已筑了一个成型的堤坝，并已开始建一座很可能是锯木厂的建筑。尚未建成的房屋。没有人。为了和博蒙重逢，我不得不发出可怕的喊叫声。我担心叫声会招引来印第安人。叫声在荒野里的回响。随后的寂静。我们重逢了。我们又走了半个小时。我们听到远处的狗吠声。我们到达一个开垦地并看见了一盏灯。博蒙走了过去。只有一个女人，她躲了起来。她指给我门托德先生的家⑦。他叫回他的狗。他的熊拴在门上。他在月光下割燕麦。他给我们一张床。我睡地上。

7 月 25 日

有人给了我们一个印第安导游，一个 20 岁的年轻人。萨干(*Sagan-Kuisko*)，来自跳跃者(*Sauteurs*)部落。光头，穿一种蓝罩衫，衫子用一个白铁片扣在脖颈上。戴白铁做的耳坠子。和其他印第安人一样的没有后裆的蓝裤子。鹿皮鞋。皮腰带。战斧。卡宾枪。不脏。洁白的牙齿。很可爱的笑容。野性未驯的眼神；一只像狼一样的狗。没有什么类似礼节的东西。而是把注意力放在所有有用的事情上。一个 12 至 13 岁的孩子跟着他。没有武器。他们在行走，或者不如说是以他们种族的轻盈和沉静在我们前面奔跑，并没有看看我们是否跟上了。我们先是过了弗林特河。在那里，我们进入了一个大的林中空地。高大的草木。奔跑着的印第安人，弯着腰在寻找野果。只过 169

⑦ 参阅皮尔逊，前引书，第 259 页。

了两三英里，我们就完全进入了一个原始森林。整个白天的景致大致相同。不高的矮林，一些高大的树木分散于其间。粗壮的橡树几乎直到树顶都没有枝条，巨大的松树。倒在地上的树和站立的树一样多。巨大的老树被风刮断，它们构成一些像拱形的东西。被连根拔起的树形成一个巨大的盾状物。所有树的残骸上都长着草和常春藤。悬在空中的树。其余的被扔到溪里。草木繁茂的沼泽地。奇妙的混乱景象。这一景象由于持续的时间长而令人产生强烈的印象。没有鸟，除了一只被掠获的鸟，每隔一段距离有一些野鸽。孤独和被遗弃的感觉，甚至比在大海上时更强烈。更不可能找到路径。我们的印第安人在我们前面不停歇地跳跃前行了四个小时，从未迟疑过该走哪条道，而且似乎熟悉地面最细微的高低起伏。他们中的一个发出一种沉闷而粗野的喊叫声。他隔着树枝指给我们看那棵最高的树：一棵著名的圣经树（*Bible tree*）。他们画的图。我们重新出发。我们的印第安人停了下来。他们在沙子上画了一条线，指着一端喊道：弗林特，指着另一端喊道：萨吉诺，并指着中间以便指示我们已经到半路，应当停一停了。我们做了个喝水的手势以表示我们只想在一个水源处停下。他们重新开始奔跑并把我们带到一个雨水聚留的地方。我们给马卸下鞍子并取出我们储备的食品。我们在弗林特找不到面包。我们的肉变质了，我们的大多数鸡蛋也坏了。我们只剩了一些糖和几块饼干。一大群被水吸引来的蚊子很快使得我们无法忍受附近的地方。我们重新上路。5时我们到达一条湍急的并且夹在陡壁之间的但不深的河岸边。我们松了一口气，以为看到了一幢白人的建筑。对岸是一块玉米地和三个被遗弃的印第安人的茅屋。没什么怡人的景致，右边是高大的乔木林，左边是在树木繁茂的孤寂的两岸之间缓缓流淌着的一条河。

170 那个印第安人把太阳指给我们看并向我们示意天色太晚，我们没法到达萨吉诺。他自己扑倒在树干上以便让我们明白黑夜即将来临，并劝我们在此地过夜。我们还没吃晚饭。我们劝他继续走。他向我们示意他累了。我们把那个不易打碎的瓶子送给他（？）。于是他又像箭一样疾驰了。穿过高大的乔木林,不时地有河流经过。不时地看见一个用橡树皮做的棚屋和一个熄灭了的火堆的余烬。我们只有一次遇到人:一个和孩子睡在火堆旁的女人。目不转睛地注视。我们杀了一些野味然后想停下来。那个印第安人示意说现在应当走完路程。黑夜降临了。不时有一些高大的树木要越过,有沼泽要穿过。那个印第安人显然已经累得精疲力竭了。他流起了吓人的鼻血。我们让他坐在我们后面。奇怪的印象。我们把我们的马、步枪和小猎袋给他,我们步行。森林的潮湿,寂静。远处一声枪响。我们所有人都停了下来。几乎无法辨认的道路。一大群蚊子。它们让我们感到的苦恼。晚上8时,我们来到一个草地。4英尺高的草。我们的两个印第安人发出三声粗野的喊叫,在我们看见一堆火的远处有人回应他们。我们很快来到一条几乎像巴黎的塞纳河一样宽阔的河的岸边,这就是萨吉诺,它刚才被草原上的草遮蔽了。暮色下最后的几道微光让我们看见了一只小小的印第安独木舟,它像一条长长的黑色的鱼一样驶来。里面有一个蹲着的人,我们把他当成了一个印第安人,他和他们穿得几乎一样,鹿皮鞋,光头。他用他们的语言和他们交谈。我想用缰绳拉着马上船。"必须卸下马鞍,"那个我以为是印第安人的人对我说,"有时它们会被溺死。"诺曼底的口音,很难听懂的法语。我卸下马鞍,把它放在小船上,我自己坐在旁边。那个年龄较大的印第安人在船尾,手执缰绳。那个法裔加拿大人划桨;马在水里游。奇异的景色。我和船夫攀谈,他是法国人和印第安人的混血儿,一半是野蛮人。那个印第安人上岸后,感觉到蚊子的叮咬,便把自己整个儿裹在毯子里并扑倒在地上。我为博蒙担心。很快我又听到独木舟的声响。满月升起了。她照亮了森林,河流和所有的景致。难以形容的景象。两个人上前用法语和我们攀谈;他们是法裔加拿大人,他们讲的是我们的农民的语言。有人带我们到构成萨吉诺的三座房屋当中的一座。可怕的夜。蚊子。不得不像那个印第安人那样把自己裹在毯子里,并且睡在地上。印第安人和他们的狗睡在门口。 171

7 月 26 日

萨吉诺。在野蛮人的部落和难以进入的森林中间的一片耕地。孤独地流经它脚下的河的美丽。我们去看望威廉姆斯先生。他和印第安人做贸易。他给我们看许多小东西,为了使用它们,印第安人付出了美国为购买他们的土地而给他们的钱,或者用毛皮支付。很显然,他欺诈了他们。他和所有其他欧洲人对这些野蛮人的看法:极好的人。善良而且温和。比白人更可靠。所有人都这么认为。回来时我进了其中一个法国人的屋子。他的妻子看上去像一个印第安女人,正在编席子。一个红头发的孩子在她身旁。我问她是不是法国人。——不是。——英国人?——不是。——哪个种族的?她低下头回答道:一个野蛮人。那个法国人是她的丈夫而她已经为他生了几个孩子。奇特的种族,野蛮人和文明人的混合,任何一种语言都掌握得不好,说英语,法语,印第安语。对荒野有一些爱好,又还依恋城市。他们说,这在法国人当中是常见的事。和那位年轻人乘一只印第安人的独木舟去打野鸭。我们猫着腰重新来到难以进入的森林中间的萨吉诺。一些野蛮人上前和我们攀谈。他们说,我的能在雨中射击的步枪令他们羡慕。这样的枪是在哪里制造的?在那些法裔加拿大人的父辈居住的地方。河狸。一种昆虫……

晚上,太阳快落山时,我们自己重新登上独木舟并沿着萨吉诺的一条支流行进。我们几乎从未见过这样的夜晚。凝滞的空气,天空没有云彩。我们的独木舟没有发出一点声响地滑行着。我们慢慢地划桨并欣赏着景致。清澈的平静的水面。岸边奇妙的植物。巨大的森林倒映在水中,正在西沉的太阳穿行着并照亮了它的丛林的下层。20年后,所有这些将被一些村庄取代,不远的将来的这一变化使得眼前的景致显得更加壮美。一声枪响的回声。我们在天完全黑下来时返回。我们为抵御蚊子所作的努力。

7 月 27 日——我们想要离开。有人劝阻我们。我们来到萨吉诺边上的草地打野鸭。一个法裔加拿大人给我们做向导。我们关于印
172 第安人的谈话。他们对烈性甜烧酒的迷恋是难以抑制的。一个印第

安人能喝多少就喝多少，哪怕他会喝死。没喝酒时，是极好的人。他们的好客。在荒野里，献出他们的食物。可惜人们不再那么容易地在商品的价格上欺骗他们了。没有宗教。不过他们相信有一个创造善的神，一个创造恶的精灵，人们永远在其中玩耍的另一个世界。我们进入草地。蚊子造成的难以形容的痛苦。我们发现一些长蛇。我们问那个法裔加拿大人为什么他不跟随我们进入高大的草丛里。他说，他穿的鞋不好，而且害怕响尾蛇。原来这儿有一些响尾蛇。在草地里有许多。印第安人有一种防止死于蛇咬的治疗方法。我们变得更加谨慎了。我们第一次见到一些蜂鸟。白天的一场暴雨。美丽的景色。此前的宁静。昆虫的嗡嗡声，雷鸣声，在包围我们的寂静之中几乎没完没了的雷鸣的回响。

7 月 28 日——在一个不眠之夜后，我们自己于 5 时从萨吉诺出发。当我们向主人告辞后没有向导就进入森林时体验到的沉重感。我感到局促不安。我们轻易地重新找到了卡斯河。我们在那里吃了早餐。那个地方的美丽与宁静。被遗弃的印第安人的茅屋。两条路。犹豫不决。我们选取了右边的那条路并过了河。看上去很少有人走过的路。长时间痛苦地犹豫。我们借助于太阳和指南针。我们最终到达我们吃过早餐的地方。晚上 6 时，我们终于走出森林，我们在那里没有遇到一个活着的生命，除了一些黄鹿和鸟。1830 年 7 月 28 日在森林中的回忆。

7 月 29 日——我们由同一条路到达庞蒂亚克，没有什么值得说的。

7 月 30 日——参观奥查德(Orchard)和帕恩(Pine)的小湖泊。当年的定居点。伯恩斯(Burns)医生的简陋小屋[8]。一种很文明的教育和目前的另一种习惯的奇异混合。书。贫困的样子，又脏又乱的房

[8] 参阅皮尔逊，前引书，第 248 页。

间;我们发现他正在耙平他的田地。他提供给我们的详细情况。

7月31日——到达底特律。晚上沿着河堤散步。遇到我们在俄亥俄州时同游的旅客中的一位。他告诉我们修道院院长(*le superieur*)要来,正往绿湾去。我们立刻改变行程并决定前往绿湾(Green Bay)。

173 8月1日——我们2时上船。底特律的河。耕作过的低地。大量的房屋。圣克莱尔(Saint Clair)湖。晚上,有人在桥上跳舞。美国式的快乐。

8月2日——第二天,我们在能看到 [9]的地方,它位于休伦湖的出口。我们进入这个巨大的湖。风变成逆向的。我们向要塞进发并从那里去2英里远的黑河寻找树林。参观要塞。官员和士兵的制服。军事操练。违抗命令。

8月3日——1时我前往位于圣克莱尔(Saint Clair)河另一边的沼泽地打猎。我们先去要塞。在路边的森林里,传来狂野的鼓声。一些喊叫声。我们看见8个除了一块小小的缠腰布外全身赤裸的野蛮人走过来(6个孩子,2个男人)。从头到脚涂着鲜艳的彩色。竖起的头发,发梢从后面垂到屁股上。手中持一个木制的狼牙棒,像魔鬼一样跳跃着。漂亮的男子。为了自娱自乐和挣钱而跳舞。我们给了他们一个先令。这是战争舞蹈。恐怖得令人不忍目睹。何等堕落。另一种跪在地上头朝着地的舞蹈。我们不知道如何继续(?)另一边的沼泽地里的一些茅屋。一只独木舟离岸并驶来。可怕的航行。沼泽地里收获颇丰的逐猎。

8月4日——我们早上6时出发。完全无事可记的白天。夜幕降

[9] 可能是 Sault-Sainte-Marie。

临时，我们已看不见所有的陆地。

8月5日——我们于4时到达休伦湖的末端。我们看见远处有几座山。湖底布满了无数的小岛，它们像小树林一样露出水面。万籁俱寂。四面八方是森林。没有一点人的踪迹。看不见一条船。沿着圣约瑟岛走，它是同名要塞的遗址。依然存留的壁炉。我们进入圣玛丽河。它时而宽阔得像一个湖，时而被束紧在一些岛屿和一些覆盖着树林的陆地之间。完全的寂静。不时地看到湖畔的一个印第安家庭，静静地坐在他们的火堆旁。他们的独木舟被系在沙滩上。一只大的乘坐8人的独木舟向我们驶来。那些印第安人开了几枪，发出了欢快的喊叫。他们给我们一些鸽子。我们给他们一些白兰地。太阳落山时 174
我们进入一个很狭窄的水道。令人叹为观止的景致。美妙的时刻。静静的清澈的河水。一个极美的森林倒映其中。远处有几座被太阳最后的光芒照亮的青山。印第安人的火把闪着亮光穿过树林。我们的船在这样的寂静中庄严地前行，伴随着树林的回响从四面八方传来逐鹿的号声。晚上我们放下锚。桥上的舞蹈。一些印第安人看到第一艘行驶在水上的汽船时发出的惊奇与赞叹。

8月6日——去年的今天，我们立了一位国王。浓雾使我们没法出发。雾升起，露出了一些山丘和看不见尽头的森林。9时，到达扫尔-圣玛丽(Sault-Saint-Marie)。美妙的风光。极好的天气。圣玛丽，一块围着栅栏的方形土地，中间有一根旗杆和一面巨大的美国国旗。更远处，两个覆盖着美丽的树林的尖沙嘴把河流紧紧束住。在这些树下，有一些印第安人的茅屋。在尖沙嘴之间，是急流。更远处是一些山和无尽的森林。我们到达时所有人都来到河岸上和房屋的顶上。人们每年只有一次能看到一只像我们的这样的船。这个人群的独特性，所有种族的混杂。人数最多的是法裔加拿大人，烧焦的木头(bois-brulés)[10]或混血

---

[10] 北美 Dakota 印第安人的一支 Sichangu 的法文译名。——译注

儿。从欧洲人到野蛮人的细微差别。涂成五颜六色的脸。翘起的头发中有羽毛。我们乘坐一只印第安独木舟去苏必利尔湖(lac Supérieur)。拜访印第安贸易商的营地(见下文)。这只外壳涂了彩色的独木舟的模样。坐在最里面的 8 个(我们算在内)神情庄重且纹丝不动的人。在两端,一个一半是野蛮人的法裔加拿大人,不过保留了其父辈的所有欢快,一边唱歌和讲笑话,一边把独木舟开得飞快。一些印第安人对穆隆先生[11]的殷勤。船舱里的洗礼。在世界的尽头听到法语给我们带来的奇怪感受,而且它还带着古老的表达方式和外省的口音:laridondaine,laridondon。不时地听到“hou!”,它的意思是“向前走”。我们到达长着橡树的尖沙嘴。一个小小的印第安村庄。他们的茅屋(?):直径 12 英尺,高 6 英尺。他们的野狗。首领想要看看我的枪(活塞枪)。这位首领的穿戴:红裤子,一条毯子,头发卷在头顶
175 上。里面插着两根羽毛。我当着他的面开了一枪。他表示赞叹并称他一直听说法国人是一个伟大战士的民族。我问他这些羽毛表示什么涵义。他带着快乐的微笑回答说,这标记着他杀死了两个西乌人(*Sioux*)。他是一个跳跃者(*Sauteur*),这个部族总是在和另一个部族交战。我向他索要其中的一根羽毛,并告诉他我将把它带回伟大战士的国度,人们将赞叹它。他马上从头发上拿下一根羽毛并把它给了我,然后伸出他的手并握我的手。

我们返回。急流往下冲。那些法裔加拿大人令人难以置信的灵巧。像一支箭一样穿过岩礁。在印第安贸易商的营地的约翰逊一家(谈话的内容已忘记)。一个乏味的,冷淡的,不苟言笑的英国人在一群法裔加拿大人和野蛮人中间,他正带领他们去和苏必利尔湖的印第安人做贸易。那些法裔加拿大人带着法国人的坦诚和友善围住我们。他们似乎很高兴见到法国人。我们向他们询问印第安人的情况。他们认识的所有人。他们每年都到这个湖最靠里的地方,穿着和我们看到的那些人穿的一样的衣服。没有小偷。热心助人而且好客。他们

---

[11] 见不按字母顺序排列的笔记本 1,第 72 至 74 页。参《全集》,第八卷,第 244 页。

是欧洲人的朋友，后者向他们提供的物品已经成了他们必不可少的东西。战争时成了凶猛的野兽。不加区别地杀戮所有人。割战俘的带发头皮并焚烧他们。跳跃者(Les Sauteurs)和西乌人(les Sioux)两个对立的部族。首领们只享有名义上的权威。没有司法。私人性的补偿或复仇。没有宗教。相信有神和另一个世界，在那里，那些活着时作恶的人只能在一些没有猎物的森林里狩猎。其他人则在到处是猎物的森林里。印第安人对英语的反感，他们对法语的好感：在最僻远的荒野里，印第安人和欧洲人打招呼时说的是Bonjour[12]。

8月7日——我们早上5时出发。我们穿过休伦湖西南角的尖沙嘴。22只印第安独木舟的船队。朝相反的方向行走并在得到英国人的礼物后回到他们家里。

3时我们沿着白树林(Bois-blanc)和圆岛(Ile Ronde)走并到达马齐纳克(Machinac)。周长为三里的岛屿，相当高。在最高点，是一个美国要塞的白色的防御工事。在岸边有50来座房屋，有几座相当漂亮，它们属于美国公司。在岸上有许多印第安人的茅屋。他们从遥远的地方前来，行经这里，为了得到那些礼物。两座教堂。我们找了一个法裔加拿大人作向导。我们去参观被开凿的岩石。风景如画。从那里望去，那个金字塔的大小和形状让它看上去怪怪的。我们5时返回。博蒙去素描被开凿的岩洞。至于我，我去闲逛，依照我的习惯。
我去拜访神甫，他不在。弗朗布瓦斯(Framboise)太太。印第安血统。 176
关于她的生活的有趣细节。很可敬的妇女。一个年轻的印第安女人的信。印第安的祈祷文书。岸上法裔加拿大人的一个营地。火堆周围的一个宿营地。一个有着法国人的神态和举止的法裔加拿大人。快乐，坦率，充满活力。一些烧焦的木头。我坐在他们的火堆旁并和他们交谈。他们的首领，一个烧焦的木头，是很有才干的人。他告诉我关于野蛮人的细节。离欧洲人越远越好，除非他们是基督教徒。在

---

[12] Bonjour：法语“您好”。——译注

西北部的荒野深处，他们的武器仍然是箭。那里的幸福生活。野兽特别多。它们总是撤退到文明世界前面100里处。印第安人没能感觉到欧洲人的行进迟早要赶上他们。只有当不再有时间补救时他们才感觉到这一点。世袭的首领。不同于战争首领。某种司法。人们把凶手送交给家族，它或处死他或接受他的赎金。没有小偷。在战争中很可怕。易洛魁人和休伦人几乎已经消失。休伦人几乎已被灭绝。易洛魁人：残部散布于湖这一边的部族里。有许多在绿湾。

天主教徒的虔诚。与长老会作斗争的热情。穆隆先生前来接受一种挑战。贫穷的法裔加拿大人支持教会和创办学校的努力。拜访　　[13]先生。11时回到船上。在回去的路上瞥见一个野蛮人的茅屋。一家人用印第安语唱一首教会的圣歌。

8月8日——在水上过了平淡的一天。不时地，左边和右边出现一些覆盖着森林的低地。

8月9日——早上8时到达绿湾。要塞。岸上的村庄，在一条河岸上的草地中央。易洛魁人的印第安村庄地势更高。大的定居点。我们不知道该做什么，我独自去打猎。游过河。独木舟。水底的草。我一时迷了路。不知不觉回到了原地。晚饭后，和一个英国人去鸭溪(Ducks Creek)：4英里。我们在一条孤独的小河重新登上独木舟。到一个印第安女人的家里。草。愉快的探险。我们返回。

8月11日——和一个文明化了的野蛮人的交谈，他穿得像我们的一个农民，英语说得很好。野蛮人更喜欢法语(他说道)；他对文明生
177 活的看法；希望所有印第安人都能适应这种生活。不是基督徒。印第安人的宗教。神，灵魂不死。印第安人的天堂。遵从他的戒律。

湖上单调的一天。

---

[13] 原稿中的一处空白。

8 月 12 日——11 时到达马齐纳克。

野生 *pharo*。欧洲的帽子,边上是黑色的羽毛。上端周围是白铁圈。顶上是三根轻步兵戴的羽毛。巨大的耳环。鼻子穿了洞,里面有个环。黑领带。蓝罩衫。用雕刻着动物的白铁片做成的大项链,腿上的白铁环,缀着许多小玻璃珠的红色松紧袜带。刺绣的鹿皮鞋。穿着一件红色外套。一个年老的法裔加拿大人认为他们穿野蛮人的衣服更好看,完全裸身,除了腰部和头部的羽毛。长头发编成辫子经常垂到脚边。全身涂上彩色。打鸽子。加拿大人的猎犬。穆隆先生的讲道。

8 月 13 日——9 时离开马齐纳克。回去的路上没什么有趣的事。14 日即星期日晚上抵达底特律。

5. 便携笔记本 3

在我看来，支配了美国社会的并且永远必须返回它们以便寻找统治美国社会的全部法律和习俗之根源的是以下两大社会原则：

1. 多数在某些问题上可能犯错，但总的说来它永远是正确的并且不存在高出于它的道德力量。

2. 任何个体，个人(particulier)，社会，乡镇，或民族，都是其自身利益惟一合法的裁判者，而且只要它没有伤害到他人的利益，任何人都无权干预它。

我认为人们永远不应当忽视这一点。

1831 年 9 月 30 日

一个完全民主的政府是一个如此危险的机构，以至于甚至在美国，人们也不得不采取大量的预防措施来对抗民主的失误和激情。两院制，州长(gouverneur)的否决权，尤其是司法制度……

1831 年 9 月 30 日

尽力弄清那些没有起诉或者被告被宣判无罪的刑事案件的数量。

用来对比美国和我们的刑事审查程序(l'instruction criminelle)的重要资料。

了解是否经常有人出于恐惧或者私心不愿充当证人。

关注离婚问题。

另一个永远不应当忽视的美国社会的原则：既然每个个体是其利益的最佳裁判者，社会就不应当过度关切他的事务，以免他最终会依赖社会并且因此让社会承受它无法担当的任务。 179

美国人正是依据这一原则而宣称，没有司法警察，他们能比我们发现更多的罪犯。因为当一桩罪行发生时，所有的人都参与揭露和告发罪犯，这是一个政府永远无法以同样的方式完成的任务。

但是这些理论之间的有益的折衷(le milieu utile)难以把握。

在美国是自由的民情创造了自由的政治制度；在法国，必须由自由的政治制度来塑造民情。这是我们应当力争的目标，不过不要忘记我们的出发点。

英国由于一笔巨大的债务和令人难以忍受的捐税而不堪重负。许多人说英国的贵族制度应该受到指责。这部分地是正确的。但是难道不应当把英国正陷于其中的政治困境考虑在内，而且一个民主政府并不能以更小的代价将其从困境中解脱出来，同时毫无疑问它带来的幸福和荣誉要少于贵族政府？

在每一种宗教教义里，都有一种由于相近性而与之关联的政治学说。从这个意义上说这一点是无可置疑的，即在没有任何力量阻碍这一倾向的地方，它必定会显露出来。可是人们并不因此就无法将宗教教义与它们的所有政治影响区分开来。相反，人们看到在世界上几乎所有国家里，物质利益都造成了这种分离。加拿大和美国的天主教教徒是民主政党坚定的支持者。由此可以表明天主教教义会导致民主精神吗？不。是因为那里的天主教徒是穷人并且几乎全都来自一个贵族是新教教徒的国家。

1831 年 10 月 1 日

询问了沙利文(Sullivan)先生一些关于检察署的问题,并询问了格雷(Gray)和柯立芝(Coolidge)先生一些关于乡镇和州的制度的问题[①]。

一个县有 10 或 12 个乡镇。3000 个居民。康涅狄格州有 8 个县。

180 1831 年 10 月 5 日[②]

我今天在哈特福德的聋哑医院见到一个又聋又哑又盲的年轻姑娘。可是她却能缝纫和穿针。她还不时若有所思地微笑。这是一个奇异的情景。一个如此封闭的心灵如何能想出可笑或快乐的事情呢?它是以什么样的形式出现的?

院长告诉我她性情温和并且很好管理。他补充说她的嗅觉是如此地灵敏,以至于在一堆脏的衣物中,她可以凭嗅觉辨别出她自己的衣物。用同样的方法,她知道走近她的男人或女人是谁。

在这个医院里已经有三四个黑人。有人向我保证,他没有发现黑人和白人的智力有任何不同。

1831 年 10 月 7 日

我刚和亨廷顿(Huntington)先生[③]交谈过,他是哈特福德的律师以及康涅狄格监狱的专员之一。他力图向我解释康涅狄格州的刑事裁判的做法。

他对我说道:

我们在每个县有一个刑事裁判部门,一个每三或四个月依情况需要而定在县的首府开庭的刑事法庭。

---

① 这些问题见笔记 F,第 325 至 327 页。

② 参阅《全集》,第八卷,第 283 页。

③ 参阅皮尔逊,前引书,第 442 页。

当一桩罪行发生时，原告把案子呈到大陪审团的成员之一面前。(在康涅狄格州，大陪审团意味着什么?)后者[4]向治安法官陈述事实，治安法官发出逮捕令(*warrant*)，凭借它被告被逮捕并被带到法官面前，由法官决定是否有必要拘留他。

那些重大的案件在送达小陪审团之前会经过一个大陪审团。所有不重要的案件则直接送达小陪审团。我们的刑事审查程序极为简单。我们还简化了英国刑法的程序(les formes)。只有康涅狄格州如此这般地背离了母国所采用的程序。

1831 年 10 月 8 日

我在这里的检察署(ministére public)的构成里隐约看到两样东西：

首先，在检察署的各种官员里不存在真正的等级制度；也就是说 181
一个人没有权力命令甚至没有权力监督另一个人。但是依照他们在其近旁任职的法庭的重要性来看，他们的职位事实上以及在人们眼里或高或低；不过每个人有一个独立的行动领域。其次，在美国，人们区分了侦讯权和起诉权。所有的或者几乎所有与预审(instruction)有关的事都与检察署无涉，但正是它在法庭面前起诉并出现在庭讯中。

所有这些都需要证实。

在有 290,000 居民的康涅狄格州，有 8 个县。每个县平均约有 36,000 人。每个县有 10 或 12 个乡镇(乡镇是美国的体制中最小的个体[*individu*])；因此每个乡镇大约有 3,000 人。韦泽尔斯菲尔德(Wethersfield)有 3,000 人。

1831 年 10 月 7 日

韦泽尔斯菲尔德的法官韦尔斯(Welles)先生今天对我说：我们的陪审员每年在每个乡镇由治安法官和乡镇行政管理委员会成员选出，

---

[4] 原文此处插入了一个并非托克维尔笔迹的地址：Denorris，在 Linch 太太家，State Street.

尽管所有的地产所有者(freeholder)都有权利成为陪审员。他们留心地只在地产所有者当中选出最有才能的人。一般说来我们的陪审团是由很优秀的人组成。我见过一些陪审团从各方面看起来都和法官一样让我感到放心。在陪审团是随机抽选的纽约州,它经常由拙劣的人构成。

丹尼瑞(Dannery)先生[5]。对民情的观察。妇女们自己之间的交谈。男人们放荡的习性。下层阶级婚前的放荡生活。

1831 年 10 月 11 日

陪审团是人民主权原则最有力和最直接的应用。因为陪审团不是别的,正是由人民来充当法官判断什么是被允许,什么是被禁止对社会做的。

从这个角度来看,陪审团完完全全是一种共和制度(它是民主制的还是贵族制的要看人们是从哪个阶级选取陪审员)。所有在实践上,如果不是在理论上,并非建立在人民主权之上的政府,都不得不摧毁陪审团或是改变它,以便让它不再能代表公共舆论。

182 这,尤其是波拿巴的所作所为。

导致法国的复辟王朝倒台的原因之一,是它既不敢把自己建立在从前的君权神授原则之上,又不敢把自己建立在人民主权原则之上,而是想要使一些相互对立的因素同时并行。例如,当德·佩罗内(Peyronnet)[6]先生 1828 年让陪审员的选出完全由抽签决定时,他可能没有料到他使我们朝共和制度迈进了一大步。但是人们最欠缺的,是懂得如何作决断。他们永远是既不足够好,又不足够坏;既不足够坦诚,又不足够诡诈;既不足够公正无私,又不足够自私自利;他们想要将所有这些东西结合在一起并因此不堪重负而失败。

---

[5] 参阅皮尔逊,前引书,第 476 页。

[6] Pierre-Denis de Peyronnet(1778—1854)极端保王党人,在复辟时期曾任司法部长和内政部长。——译注

1831年10月12日

迪蓬索(Duponceau)先生[7]今天对我们说:英国和美国的法律只知道两种行动手段:监禁和交保证金。它们严重地滥用了这两种手段。

陪审团应受审查这一原则的后果:

……陪审团一点半出来。他们声称永远不可能达成一致意见。

法庭立刻通知他们必须回到他们的房间直到他们达成一致,否则将通过结束庭期把他们解散。其中一位陪审员表示他头痛得厉害,法官回答说除非这一疾病对生命构成威胁,否则他必须被关在房间里。陪审团的其他几位绅士指出,由于炉火不旺,陪审团的房间极不舒适,他们要求提供食物和饮料。地方检察官向法庭指出,其中一位陪审员诉说的疾病,似乎可以构成批准他们解散的充足理由。法官要求工作人员宣誓将陪审员送到陪审团的房间,并让他们安全地待到明天早上11时,法庭将在那时休庭。

陪审团团长却表示,应当在茶房提供给陪审员床铺和食物饮料,并配备一个令人舒适的火炉。法庭休庭。

《纽约信使早报》(New-York Morning Courier and Inquirer)

1831年10月13日

1831年10月14日 183

[8]当社会状况允许一个民族选举它的行政官员时,这样选举出来的行政官员可以很方便地被赋予任何一种专制权威都不敢授予他们的权力。

正因为这样,新英格兰的乡镇管理委员会成员有权让人把酗酒者的名字张贴在小酒馆里,并阻止小酒馆的老板甚至阻止第三方向他们

---

⑦ 见笔记F,第308页;参皮尔逊,前引书,第474页。

⑧ 这些想法似乎是受到《乡镇官员或马萨诸塞州的法律》的启发,艾萨克·戈德温著,伍斯特,1829年。见笔记F,第308页。

供应酒，违者处以罚金。这样一种审查权在最专制的君主政体中也会激起愤慨，在这里人们却轻易地服从它。一旦事务按照这种方式加以组织，随着选举资格的门槛越低，行政官员的任期越短，行政官员拥有的权力就越大。

没有哪个地方比那些共和国有着更多的任意专断了，因为专断在那里丝毫不令人害怕，不过这也是当一个共和政体变成君主政体时，它通常会陷入如此可怕的专制的原因之一。在那里，并非选举产生的和不可解除职务的行政官员保留了选举产生的和暂时任职的行政官员的那些权力。

为了惩罚一种罪行而成立的协会。

如果我必须把人类的苦难分类，我将按这一顺序归类：

1. 疾病。

2. 死亡。

3. 怀疑。

人生既非一桩乐事，也非一种苦痛。它是我们担当的一个庄严责任，我们必须有尊严地履行这一责任并完成我们的使命[⑨]。

184 费城，1831 年 10 月 25 日

当民主政府的诋毁者宣称在许多内政问题上，一个人的统治优于全体人的统治时，我认为他们无疑是正确的。事实上很少见到一个强大的政府不比民众拥有更多的连贯性，更多的恒心，更多的全局观念，更多细节上的完美，更多用人上的判断力。因而一个共和政体不如一个开明的君主政体治理得好；那些否认这一点的共和主义者错了；不过如果他们说不应当从这里寻找民主政体的好处，他们又会占上风。

---

⑨ 原文此处插入了并非托克维尔笔迹的内容：托马斯 · Napiere(?)查尔斯顿，L. B. by John Tappern。

共和政府(在它们能存在下去的地方)令人赞叹的成果不是在民族的治理方面显现出平稳和有条不紊的秩序,而是在于生命活力的图景。自由政府并非在从事每一项事业时都像有才干的专制政府那样务求尽善尽美,但是从长远来看它所创造的要多于后者。它并不总是或在任何情况下都给予各民族一个更精明和更完善的政府,但它会在所有的社会团体中散发一种没有它就永远不会存在的、同时能创造出一些奇迹的积极性、力量和活力[10]。人们恰恰应当在这里寻找民主政体的好处。

1831年10月25日——“人民永远是正确的”,这是共和国的信条,正如“国王永远不会错”是君主制国家的信仰。要弄明白其中一个是否比另一个更加错误是一个大问题,但确定无疑的是无论这一个还是另一个都不对。

华盛顿·史密斯(Washington Smith)先生[11]昨天对我说,在美国几乎所有犯罪都是由于滥用酒精饮料引起的。“可是,”我问道,“你们为什么不对白兰地征税呢?”

“我们的立法机构的成员经常想到这一点,”他答道,“但他们担心有人会反抗,此外那些投票通过一项这样的法律的成员十分确定不会再次当选,嗜酒者占大多数而戒酒却不受欢迎。”

同样在昨天,另一位史密斯先生,一位十分出色的贵格会教徒对我说:“黑人享有选举的投票权,但他们却不可能出现在投票站而不受虐待。” 185

“那为什么,”我问道,“人们不站在他们那一边执行法律呢?”

他回答我说:“在我们这里,当公共舆论不支持它们时,法律是没有力量的。目前民众满脑子都是对黑人的最强烈的偏见,行政官员感到无力执行对后者有利的法律。”

---

[10] 此句在另一个版本中为:它总是造就最伟大的民族。

[11] 参阅皮尔逊,前引书,第459页及其下。同一场谈话另见按字母顺序排列的笔记本B,条目“黑人”,第246至247页。

自从我到美国以来，我几乎已经可以证实所有的开明阶级都反对杰克逊将军，但民众喜爱他而且他拥有支持他的多数。

今天是1831年10月24日[12]，我参加了一个纪念潘(Penn)[13]年前登陆美国的集会。

1831年10月28日——除了民族性以外，维护美国民情的重要原因之一是这里盛行的平等精神。甚至在我们国家，虽然民情更不严肃，但如果一个上流阶级的男子玷污一个属于同等阶级的未婚女子，或者是由于父母的信任他被带入某个家庭，却勾引他们的女儿，这个男子将名誉扫地。而美国的上流阶级指的是所有具备谋生的手段并接受过正派教育的人。

1831年10月29日，巴尔的摩

我们昨天抵达这儿。今天我们参加了这个时节举办的第四场即最后一场赛马会。那些马儿很漂亮，可是赛马骑师穿得滑稽可笑。有许多人在马车里和马背上。不过总的说来，那里还是没有欧洲的风味。一个黑人冒昧地和几个白人进入了赛马场，其中一个白人用手杖打了黑人一顿，这既没有让人群，也没有让那个黑人自己感到吃惊。

昨天，我们参加了一个为比赛而举行的大型募捐舞会；作为外国人我们没有付任何钱，不过美国人付了5美元。那个集会办得很棒，那里的女子非常漂亮，不过穿得怪里怪气的。

这个舞会可以让人对美国的社会状况有一点了解。金钱是惟一
186 的社会差别；不过看看它是如何傲慢地把人分为三六九等的。在法国几乎没人敢把一场公共集会的入场费定得如此之高；人们会以为这是

[12] 这个日期和本文开头提及的日期10月25日有出入。

[13] 原稿此处空白。应指威廉·潘(William Penn，1644—1718)，贵格派信徒，宾西法尼亚州的奠基者。

富人们有意傲慢地要与其他人区隔开来。

我在这里的一本书中看到与贸易相关的美国法律。必须弄到这本书。

1831年11月1日

怎么能怀疑军事荣誉在共和国里的有害影响呢？是什么决定了民众选择看起来十分平庸的杰克逊将军？是什么确保他仍然得到民众的选票，尽管开明阶级反对他？是新奥尔良战役。可是这场战役是一次极为普通的军功，而且任自己如此这般地被迷惑的民众是这个世界上最反对军事行动，最缺乏诗意和最冷淡的。

宾西法尼亚州和纽约州的犯罪和宣判无罪的数量和比率：见爱德华·莱温斯顿（Ed. Lewingston）先生1828年　　[14]写给罗伯茨·沃克斯（Roberts Vaux）的信，第14页末尾（in fine）。

1831年11月3日

出身在美国保持了一定的影响。那些拥有在殖民地历史上著名的或是在革命战争中享有盛誉的姓氏的人，会相当顺利地被任命到重要的职位上，尤其是荣誉性的职位。因此，在马萨诸塞州，州长是莱昂内尔·林肯（Lionel Lincoln）先生，而副州长是温思罗普（Winthrop）先生，两个人都是殖民地最初的州长们的后代。在纽约州副州长是利文斯敦（Livingston）先生，这个地方最大的家族的后代。在马里兰州，州长是霍华德（Howard）先生，著名的霍华德上校的儿子，最古老的家族的代表之一。所有这几位先生都是十分普通的人，而且他们的提升显然应归功于他们的姓氏。民众被那些他们感到无需畏惧的卓越才智所吸引。出身激发他们的想象力却没有引起他们的嫉妒。财富却不是这样。富人们很少成为民众的候选人。民众并不迫害他们，却把

---

[14] 原稿此处空白。

他们晾在一边。

187 1831年11月4日，巴尔的摩

霍华德先生[15]，这个地区一位很出色的工程师今天对我说，他已被委派去（我不知道是政府还是一家公司派他去）考察用一条运河联接五大湖区和密西西比河的可行性。这是他的研究结果：从密歇根湖到伊利诺伊河可航行汽船的河段，距离是95英里。伊利诺伊河的水平面比密歇根湖的水平面低150英尺。为了让密歇根湖的水从这一边流出去，只需要凿穿一座25英里长的山丘，它在密歇根湖的水平面以上的最大高度只有13英尺。的确必须凿穿一层的石头。不过这个工作还算是修建运河当中最容易的工程之一。如果有一天实施了这个工程，已经以几种方式和大西洋相通的五大湖区，将同样便利地与墨西哥湾相通。从湖的最靠里的地方人们将便利地下行到新奥尔良，在内河航行1,500里多一些。

今天是11月4日，我们在济贫院见到一个精神错乱得很严重的黑人：在巴尔的摩有一个著名的奴隶贩子，黑人们似乎很害怕他。我说到的这个黑人想象这个人日夜紧紧跟随着他并抓去他身上的肉。当我们进入他的单人囚室时，他正躺在地上，裹在一张毯子里，这是他惟一的衣物，他的眼睛在眼眶里转动，他脸上同时显示出恐惧和狂怒的表情。他不时地扔掉他的毯子并用手支起身子，一边喊叫着："走开，走开，别靠近我。"这是一个可怕的景象。这个男子是我见过的黑人中最漂亮的一个，他正当壮年。

1831年11月4日

克鲁斯(Cruse)先生[16]，一位很有才华的人，在巴尔的摩最主要的几家报刊中的一家任编辑，他今天对我说："在民众(le peuple)之外，

---

[15] 参阅皮尔逊，前引书，第508页。

[16] 同上，第505页。

我们没有任何力量；他们想要什么，必须听从他们。民兵本身就是民众，当它赞同多数的激情或者为之辩护时就起不了任何作用。20年前我们见到了这方面的一个可怕的例子。那是和英国作战的时期，这场 188
战争在南方很受民众支持。一位记者冒昧地猛烈批评了公众对这场战争的看法。民众聚集起来，砸烂了他的印刷机，袭击了他和他的朋友们（他们属于这个城市最早的家族）闭门不出的那座房屋。有人想召集民兵；它拒绝前去弹压闹事者，没有回应这一召唤。市政当局只能通过把这位记者和他的朋友们送到监狱里来救他们。民众并不满足。那天夜里，他们聚集起来并开往监狱。有人又想要召集民兵，却无法遂愿。监狱被攻占了，其中一位被拘押者当场被杀死，其余的人被当成死人而抛下；有人想要起诉，可是陪审员们却宣告这些罪犯无罪。

1831年11月6日

如果我可以作个评判的话，在我看来共和在美国的南方不像它在北方那样是一种自然而且适合的社会状况。这是否与存在于北方和南方的教育上的、体质上的，以及由此产生的双方在性格上的差别有关？或者不如说是由于还很不习惯民主政府的南方的开明阶级，更加轻易地让人揭穿了北方的同等阶级所掩盖的秘密？这是我还不知道的。能确定的一点是，我对联邦这两个部分的印象是不同的。北方向我显现的，至少在外表上，是一个强大的、稳定的、持久的政府的形象，而且极其适宜事物的自然和道德状况。在南方，在事务的进展中有某种不安的、混乱的、变革的、热情的东西，它没有给人留下同样强大和持久的印象。

为什么，当文明扩展时，卓越之士却减少了？为什么，当知识普及所有人时，才智超群的人却变得更加罕见了？为什么，当不再有下层阶级时，也不再有上层阶级了？为什么，当关于统治的知识为大众所掌握时，伟大的天才却不再引领这个社会？美国明白无误地提出了这些问题。可是谁能解答它们呢？

在这个事件的始末，杰克逊的语气和言谈显示出他是一个无情的独裁者，一心想的只是保住他的权位。野心是他的罪恶而且将被证明
189 是他的祸因。

耍阴谋诡计是他的专长，并且将使他垮台和毁灭。搞贪污腐败他得心应手，这将使他得到报应，令他彻底沮丧慌乱。他是一个成功的和不顾一切的政治流氓，但是报应的时候快到了；他必须吐出他的战利品，扔掉他的假骰子，寻找一个隐居处，在那里痛骂自己的荒唐愚蠢，因为悔改并非他的能力所及的一种德行。

《文森纳报》(*Vincennes Gazette*)，1831 年 11 月 12 日

我今天在俄亥俄遇见了伊利诺伊州的一个大地产主。他向我描绘了一幅关于那个地区的肥沃多产的美妙图景并且补充说，那里的居民正在迅速增加。"有许多欧洲人到那里么？"我问道。

"没有，"他回答道，"绝大多数移民来自俄亥俄州。"

这一事实岂非说明了这个地区的特性以及它的居民的气质吗？俄亥俄州开始有人居住还不到 40 年，它的首府只存在了 30 年，然而新的一代人在这里已经找不到足够的致富机会，又出发前往更新的地区了。

1831 年 11 月 25 日

如果说[17]大自然并未赋予每个民族一种不可移易的民族性，至少必须承认一些自然的或政治的原因致使一个民族的精神养成了的习惯，是很难摆脱的，甚至当它不再受到这些原因的支配的时候。我们在加拿大见到一些法裔加拿大人在英国的统治下生活了 70 年，却仍然和他们从前的法国同胞完全相像。在他们当中生活着一群丝毫没有失去他们的民族性的英国人。

---

⑰ 参阅《全集》，第八卷，第 292 页及其下。

在至少50年前，一些德国移民前来宾西法尼亚定居。他们完好无损地保持了他们祖国的精神和民情。在他们周围躁动着一个流浪 190
的人群，在这个人群里，致富的欲望是没有止境的，他们不依恋任何地方，不会被任何关系羁绊住，而是涌向所有显示出有财富的迹象的地方。处在这个普遍的躁动中却按兵不动的德国人，把他的愿望限定为逐渐改善他及他家庭的处境。他不停地劳动，可是没有把任何东西交由偶然性支配。他稳稳当当地，却是缓慢地致富；他依恋家庭，在他的生活世界中寻求幸福，而且对于他的最后一道犁沟以外的世界没有任何好奇心。

1831年11月25日，在俄亥俄州

俄亥俄州，一个没有民族特性的州，是欧洲和北美，南美，美国西部的混合。它比任何其他州都更少成见。这一点由民法，刑法和政治法所证实[18]。

辛辛那提，1831年12月1日

辛辛那提州的发展。其原因。它的面貌。西部各州的利益。它们应当在联邦展示的形象。它们未来的命运。由肯塔基州和俄亥俄州可以看出奴隶制对于繁荣和文明的不同影响[19]。

公共教育，美国在建立新州时所关注的。

刑法。

被合法地驱赶出俄亥俄州的事实上居住在那里的黑人。

——那里有政治革新吗？

——在民事和刑事方面有革新。

1831年12月4日

除了其他几个原因之外，赋予联邦的所有部分以如此相似的面貌

---

⑱ 见笔记E，第281至284页。

⑲ 见不按字母顺序排列的笔记本2和3，第131页；及笔记E，第285至289页。

的，是这里盛行的高度文明。如果这个世界有一天完全文明化了，人类从表面上看将形成一个单一的民族。理性和德行一样，不会屈服于不同的气候，也不会因体质和地方的特性而变化。它是同一的，是不可改变的。无论在何处它都趋向同样的目标，并经由同样的道路到达那里。所有把理性当作它们的行为准则的民族因而必定有一些重大的相似之处：它们在各种不同的处境中思考着，信仰着并感受着同样
191 的东西。当一个民族相反地把某种它特有的理想道德作为典范时，当它专注于像它的父辈们一样行事，而不是专注于行为的尽善尽美时，当它遵循习俗而不是理性时，它将完全保持故我，时间只会使它与它的邻近民族的差别加大。使每个民族失去其独创性和特色的变化，不也将同时使它失去一部分民族性和独特的魅力吗？在我看来这是一个问题。

12 月 26 日

我设想人们经常称之为一个民族的性格的东西，不外乎是它的社会状况所固有的性格罢了。

因此英国的性格很可能只不过是贵族的性格。使我相信这一点的，是英国人和他们的美国后代之间存在的巨大差异。

当各政党在一个民族诞生时，它们在一段时间内直到某个时刻具有着青年人的特性。在它们的热情和偏激中，加入了一些慷慨，一些极端，一些献身精神。可是在一个民族中长期由宗派煽动的各政党，则具有一种不光彩的自私自利的性格，一种厌世的精神，总而言之是一些散发着幻灭感和冷冰冰的激情的属于老年人的东西。

1831 年 12 月 31 日

在新奥尔良的一天(1832 年 1 月 1 日)

到达新奥尔良。船的森林。300 英尺深的密西西比河。这个城市的外观。漂亮的房子。简陋的小屋。泥泞的没有铺砌的道路。西班

牙风格的建筑：扁平的屋顶；英国风格的：砖砌的，小门；法国风格的：
能通车辆的巨大的门。人种也是混杂的。肤色有着各种细微差别的
面孔。法语，英语，西班牙语，克里奥尔语。总体上是法国风貌，但商
业广告和布告通常是用英文写的。美国的工业和商业世界。拜访马
祖若(Mazureau)先生[20]。我们在孩子们，糖果和玩具的中间。晚上去
看戏。《泥瓦匠》[21]。剧场呈现出的奇特景象：二楼包厢，白人；三楼包 192
厢，灰色的。有色人种的妇女，很漂亮。在她们中间的是带有一点非
洲血统的白人妇女。四楼包厢是黑人。剧场的正厅：我们以为是在法
国；闹哄哄的，嘈杂，忙乱，有人不停地闲谈，在离美国 1000 里的地方。
我们 10 时离开剧场。白人与半白人的混血儿的舞会。奇特的景象：
所有的男子都是白人，所有的女子都是有色人种，或者至少带有非洲
血统。

由两个种族之间的不道德行为产生的独特关系。一种混乱不堪的东西。有色人种的妇女在某种程度上是得到法律的许可专门与人姘居。民情令人难以置信地松弛。舞会上的母亲，年轻姑娘和孩子们。又是奴隶制的一个不幸后果。在新奥尔良有许多有色人种。在北方只有少数。为什么？

为什么在新世界所有的欧洲种族中，英国人是最大限度地保持了其血统的纯正并最少与土著种族融合的？除了出自民族性格和体质的一些强有力的原因以外，有一个产生这种不同的特殊原因。居住在西班牙美洲的是一些被淘金的渴望吸引来的冒险家，他们独自从大西洋的另一端迁徙过来，发现自己不得不以某种方式与他们居住的当地妇女结合。英国的殖民地居住的是一些出于宗教热情逃离祖国的人，他们前来新世界的目的是在这里生活和耕种土地。他们和妻子孩子一起前来，可以立刻组成一个完整的社会。

---

[20] 托克维尔在便携笔记本 4，第 198 至 199 页记述了这次拜访，并在不按字母顺序排列的笔记本 3，第 134 至 136 页记录了这场谈话。

[21] 这里指的可能是 1825 年首演于喜剧歌剧院的奥贝尔的《泥瓦匠》。

1832 年 1 月 3 日

我今天发现在 1828 年一年里，将近有 1,000 只帆船和 770 只汽船进入新奥尔良港。这个数字每年都在增长。

和一位我忘记了他的名字的律师的谈话。1832 年 1 月 2 日。

陪审团：美国人在路易斯安那州的制度中引进民事陪审团的努力。让它适应法国的法律遭遇到的困难。尚未被民情所接受。不情愿当陪审员。由此导致诉讼被拖延。他们通常缺乏才能。

193 当整个民族都宣称一种制度是好的，当所有的党派都认识到它的益处，而且这不是在一时一地，而是在很多个世纪里以及在这个民族的各个分支定居的世界上所有地方，并且无论它们采用什么样的政治法律，那么很难让人们认为这种制度是恶的。这就是把陪审团制度应用到民事诉讼时的情形。

1832 年 1 月 3 日

美国的直接选举和间接选举的效果。

好的选择，坏的选择。

从墨比尔到伯克利	13 m（英里）
从伯克利到蒙哥马利	180
从蒙哥马利到米切尔要塞	90
从米切尔要塞到弥勒德维尔	150
从弥勒德维尔到奥古斯塔	95
从奥古斯塔到查尔斯顿	150
	678

小共和国的人们做出坏的选择部分地是由于卓越之士不谋求荣誉而且不进入政界；这个缺点在我看来由于不存在权力欲所催生的大骚动和革命而得到了很好的补偿。

1832 年 1 月 4 日

美国政府最大的优点是它的无力和消极。在目前的状况中，美国为了繁荣既不需要一个巧妙的指挥，不需要长远的计划，也不需要非同寻常的努力。它需要的是自由，除此之外还是自由。滥用它不符合任何人的利益。在这样的状况和我们的状况之间存在什么可比较之处呢？

1832年1月4日

[22]禁闭室人满为患：必须不断地惩罚，今天有11个黑人和2个白人在禁闭室。

总共494名囚犯，有男人，女人和小孩，大多数人判刑一年以上。一些判刑一年以下的是费城县的。沃什街（Wash Street）监狱是州监狱和县监狱的混合。

宿舍里的25岁的男子们。 194

5年来这个监狱正好收支相抵。

只有5个病人在男子医院。

6个女人。平均死亡率：6%。

没有承包商。

织布工人这个行当和　　[23]的行业相比更有生产力。

禁闭惩罚的平均次数：每周8次。

巴尔的摩。保持体面的人（The dignity-keepers）：一个执行官（agent），一个办事员，一个医生。

收　容　所

对收容所所长的采访。

问—在几岁之后改造的希望就很渺茫了？

答—男子在15岁之后，女子在14岁之后。

---

[22] 以下的笔记是用铅笔从笔记本的末尾开始写的；它们的前面是一幅图和几行无法辨读的文字。

[23] 一个无法辨读的字。

问—致使他们进收容所的主要原因是什么?
答—厄运。父母的不良行为。

匹兹堡。
190 个单人囚室——64 名囚犯。
费用 186,000 美元。
位置不佳。远离河流。
只有 4 名囚犯得到改造。

6. 便携笔记本 4 和 5

[①]信仰似乎衰退了,但利益犹存。

与蒙哥马利(Montgomery)的一位律师的谈话。1 月 6 日。

限定取得选举权的纳税额的好处。不恰当的选择减少了。对于领袖是一种宿命(*A kind of fatality for the leaders*)。[②] 正在散布的错误舆论认为民众无所不能。

肯塔基州、田纳西州、密西西比州、亚拉巴马州和佐治亚州糟糕的司法状况。制度与北方几乎完全相同,但用人不当。由立法机关挑选,由行政机关提议[?]。责任被分散了。政治小领袖的小集团,糟糕的司法状况引起的民事纠纷;联邦的这个部分民情粗野的首要原因。对法律没有信心,暴力的统治以一种令人不安的方式在增长。一个在他的县里有影响的被处罚者发人深省的揭示。这是一个在小区域内选出的陪审团,在刑事审判时表现出色;在有关道德评判的问题上显得差劲,偏私,不能确保公正。

南方的人更穷,更不坚忍,更少受教育。没有学校。一半或三分之二的人不会读。宗教情感不仅更不强烈,而且更多的行为趋于狂

① 本文的前面是已经在第 193 页出现过的那个距离一览表。

② 原文是英文。——译注

热。在亚拉巴马州，反对奢侈的卫斯理宗不像在南卡罗莱纳州那样激烈。

文明与野蛮的混合。南方诸州的特征。精细的制度，粗野的民情。

在华盛顿：询问国会所有成员的过去和职业。

来自南方的冒险家人群，南方新州民情粗野的原因之一。

196 事实上有两种不应当混淆的政治制度的不稳定。一种与次要的法律相关，它随着立法者或多或少在变动着的意志而改变。这种情况可能存在于一个有序的非常稳定的社会。它甚至经常是一个民族的政治体制(la constitution politique)的必然结果。另一种不稳定关系到社会的根基，关系到法律的生成原则(principes generateurs)。这种不稳定不可能不带来混乱和革命。遭受到这种不稳定的民族处于一种狂暴的和过渡的状态。美国提供了第一种不稳定的例子。40 年来我们饱受第二种不稳定的折磨。由于混淆了它们，许多人怀有过分的担忧和希望并作了一些不恰当的比较。

诺克斯维尔，1832 年 1 月 8 日

我补充说一下，人们只是在第二种不稳定存在的地方才会看到大的政党和危险的派别的出现。第一种不稳定产生的是一些小集团而不是党派，是一些争论　　[③]而不是论战，是喧闹而不是对抗。

如果您想知道一个民族是否稳定以及能否指望将来，从这个视角去考察吧。

在亚巴拉马州的蒙哥马利附近，我看到一幅令我深思的小情景：

---

③ 原文在“争论”一词后面有一处空白。

在一个种植园主的房子近旁有一个可爱的白人小女孩(他的女儿),一个年轻的印第安女人把她抱在怀里并毫不吝惜地给予她全部的母性的慈爱。边上一个女黑人在逗这小孩玩。这个孩子在她最细微的举动中也显示出一种优越感,在她幼小的经验中,这种优越感已经把她抬高到这两个同伴之上,她以一种封建主的高傲态度从她们那里接受爱抚和照顾。那个蹲在女孩面前留心着她最细微的举动的女黑人,似乎奇怪地介于她年幼的女主人在她身上唤起的依恋和敬畏这两种矛盾的感情之间,而在那个印第安女人流露出的温柔中,则可以看到某种自由的甚至是有点野性的东西,它与她的同伴驯服的姿态和低声下气的举止恰成奇异的对照。树林里有一样我没法看见的东西吸引了她的注意力,她突然起身,有点粗鲁地把孩子推到一边,一言不发地隐没在树叶丛中。

具有令人赞叹的好处的普选只能在一个对于它来说政府,尤其是
好政府仅仅有着第二位的重要性的民族中存在下去。[我认为这个[4]] 197
政府不能充当社会的控制器。

法国人追求军事荣誉的天性。他们的种族的突出特征之一。波拿巴在加拿大和路易斯安那。他的儿子。灵活性。坚定性。

[5]我称之为大政党的是:那些关注生成性原则而不是它们的后果的,关注一般情形而不是特殊情况的,关注见解而不是人的。这样的政党通常具有一些更高贵的特征,更慷慨的激情,更明确的规约(convention),一种比其他党派更坦诚和果敢的行为。永远在政治激情中扮演一个重要角色的私人利益在它们那里被更巧妙地隐藏在公共利益的面纱之下,这一点甚至经常成功地躲过了那些被政党鼓动去行动的人们的眼睛。

---

④ 字迹不清。

⑤ 参见笔记E,第260至261页。

那些小的政党没有[其他党派]那样的政治信念。相反地它们有自私自利的性格,这种性格会每时每刻显示出来,并且露骨地表现在它们的一举一动中,它们的话语既激烈又含糊,它们的行动既畏缩又犹疑。它们使用的手段和它们为自己确定的目标一样卑鄙。大政党往往使人怜悯人类,小政党则使人蔑视人类;前者震荡社会,后者更多地是扰乱社会。不过二者有一个共同的特征。它们为了达到它们的目的几乎从来不使用已由理性充分证实过其有效性的手段。它们都卖弄强烈和浮夸的激情。

在几乎所有政党中都有一些诚实的人,但是没有诚实的政党。

美国曾经有过大的政党,不过现在没有了。美国在福利方面有了长足的进展,但是道德方面的进步令我感到怀疑。我不知道这个世界上还有比今天在联邦分立的那些不同的小集团(它们配不上政党这个名字)所展现出的更为卑鄙和更为可耻[?]的景象。人们在光天化日之下看到他们的胸中鼓荡着所有那些通常被小心地隐藏在人的内心深处的卑鄙无耻的激情。至于国家的利益,没有人会想到,而如果有人提起它,那也只是做做样子。那些党派把它放在他们的成立协定的
198 开头部分,正如他们的父辈那样,以便遵从一种旧时的惯例。它与协定的其余部分没有更多的关联,正如我们的父辈把国王授予的特权证明书印制在他们的书的首页上一样。

见到粗俗的辱骂如此泛滥,如此卑鄙的诽谤和如此粗俗的恶意中伤充斥着那些充当党派喉舌的报刊,而且它们是如此无耻地罔顾社会礼俗,每天在舆论的审判席上展现家族的荣誉和家内的隐私,真是令人感到可悲。

这是法国的代表。无论这旗帜的颜色如何,向它致以敬意。

如果我没弄错的话,我们有21封要带到新奥尔良的信。要把这么多的书信整理好并且按照每封信要送到的人的重要性把它们归类,真是一件困难的事。不过我们属于那种认为一个人无论多么匆忙,在

逻辑问题上花多少时间都不为过分的人。一切准备就绪之后，我们前往马祖罗先生的家，有人告诉我们他是新奥尔良律师界的鹰，此外他还说法语，我们在旅途中学会了欣赏这一好处。我们历经了千辛万苦并花费了无比多的时间去寻找他的住所，那些房子要么没有门牌号要么门牌号没有前后相连，2 在 1 的前面，10 跟在 90 的后面。这是新奥尔良的人很熟悉而我们还未做过的一道算术题。此外这使我们对领事(le consul)产生了真正的敬意；让我们有可能设想在一个外国人找不着路的城市里一个好政府是什么样子！

我们终于到了！有个黑人给我们开门，我们问他是否可以见马祖罗先生，他先是定睛看着我们，显示出不解我们来意的样子。他最后对我们说：

“怎么！先生，今天?”

“是的，当然。伙计，为什么不呢?”

我们的回答相当有力，不过没有一个词可以充当根据：但那个奴隶看上去已被我们说服，他以一种恭顺的神情低下了头，一边打开了客厅的门。

那只新奥尔良的鹰，裹在他的晨衣里，坐在路易斯安那州人称为法国壁炉而法国人称为土制壁炉的旁边，此刻正接受聚集在他近旁的家人的致意。可以见到他的孩子们，孙子孙女们，侄子们，堂表兄弟 199
们，甚至是堂表兄弟的孩子们，一些糖果，果酱和玩具，一幅完整的家庭图景。我们只有感动的份儿，甚至感动得直掉泪，就像所有 18 世纪的哲学家在他们的书里所做的那样。似乎所有人的脸上都洋溢着欢乐，每个人的心里都充满着和睦。在馈赠新年礼物的日子里他们是如此地相亲相爱！

至于我们，我们停下脚步，好像被这幅情景惊呆了似的。我们终于得到了一点启发。我们明白了领事的难处，黑人们的惊讶，这些善良的被我们当成愚人对待的黑人们。在新年这一天带一封推荐信来！多么失礼呀！唉！哪里找得到这样的快乐时光，我宁肯忘记自己的名字也不愿忘掉 1 月 1 日的到来?

看见两个来得不是时候的访客，马祖罗先生猛然起身走向门口，两个裹在他晨衣的旋风里的小孩在这个黑暗的迷宫里被弄得晕头转向，在我们旁边发出了尖利的哭喊声。我们在忙乱之中弄翻了不知多少个放在地上的玩具，并且弄得一只纸板做的狗叫了起来，这引起了一只真的哈巴狗的吠叫并促使它朝我们的腿肚扑来。我们最终在客厅的中央相遇并且相互表达了我们见面的喜悦之情。

[6]有人说一个国家要稳定，必须把权势给予富人而不是穷人，这是有道理的。不过有人补充说这是因为富人对于保存他们的巨额财富感到关切而穷人没有这些财富。这一点在大多数情况下并不是真的。一个穷人对于保有使他们得以生存的一小笔财富的关切甚至往往大于一个富人对于保有使他们得以享乐的一大笔财富的关切。在我看来，如果前者想要改变现状，那不是因为他们是穷的，而是因为他们是不幸的；如果后者喜欢保持现状，那不是因为他们是富的，而是因为他们是幸福的。再说穷人的仇恨较少而且他们知道富人难以伤害到他们[7]。

200 依法强制委托权（Mandats légalement impératifs）是西方的一个重要而致命的新发明。代议制共和国最大的好处，据这种政治制度的支持者们说，是人民只负责判断和评价一个人，既不管理也不统治。这并不完全正确；因为人民通过评判一个人多多少少表明了对于应当如何行事的意见。不过这个评判不是直接的，而这已经赢得了一大好处；但是，如果人们选举一个人民的代表是为了把该这么做或那么做的严格义务强加于他，那他们就把自己置于其代表的位子上，人们会重新陷入古代共和国的混乱之中。

1832 年 1 月 12 日

---

[6] 以下的笔记是从笔记本的末尾开始写的。

[7] 托克维尔的笔记在此处插入一封信的草稿，它的收信人无法辨读，它的开头如下：“先生，您知道我们的意图正指引我们去美国的南部。”

关于宣誓。

美国人大量运用宣誓。没有一个公务员,无论其职位多么低微,不宣誓要忠实地完成其职责。宣誓总是随附着英文的惯用语:and so, help me God!(因此,上帝,请帮助我)这句话在某种意义上使上帝成为了缔约的一方并使它成为执行契约的保障。不过人们并不要求选民宣誓,这是因为舆论自由被认为应当在政治生活的这一重要行动中得到尊重。

不过值得注意的是,由于在美国有一种合法的和众所周知的修改宪法的手段,因此当宪法存在时,服从它是一项很严格和极其符合人民主权原则的义务。至于要求那些被召集来选举一个制宪团体的人们宣誓服从宪法,则被像美国人这么注重逻辑的民族当成一件荒唐事轻蔑地拒斥了,况且在他们看来它会构成一个政党强加于另一个政党的专制,而他们太理解人民主权学说了,不会容许这样的事发生。

在法国,高于宪法的权力没有被明确地规定,补救其弊端的非常措施没有被指明,立法团体不可避免地被赋予修改宪政法律(les lois constitutives)的权力(这种权力应当永远存在于某个地方);在法国,我认为每次选举时我们都可以说既是一个*立法机构*(législature)又是一个*制宪机构*(convention),我们甚至强求那些任命立法机构成员的人做美国人对那些仅仅任命立法机构的人也不要求做的宣誓;也就是说,我们让一个人宣誓服从一项法律,同时又允许他任命那个可以从他那里接受合法的使命去修改或破坏这项法律的人。不过自由的原则在我们这里仍然处于它们的童稚时期,那些提出它们的人和那些反对它们的人同样没能真正理解它们。 201

美国人在民事上认可经过宣誓的证词,当它与书面文件不矛盾时。我见过的法律界人士声称,这个规定并未在这里造成人们可能担心的那些严重弊端。我倾向于相信这一点;在对法律的完全信任中有某种东西使人们不会去滥用这一规定。此外对真相(vérité)的尊重因此成为社会的一个最重要的必需品,并且被所有人感觉到。不过当立法人员在某些讼案中判定某些证词可能是谎言时,他就降低了它们在所有其他讼案中的价值。要使人受到鄙视，没有比向他们表明人们轻视他们更好的办法了，我认为证人的证词在习俗或民情中被接纳对于一个民族来说是一种很有利的情况。不过把它引进到证人的证词从来就无足轻重的地方是很危险的。此外它使得民事上的陪审行为成为必要。英国人对证人证词的认可，就像它对那么多其他优秀制度的保存一样，应归功于习惯法：普通法。

1 月 12 日

陪审团是对人民主权原则最直接的应用。在任何一个外在于人民的权力想要建立这一制度并诚心诚意地要使它运作的地方，它都将被摧毁。事实上在外在于人民的权力当中，只有一个强大的贵族政府可以不必露骨地扭曲陪审团制度而与之并存，因为只有一个强大的贵族阶级有可能成为陪审员的主宰并且其成员的数量足以自己组成一个陪审团。因此陪审团制度是专制者可以使用的最可怕的武器。我确信在英国陪审员不是像在美国这样从所有阶级中遴选。波拿巴在使陪审团依赖　　[8]方面是非常一以贯之的，他十分狡猾地不完全摧毁它。陪审团本来可以最终倾覆复辟王朝。路易十八的严重错误在于想要让许多不可调和的原则齐头并进[9]。

202 很多人把波拿巴视为所有形式的自由的敌人。在这个问题上，他们的评价并不公正。波拿巴有一个开阔和开明的头脑，能敏锐地感觉到民事上的自由带来的好处而且他在这个方面总是显得自由和宽宏。但人们同时总是见到他是妨碍他的原则的政治自由的最大敌人。波拿巴对自由的态度是一个野心勃勃和有统治欲的天才深思熟虑后的憎恶，而不是一个海盗的恶意对抗和盲目行动。

1 月 12 日

他十分确切地知道他对自由有什么[可以?]希望和害怕的。在法

[8] 这个词无法辨读。

[9] 此处是便携笔记本 5 的开始。

国[200 年[10]]来我们有过所有形式的无政府状态和专制，却从来没有任何类似一个共和国的东西。

如果保王党人能够看到秩序良好的共和国内部的运行，人们公开表现出的对于已经获得的权利的极度尊重，这些权利对于民众的支配，人们对法律的信仰，他们享受到的真切而实在的自由，多数名副其实的统治，一切事物轻易且自然的进展，他们会发觉他们把各种毫无共同之处的情形归到了一个相同的名字下面。我们的共和主义者从他们那一方面又感到我们曾称之为共和国的东西从来只不过是一个人们不知该如何归类的怪物，一个布满血污的[?][11]，在关于古代的争吵中衣衫褴褛：暴政披上国王的大衣还是护民官的长袍与我有何干？如果我感觉到它的手沉重地压迫着我？当丹东让那些惟一的罪名就是和他想法不一致的不幸的人们在监狱里横遭屠戮时，那是自由么？当晚些时候罗伯斯庇尔由于丹东显得是他的对手而把丹东送上断头台时，那可能是正义，可那是自由么？当国民公会的多数放逐少数时，当拥有至高权位的人用专横的权力剥夺公民们的财产、他们的孩子、他们的生命，当表达意见是罪行而且当在家庭这个庇护所里表达的一个心愿也够得上死罪时，那是自由么？但是有人会说，我这是在翻阅恐怖时期的血腥史。那么让我们跳过那*必要的*严酷时期，在督政府查封报刊并把多数当中打算推翻它的成员们送到圭亚那的沙漠里等死的时期，我会看到自由的盛行么？当执政官波拿巴维持了权力，一个 203
人的暴政取代了小集团的暴政，这还是自由，这还是共和国么？不，我们在法国见到了所有形式的无政府状态和专制，却没有任何类似一个共和国的东西。

如果我万一写作关于美国的书，极其重要的是用一章——这些内容是其非正式的草稿——来使人明白在无政府和真正的共和国之间存在的差异，其目的是人们可以发现自由的伟大原则在那里得到践行

[10] 200；字迹不清。

[11] 原稿的一处空白。

和[?]良好的信任以及对保护它们的力量和[?]的运用。

这一章可能因其新意而让人感到很大的兴趣。

如果有机会驳斥梯也尔的体系，在这一章中也会直接讨论法国大革命[12]。

1月12日

美国的制度最突出的特点之一是它形成了一个完美的逻辑之链。这是一个只有极少数民族可以指望获得的优点，而且当近距离考察时，可以看出它对于美国制度的成功的贡献可能并不像许多极其浅薄的头脑宣称的那么大。法律中的逻辑和划一是人们议论颇多的两件事，这较少地是由于它们的优越，更多地是由于那些最平庸的头脑们热衷于去发现它们的缺失，以及他们发现要创造一些将这两个优点结合在一起的理论很容易。事实上只有相当少数的民族可能从头至尾地被了解。使美国人处于这种状态的原因是他们可以把他们的社会结构建立在一个白板上。

如果这是真的，即每个民族都有一种与它的政治利益无关的特殊性格，正如每个人都有一种与其社会地位无关的特殊性格，人们就可以说，美国从好的方面和坏的方面都展示了英国民族的特殊性格最极致的形象。美国人是被放任自流的英国人。这副形象产生于我所理解的英国人的性格……[13]在英国人的性格中所有引人注目的，宽宏慷慨的，富丽堂皇的，奢华排场的东西，都是贵族的而不是英国的特性。

1832年1月13日

204 精神上冷淡的热情，严肃，坚韧，利己，冷静，冷冰冰的想象力，注重金钱，灵巧，傲慢，喜好推理。

---

[12] 托克维尔手稿中的这段文字几乎被完全擦掉，很难辨认。

[13] 原稿此处为省略号。

与波因塞特(Poinsett)先生的谈话,1832 年 1 月 13,14,15 日[⑭]

州对联邦法令的拒绝执行:主张州有权拒绝执行联邦法令者或者他们的隐秘动机。他们无力破坏联邦:在南卡罗莱纳的不可靠的多数,在其他州根本未组成一个党派。南卡罗莱纳聚集了 700,000 个白人。在某些方面沉重的关税,只是真正的激情的虚构的理由。南方和北方社会状况的不同:原因 [⑮]和奴隶。几乎每十年南方都失去一些代表而北方则赢得一些。嫉妒和仇恨的原因。不过南方在发展。为何它没有大船,没有下层民众,奴隶,对于制造业来说是很糟糕的。奴隶,人们无法补救的恶。不可能的变革,人们永远无法同意支付巨额的费用,太昂贵了。无益的进口补贴。奴隶制的危险很小;如果说奴隶受过足够的教育可以发动一场真正的起义,但他们受的教育足以使他们认识到它不可能成功。黑白混血儿的危险很小,他们更接近白人而不是黑人。自由的黑人是危险的范例。奴隶制造成的罪恶以及有可能无需奴隶制的想法在整个南方蔓延。奴隶制不断往南方退却。希望几个世纪后见到它的完全消失。贩卖黑人。300,000 个黑人被运出非洲,这是在商会去年的汇编上读到的。

墨西哥。一个可能比西班牙文明更先进的文明的遗迹。在南美洲和墨西哥建立大共和国的尝试,不可能。大共和国需要联邦制度。墨西哥模仿美国的必要性。在发展中,成功的希望。不应当过于严厉地评判西班牙人。来自 16 世纪。比人们所认为的更少混杂的种族。白皮肤,贵族。没有黑人。印第安人在法律面前的平等。事实上未受教育和不幸的种族。世界上最美丽和怡人的国度。欧洲强国错误地认为会获得一个出口市场,首先必须有需求。对教士的剥夺。民众反对他们更甚于反对政府,为了夺取他们的财产而发动了革命。

---

⑭ 见不按字母顺序排列的笔记本 3,第 123 至 124 页及第 143 至 151 页,及笔记 E,第 259 至 260 页。

⑮ 一个无法辨读的词。

不屈从于文明的美国印第安人将会消亡。只能通过混血儿变得文明。

银行在缺乏资金的美国十分有用。新奥尔良的银行。舆论对破
205 产的宽松态度,除非存在欺诈。工业的掠夺。

公路。中央政府是否有权限的问题。有时由州出面。更经常由县出面。养护得差。地方的大量贷款。收费公路是较好的系统。难以让一个民族习惯于这种系统。允许为县提供帮助的法律的无效。

总统:报刊和利益集团的鼓动。民众漠不关心。没有权力的总统,统治的是国会。

监狱制度:一个尝试。对南方不利。很少有白人罪犯。在家庭里惩罚的罪行。由于这个原因在南方和北方之间做比较是不可能的。

有一种人比白人更加蔑视黑人,这就是黑白混血儿。他们这么做就像大领主的仆从把民众称为下等人一样。

[16]在美国有上千个支撑共和自由的原因,但很少有原因足以解释这个问题。在这里社会是建立在白板之上。这里既见不到征服者也见不到被征服者,既见不到平民也见不到贵族,既没有出身的偏见也没有职业的偏见,而是整个美国都处于这一状况中并且共和只在美国获得成功。

联邦的扩展给人们的活动提供了一个巨大的场所,它不断地使人们从扰乱州(l'Etat)的活动中转移开,它给工业和劳作提供了方便的猎物。然而在这个世界上的哪个地方可以找到比南美洲更肥沃的土

⑯ 见笔记 E,第 256 至 257 页。

地，更奇妙的荒野，更美丽的河流，更取之不竭和完好无损的财富？可是南美洲却无法支撑共和。

联邦划分为小州使内部的繁荣和国家的力量和谐一致，通过划分联邦，政治利益集团增加了，党派精神减弱了。可是墨西哥建立了一个联邦制共和国而它离繁荣却还很遥远。

有一个重要的原因比其他所有原因都更突出，而且当人们全盘权衡过它们后，会发现它仅凭自己就能打破平衡。美国民族作为一个群体不仅是世界上最开明的，而且——我认为比这个优势还更重要 206
的——是实践上的政治教育最发达的。正是我坚信的这一事实使我对欧洲未来的幸福产生了惟一的希望。

然而这个无法解决的问题总是存在：如果没有高度的文明和经验，美国所拥有的物质上的和特殊的优势对它而言是不够的。如果没有后者，前者是否就足够了呢？

1月14日

只有一个野心勃勃的人或是一个蠢人才会在见过美国之后还坚持认为在这个世界目前的状况下，它的政治制度可以像在那里那样应用于其他地方。要相信这一点，看看联邦不同的州根据那里存在的不同程度的　　[17]和经验来理解和实施共和制度的不同方式就够了。当我说它的制度时，我指的是作为整体的制度。没有哪个民族可以有效地采纳这个制度的某些部分。

政治自由是一种难以消化的食物。只有那些最强有力的制度能够支撑它。可是一旦它被消化，即使伴随着痛苦，它也会带给整个社会机体一种甚至让那些对它期盼最高的人们吃惊的精力和活力。

美国在创造公共自由(la liberte publique)之前已经创造了市镇自

---

[17] 无法辨读的词。

由(la liberte municipale)。我们已经做了并且正在做着完全相反的事。我们所有的不幸的根源,是我们想要从柱头开始建造一个柱子,在当学徒之前先当老师。

特别有利于联邦[?]的原因之一,是所有杰出的人士和所有伟大的政治激情都有兴趣维护它。

军事精神和军事服从对自由的致命影响。

美国人没有美德,他们有的是原则。

7. 按字母顺序排列的笔记本 A

产生美国的社会状况和当前政府的原因：

1. 他们的起源：起点极好。宗教和自由精神的密切结合。冷静和理性的种族。

2. 他们的地理位置：没有邻国。

3. 他们的商业和工业活动。一切事物，甚至他们的缺点，现在都对他们有利。

4. 他们所享受的物质福利。

5. 占支配地位的宗教精神：共和的和民主的宗教。

6. 有用的知识的普及。

7. 十分纯洁的民情。

8. 划分为小州。他们不能说明一个大州的情况。

9. 没有一个集中一切的巨大首都。小心地避免了这种情况。

10. 商业活动和州的活动使得每个人都有事可干。

B

破产。

设法弄清乡镇里破产的数目。

破产：费城的著名律师 [1]先生今天（1831 年 10 月 27 日）[2]对我说，费城每年宣布的破产数目大约是 800。的确，在美国，非商人和商人一样可以破产。

他补充说：需要一部有关破产的法律这一点在联邦的商业州和制
208 造业州被普遍地感受到。有几个州已经试图制订一部破产法，可是美国的最高法院宣称这样的一部法律是违宪的，应当等待国会参与此事，而国会还没做这件事。我们曾经有过一部与破产相关的法律，可它是一个党派的成果，继它之后掌权的政党废止了这部法律。关系到全体利益的事务屈从于政治激情——甚至当这个问题并不能激发这种激情时，这是我们的政府体制的不幸之一。我们在破产方面的立法现状是可悲的。我们没有任何反对欺诈的保证。债权人总是成为其债务人的受害者，而一个破产者没有向他的债权人偿还债务就重新变得富裕起来的丑闻不断地重演。

C

美国人的民族性格[3]。

在我看来，性格上的不安于现状是这个民族的突出特征之一。美国人被发财的欲望所折磨，这是他生活中惟一的激情；他没有任何记忆可使他依恋一个地方甚于另一个地方，没有任何根深蒂固的习惯，没有遵循惯例的精神；他是每天财富最急剧的变动的见证人，而且他比这个世界上任何一地的居民更不害怕抛弃既得之物去想望一个更美好的将来，因为他知道他可以不费力地重新创造新的财富。他因而怀着一个只拿增益部分去冒险的赌徒的确信进入人类事务的豪赌之中。有人告诉我们，同样一个人经常尝试过 10 种职业。人们看见他相继做过商人，律师，医生，新教牧师。总之，这里的人没有习惯，而且他眼里见到的景象妨碍他养成任何习惯：

① 原稿的一处空白。

② 见不按字母顺序排列的笔记本 2，第 105 页。

③ 参阅《全集》，第八卷，第 231 页及其下。

1. 许多人来自欧洲并把他们的习惯和记忆留在了那里。

2. 甚至那些已在这个国家定居更长时间的人们也保持了这种习惯上的不同。尚不存在美国的民情。每个人都选择适合他的团体并且保持了他最初的状态。

他已住了20个不同的地方而他还没有发现可以留住他的羁绊；他怎么能不如此呢？这里的法律不断变更，行政官员接连替换；管理制度依次获胜；自然本身变化得比人还快。

由于事物的通常秩序发生了奇特的颠倒，变化的是自然而人却不变。同一个人可以用他的名字命名一个在他之前没有人穿越的荒野，他可以砍倒森林中的第一棵树，并在荒僻地带的中间建造起种植者的房屋，这座房屋的周围起先聚集着一个小村庄，今天已被一个巨大的城市包围。在生与死之间的短暂间歇里，他目击了所有这些变迁，而且其他上千个像他这样的人也能做这样的事。在他的青年时期，他居住在一些部族中间，它们现在已成为历史；自从他在这里生活以来，一些河流已经改道或者缩小了它们的航道，甚至气候也不再是他从前见过的样子，而所有这些在他的想法里还只是一项无止境的事业中的第一步而已。无论时间的演进在这里是多么的有力和迅猛，想象总是跑在它的前面，蓝图总是不够宏大。世界上没有一个国家的人征服未来的信心如此十足，如此骄傲地感到他可以按他的意愿塑造这个世界。只有3个世纪前催生过对新世界的大发现的那场智力活动可以与之相媲美。事实上可以说美国被第二次发现了。而且人们不认为这样的想法只产生于哲学家的头脑：它们同时出现于工匠和投机商，农民和城市居民的头脑中。它们渗入了所有的事物。它们成了所有感觉的一部分；它们是摸得着的，看得见的，感觉得到的，几乎可以说，它们是明明白白的。

经常出生在另一片天空下，置身于一个永远变动的图景中，自身被裹挟他周围一切事物的不可抗拒的洪流所驱使，美国人没有时间依恋任何事物，他只习惯于变动而且最终把它视为人的自然状态。更有甚者，他感觉需要它，喜爱它，因为不稳定并没有给他带来灾难，似乎只是在他周围创造一些奇迹。(关于可能的进步以及社会条件持续不210断地改善的想法,不断地并全面地展现在他的面前。)

加拿大

1831 年 8 月 25 日[4]

外观:加拿大和我们至今为止参观过的那一部分美国没有可比性,它和欧洲尤其和法国更为相像。圣劳伦斯河岸已被完全开垦并且布满了房屋和村庄,这一切都和我们相似。所有荒野的痕迹都已消失;一些开垦了的田地,一些教区,和我们的外省一样多的人口。

这些城市,尤其是蒙特利尔(我们还没去过魁北克)和我们外省的城市有着惊人的相似。各处人口的基础和绝大多数都是法国人。不过很容易看出法国人是被征服的民族。富裕阶级大部分属于英国族裔。尽管法语几乎是所有人都在说的语言,但大部分报刊,广告,甚至一些法国商人的招牌都是英文的。商业企业几乎全在英国人手中。他们确确实实是加拿大的领导阶级。我疑心是否会长期如此。教士和大部分不富裕但有知识的阶级是法国人,他们开始深切地感受到他们的次等地位。我看过的那些法文报刊对英国人抱有一种坚定和强烈的敌意。到目前为止,由于民众的需求和对智识的热情很少而且过着很舒适的物质生活,他们只是很不完全地隐约看到自己处于被征服民族的地位,而且仅仅给有知识的阶级提供一种微弱的支持。不过这几年来,几乎全是法裔加拿大人的下议院采取了一些举措来普及教育。一切都预示着新的一代人将和现在这一代人不同,而且如果从现在开始的几年里,英国族裔的数量不因为移民而惊人地增长并且不能成功地把法国人局限在他们今天居住的地方,这两个民族将会相互对峙。我不认为它们有一天会相互融合,它们之间也不可能存在一种牢不可破的联合。我还希望法国人尽管被征服过,有一天能自己在新世界建成一个美好的帝国,也许能比他们的父辈更开明,更有德性和更

[4] 托克维尔在不按字母顺序排列的笔记本 1 第 78 至 85 页,1831 年 8 月 24、26 和 27 日的谈话可以作为这些关于加拿大的笔记的补充。

幸福。至于目前,这种种族之间的分立特别有利于英国的统治。 211

1831 年 8 月 27 日

蒙特利尔和魁北克之间的地区看上去和我们欧洲美丽的外省一样居民众多。此外这里的河流很美。魁北克位于一个风光十分秀丽的地方,被富饶而肥沃的乡村环绕着。我在欧洲从未见过比魁北克周围展示的更生动的景致。

魁北克所有的[5]工业人口都是法国人。在大街上只听到人们说法语。但是所有招牌都是英文的;只有两座英语剧院。这个城市的内部丑陋,和美国的城市没有任何相似之处。它和我们外省大部分城市的内部有着惊人的相似。

我们在周围见到的乡村和我们美丽的乡村极为相似。这里只说法语。这里的人们看上去幸福而且富裕。这里的种族显然比美国的更好。这里的种族是强健的,妇女们没有大部分美国妇女特有的那种娇弱和病态的神情。

这里的天主教没有附带任何它在其统治权威最强大的南欧地区所拥有的那些附属物。没有男子修道院,女子修道院设定了一些实用的目标并做出了一些令英国人自己都大为赞赏的慈善典范。人们在路上看不到圣母像。在教堂里没有怪异和滑稽的装饰物,没有还愿物。宗教是开明的,而这里的天主教既不会激起新教徒的仇恨也不会激起他们的嘲讽。我承认对我来说,它比美国的新教更能给予我精神上的满足。这里的神甫真正是全体教徒的领路人;他完全不像大多数美国牧师那样是一个宗教产业的企业主。要么应当否认教士的用处,要么拥有和加拿大的一样的教士。

我今天在[6]阅览室。几乎所有在加拿大出版的报刊都是英文的。它们的尺寸和伦敦的报刊相近。我还没读过它们。在魁北克有一份

[5] 博蒙标明这个笔记的日期为 8 月 25 日。参全集第八卷,第 253 页。

[6] 《全集》,第八卷,第 253 页及其下。

212 报纸叫《公报》(*la Gazette*),一半英文,一半法文;还有一份全法文的报纸叫《加拿大人》(*le Canadien*)。这些报刊的尺寸和我们法国的报刊相近。我仔细地读了几期:它们强烈地反对政府,甚至反对一切英国的东西。《加拿大人》的题词是:我们的宗教,我们的语言,我们的法律。很少有比这更坦率的了。它的内容和这一题词相呼应。所有那些可以或多或少煽动民众的反英激情的内容都在这份报纸中被有意地加以强调。我看过的一篇文章指出加拿大永远不会幸福,直到它有一个在出身、原则、观念甚至偏见方面均由法裔加拿大人组成的政府,它还表示如果加拿大摆脱英国的统治,那并非是为了变成英国人。在这同一份报纸中有几首相当优美的法语诗。它还报道了学生们演出“《阿塔丽》,《扎伊尔》和《恺撒之死》”[7]的授奖情况。总的说来这份报纸的风格是粗俗的,混杂着一些来自英语的外来语,以及一些奇怪的措辞。它和在瑞士沃州出版的报刊很相似。我在加拿大还没看到过任何有才之士,也没读过一部能证明这种人存在的作品。那个将要鼓动法国人并使其奋起反抗英国人的人尚未诞生。

英国人和法国人融合得如此之差,以至于后者独占了加拿大人(*Canadiens*)这个名称,另一方则继续称自己为英国人。

参观魁北克的一个民事法庭[8]。

我们走进一个全是阶梯座位的大厅,座位上坐着一群人,看上去全是法国人。在这个厅的最里面按原物大小画着一些英国的兵器。在这幅画的下面是穿戴着礼袍和领圈的法官。在他面前列坐着律师们。

当我们来到这个厅的时候,有人正为一宗诽谤案进行诉讼。它涉及判处一个人罚金,这个人把另一个人称作“该绞死的人”和“龌龊”。律师用英语辩护。“该绞死的人”,他说道,发这个词的音时带着一种浓重的英国口音,“意思是一个被绞死了的人。”“不,”法官严肃地纠正

⑦ 伏尔泰的戏剧作品。——译注

⑧ 参阅《全集》,第八卷,第 255 页及其下。

道,"意思是应该被绞死的人。"听到这句话,被告的律师愤怒地站起来并用法语作辩护,他的对手则用英语回应他。双方用两种语言激烈交锋,他们无疑并不能相互完全理解。那位英国人不时努力地用法语表达他的想法以便更紧地跟上他的对手,后者有时也这么做。法官时而说法语,时而说英语,尽力维持秩序。庭吏喊道:——肃静!他交替着用英语和法语说这个词。法庭重新归于平静。有人提供了一些证人。一些人亲吻《圣经》上的银制耶稣像,并用法语宣誓要说真话,另一些人用英语说同样的誓言并以新教徒的方式亲吻完全没有纹饰的《圣经》的另一面。接着有人援引诺曼底的惯例,有人依据丹萨尔(Denisart)⑨,有人提及巴黎最高法院的判决以及乔治三世统治时期的一些法令。然后是法官的判决:鉴于龌龊一词含有一个人没有道德,没有操行,没有名誉的意思,判处被告 10 个金路易或 10 个英镑的罚金。

我在那里见到的律师,被人们称作魁北克最好的律师,没有显示出才干,无论在他们说话的内容上还是方式上。他们尤其缺乏高贵的气质,说法语时带着诺曼底中产阶级的口音。他们的风格是粗俗的并混杂着古怪的用语和英语的措辞。他们说一个人要负担(*charge*)10 个金路易,以表示人们要求(demander)他付 10 个金路易。进这个盒子里来(Entrez dans la boite),他们向证人喊道,为了指示他在证人的席位上就坐。

这整个画面有某种怪异的,缺乏条理的,甚至是滑稽可笑的东西。不过它使人产生的印象的底色却是悲哀的。我从未像走出那里时一样确信,对于一个民族来说,最大的和最无法补救的不幸就是被征服。

1831 年 8 月 28 日

尼尔森(Neilson)先生今天来找我们以便带我们去看看这个地区。

---

⑨ 丹萨尔(Denisart,1712—1765),夏特莱(巴黎塞纳河右岸的城堡,内有法庭和监狱)的检察官,著有《新的裁决及与法学相关的概念汇编》(Collection de decisions nouvellles et de notions relatives a la jurisprudence),6 卷本,1754—1756 年。

（关于尼尔森先生，他的性格和他的见解，见谈话[10]。）这次散步给我们留下的关于法裔加拿大人的印象是再好不过了。我们看见一些精心开垦过的土地，一些显得富足的人家。我们走进了几户人家。宽敞的房间里配备着很好的床，墙壁被刷成白色。家具十分整洁。一面小镜子，一个十字架或者一些表现《圣经》主题的雕刻构成了一个整体。农
214 民身体强健，体质好，穿戴得体。他待人接物的态度里有美国人所缺乏的坦率的真诚；他彬彬有礼而没有奴性，他和你平等相待却又殷勤体贴。那些我们拜访过的人们在举止上甚至有某种令我们感到惊讶的高贵。（确实，我们是被带到这个村庄最好的人家里。）总的来说，在我们看来，这些人在知识上不如美国人，但在心灵品质上优于美国人。人们在这里完全感觉不到似乎显现在美国人的所有举止言谈中的那种惟利是图的精神。法裔加拿大人的理性很少得到培育，可是他们纯朴且正直，他们的想法无疑比他们的邻居们少，可是他们的同情心似乎更发达；他们过着一种心灵的生活，美国人则过着一种头脑的生活。

8 月 29 日

今天[11]我们骑马去参观乡村，没有导游陪同。

在离魁北克 2 里的波夫尔（Beaufort）乡镇，我们看到人们走出教堂。他们的穿戴显示出他们极为富裕。那些来自一个遥远村庄的人们乘车回去。我们分散开来到小道上并和我们遇到的所有居民交谈，尽力把谈话扯到严肃的话题上。这就是我们大概从这些谈话中得出的：

1. 到目前为止他们普遍十分富裕。魁北克周围的土地卖得极贵，和法国的一样贵，不过它带来的收益也很大。

2. 这个族群的想法似乎还很不成熟。不过，他们已经很清楚地感觉到英国族群正以一种令人不安的方式在他们周围扩张，并认识到他们把自己局限于某个地域而不到尚无人居住的地区拓展是错误的。

---

[10] 参阅本书第 80 至 85 页。见全集第八卷，第 261 页。

[11] 《全集》，第八卷，第 262 页及其下；本文的这一部分与博蒙的编排有很大出入。

每天从欧洲新到此地的人强烈地激起了他们的嫉妒心。他们感到自己最终会被人吞并。人们看到所有关于这个话题的谈论都会激起他们的热情，不过他们不能清楚地看出解决的办法。法裔加拿大人太害怕离开能看到教区钟楼的地方，他们不够精明。“哦！您说得很有道理，可是我能做些什么呢？”这就是他们的回答。他们明显地感觉到他们作为被征服民族的地位，确切地说他们不是不指望政府的善心，而是不指望英国人的善心。他们所有的希望都寄托在他们的代表身上。 215
他们似乎对代表们尤其是对尼尔森先生——“可他是英国人”，他们带着惊讶或惋惜的神情对我们说——怀着那种被压迫民族通常对他们的保护人所抱有的狂热的依恋之情。在我们看来，有几个人充分地认识到了教育的必要性，并为人们刚刚做过的有利于教育的事感到非常高兴。总的说来这个族群在我们看来是能够被引领的，但是尚无能力自己引领自己。我们正走近危机时刻。如果法裔加拿大人20年内不能走出他们的冷漠麻木的状态，他们就不再有时间走出来了。一切都昭示这个民族的觉醒快到来了。可是如果在这种努力中法裔加拿大人的中间阶级和上层阶级抛弃底层阶级并任由自己被英国的行动裹挟，法国种族(race)在美洲(Amerique)就没有希望了。这确实令人惋惜，因为这里具备了成就一个伟大民族的所有要素。美洲的法国人对于法国的法国人正如美国人对于英国人一样。他们保留了绝大部分民族性格中的原初特征，并加入了更多的美德和纯朴。他们和美国人一样，摆脱了一大堆导致并可能永远导致欧洲的不幸的偏见和错误的起点。总而言之，他们自己身上拥有一切创造法国在新世界的伟大记忆所需要的东西。但是他们有一天能成功地完全重新获得他们的民族性么？这是有可能的，但不幸的是这无法确定。一个认识到，感受到并能够培育这个民族的民族激情的天才人物，在这里将扮演一个令人钦佩的角色。他将很快成为这个殖民地最有权力的人。可是我还没有看到这样一个人。

在魁北克已经有一个阶级的人构成了法国人与英国人之间的过渡：他们是一些与法裔加拿大人联姻的英国人，一些对政府不满的英国人，一些有地位的法国人。这个阶级在期刊界以《魁北克公报》(*la Gazette de Quebec*)为代表，法国人和英国人混杂，在议会以尼尔森先生、可能还有几个我们不认识的人为代表。正是这个阶级最令我对法裔加拿大族群未来的命运感到忧心。它既不会激起法裔加拿大人的嫉妒，也不会激起他们的热情。相反它在利益上更倾向于法裔加拿大人而不是英国人，因为它是政府的反对派。可是实际上，它在民情上，观念上和语言上是英国人。如果它一直充当法裔加拿大人的上层阶
216 级和开明阶级，后者的民族性将永远地丧失。他们将像法国的下布列塔尼人(Bas-Bretons)一样默默无闻地生活。幸运的是宗教给两个种族间的婚姻设置了障碍，并在教士中创造了一个有兴趣说法语并从法国文学和思想中汲取精神养料的开明阶级。

我们在和这个地区的民众的交谈中可以发现一种对领主的仇恨和嫉妒。然而领主们可以说是没有权利的，他们正如别人一样是人民的一部分并且几乎全部不得不去耕种土地。不过民主的平等精神在那里和在美国一样有生命力，尽管它没有那么理性[12]。我在这些农民的内心深处看到曾经引发我们的大革命并且还在造成我们所有的不幸的那些政治激情。在这里，它们是或者几乎是不伤人的，因为没有什么东西在抗拒它们。我们还注意到农民看见教士征收什一税的权利时并非没有反感，而且看到这项税收送到一些教士手中的财富时并非不带嫉妒。如果有一天宗教在加拿大失去了它的统治权，那么敌人将在这个缺口取得胜利。

和法国人一样，法裔加拿大农民有着快乐和活泼的精神，在他们巧妙的答话中几乎总是有某种动人之处。有一天，我问一个耕夫为什么法裔加拿大人任自己被局限在狭小的田地中，当他们能够在离家20里的地方找到一些肥沃的荒地时。“为什么，”他回答我，“您为什么更爱您的妻子，虽然邻居的妻子有着更美丽的眼睛呢?”我感到在这个回答中有一种真正的和深沉的情感。

---

⑫ 博蒙版本(第八卷，第264页)在这一句和后面一句之间加入了几个出自不按字母顺序排列的笔记本1的句子。

加拿大的法文报纸每天都有一些以散文或诗的形式出现的小块文学作品，这永远不会在英文报刊的大栏目里出现。这种诗体有着法国诗体旧时的特征。它的表达方式简单而质朴，和我们当今文学的夸大其辞、强势语气和矫揉造作出的简单相去甚远，它以一些小的或旧的观念为主题。

1831 年 8 月 31 日[13]

今天我们和尼尔森先生以及一个叫尼日尔（Niger）先生[?]的法裔加拿大人，沿着圣劳伦斯河右岸一直走到离魁北克 10 里的圣-托马
斯村庄。正是在此处圣劳伦斯河的宽度达 7 里，它在 50 里的距离之 217
内一直保持着这一宽度。我们穿过的所有那些村庄都富饶得令人赞叹；它们和圣劳伦斯河及北部的山峦联接在一起，构成了一幅最完整和最壮美的图画。房屋普遍建造得很好。它们显得富足而整洁。教堂是富丽堂皇的，不过显得很有品位。它们内部的装饰在我们的城市里也不会不合时宜。值得注意的是，正是这个乡镇自己征税来修建它的教堂。在加拿大的这个部分，人们听不到英语。所有的人口都是法国人，不过当有人来到一家小旅馆或一家商店时，会看到它的招牌是英文的。

总评　　　　1831 年 9 月 1 日

我们在与几位法裔加拿大人交谈时注意到，他们的仇恨更多地是指向政府而不是整个英国种族。民众本能地是反对英国人的，但在我们看来许多属于开明阶级的法裔加拿大人并没有像我们认为的那样，被完整地保存他们起源的印迹并成为一个完全独立的民族这一愿望所鼓舞。他们中有几个人在我们看来离与英国人融合已不远，如果后者愿意承担这个地区的利益的话。因此令人担忧的是随着时间的流逝尤其是随着信仰天主教的爱尔兰人的移民，融合将会发生。而它只

[13] 博蒙的版本，第八卷，第 265 页，标明这个段落的日期为 1831 年 9 月 3 日。

能导致对法国的种族,语言和民情的伤害。

不过可以确定的是:

1. 下加拿大(对法国种族来说幸运地)形成一个单独的州。目前,在下加拿大法裔人口和英裔人口的比例是10比1。法裔人口很密集。它有政府和属于自己的议会。它真正地形成了一个与众不同的族群。在由84名成员组成的议会中,有64名法裔和20名英裔。

2. 英国人到目前为止一直自成一体。他们支持政府对抗民众。所有的法文报刊都反对政府,所有的英文报刊都支持政府,除了一家,《辩护者》(*the Vindicator*),在蒙特利尔;它还是由一些法裔加拿大人创办的。

3. 在城市里,英国人和法裔加拿大人形成两个社会。英国人大
218 肆炫耀奢华,法裔加拿大人只拥有很有限的财富;由此引发小城市里的嫉妒和纠葛。

4. 英国人包揽了所有外贸并主导了所有内贸。由此又引发嫉妒。

5. 英国人每天都在抢夺法裔加拿大人认为是保留给他们种族的土地。

6. 最后,英国人在加拿大展现了他们的民族性格的所有特点,而法裔加拿大人则保留了法国人性格的所有特征[14]。

因此很可以肯定的是,下加拿大最终会变成一个完完全全的法国族群(peuple)。不过它永远不会是一个人数众多的族群。在它的周围一切会变成英国人的。它会是大海中的一滴水。我很害怕的是,正如尼尔森先生以他尖刻的坦率指出的,事实上命运已经昭示了,北美将是英国人的。

1831年9月2日

自从我们到加拿大以来,我们见到了很多教士。在我们看来,他

---

⑭ 此处在博蒙的版本,第八卷,第266至267页还出现了一个有七行字的段落,这一段落在托克维尔的原稿中出现于9月2日的笔记中。我们遵照了托克维尔原稿中的顺序。

们显然构成了法裔加拿大人当中的首要阶级。我们见过的所有教士都有学识，彬彬有礼，有教养。他们说的是纯正的法语。总的说来他们比我们法国的大多数神甫更出色。从他们的言谈可以看出，他们是地地道道的法裔加拿大人。他们在内心里和利益上与人民联合一致并且能很好地表达人民的需求。不过在我们看来他们通常对英国国王怀有忠诚感，并且通常支持正统性的原则（le principe de la legitimite）。不过他们中的一个人对我说："我们现在都抱着希望，内阁是民主的。"他们现在是反对派，如果政府变得专制，他们一定会造反。总之，这个族群和法国民族惊人地相似。* 或者不如说[15]他们仍然是法国人，一模一样，因而和在他们周围的英国人完全不同。快乐，活泼，好开玩笑，喜爱荣誉和喧哗，聪明，极其能交际，他们的民情是温和的，他们生性是乐于助人的。这个族群总的说来比法国人更有德性，更好客，更虔信宗教。只有在加拿大人们才可能找到法国人称为友善（*bon enfant*）的人。英国人和美国人要么是粗俗的，要么是冷 219
淡的 *。

一位农民告诉我："一旦吵起架来，英国人就不是白人了[16]。"

9 月 2 日

五六年前，英国政府想要把整个加拿大聚集到一个单一的议会里。这是使法裔加拿大民族完全解体的最好办法，于是整个族群突然觉醒，正是从那时起英国政府知道了它的力量。

几位神甫告诉我在他们的教区没有一个人说英语。他们自己也完全听不懂英语并让我们充当翻译。

对民兵军官的任命权归属政府，但是众议院已规定，要成为军官，必须居住在其指挥部所在地，结果是把军事力量的指挥权几乎完全地

---

⑮ 以下星号之间的段落，在博蒙的第八卷、第 266 页中出现在别处；见本卷，第 217 页，注释 1(?)。

⑯ 博蒙在第八卷第 263 页补充说明了这个句子："他们还保存了所有的法国习语。他们中有个人对我说：'一旦吵起架来，英国人就不是白人了。'"

置于法裔加拿大人手中。

一个法裔加拿大人今天告诉我，在众议院讨论是激烈的，急躁的，而且人们经常作出一些仓促的决议，当头脑冷静下来时人们会为此感到懊悔。他难道不是在说法国的议会吗⑰？

F

公职。

公职，尤其是那些能吸引出色的和有抱负的人士的公职在美国报酬很低。

可表明这一点的证据：英格汉姆(Ingham)先生是杰克逊将军认为应当在1831年初解散的那个内阁的成员(这一举措尚无先例)。英格汉姆先生声称他和他的几个同事被解职是因为他们不愿意进入伊顿太太(他声称将军爱上了这位太太)的社交圈，一场发生在英格汉姆先生和伊顿少校之间的引起议论纷纷的争吵由此引发。在这些事件之
220 后，英格汉姆先生回到他的选区，在那里他的朋友热情款待了他，他在那个场合发表了一个演说，声称他很高兴又回到隐退的状态，然而他的演说苦涩而辛酸的风格却和他所说的话相违背。他在谈及其他事情时说道："至于金钱上的损失(如果有人想到这一点)，我投入比我原本在公务上投入的少得多的劳动，只要管理得当，将轻易地获得比维持生存所需的更多的东西，所有人都知道，靠华盛顿的薪水几乎无法维生——由于这个缘故我没有什么好怨恨的⑱。"

《纽约广告日报》，1830年6月30日

公务人员。

他们和其他公民完全平等。他们的穿着和别人相同，不在家时住在小旅馆里，任何时候都容易接近，和所有人握手。他们行使一种特

---

⑰ 在博蒙编的第八卷的第267至272页中出现的这一段后面的段落，在托克维尔的原稿中并非出现在此处。

⑱ 见第155页，这一段的译文已出现过。

定的由法律限定的权力;在此之外,他们不比任何人优越。人们永远不会混淆公务人员和人的身份(le fonctionnaire et l'homme)。人们对一种人的尊敬不会扩及另一种;今天的报纸上刊有一封一位波士顿制造商写的信,他送给杰克逊将军一把美国制造的玳瑁梳子。他称呼总统为:亲爱的先生。

1831年6月1日

我们今天拜访了纽约州的州长[19]。我们发现他住在一个很小的一层楼的农场木屋里,正忙于亲自照料他的田地的耕作。埃兰·林兹先生告诉我们,州长的职位报酬是如此之低(5000美元),以至于特罗普先生倘若不是一年中可以在他的农场待上6个月,他将会破产。他指责这种过度吝啬,认为它阻止了那些卓越之士去谋求报酬如此之低的一个职位,既然凭着一些才能,他们可以从某些生意中挣得更多。这是美国的社会状况和民情状况下特有的想法。

奥本,1831年7月12日

I

公共教育。

到目前为止,我见过的所有人,无论他们处于何种社会地位,在我 221
看来都无法设想有人可能怀疑教育的好处。当有人告诉他们在这个问题上这种观点在欧洲并不被普遍接受时,他们总是一笑置之。他们一致地认为,对所有的民族都有益的知识的传播,对于一个像他们那样自由的、既不存在对选举资格也不存在对被选举资格的财产限制的民族来说,是一种绝对的必要。在我看来,这是一种所有人头脑中都有的想法。因此这些州的巨大花费就在于公共教育的创办上(博蒙有确切的数据)。我还不知道这里的人们如何看待在我们那儿如此严重的半吊子学问带来的弊病。不过在我看来,在欧洲人们做出的反对知

[19] 特罗普(Throop)州长。

识过度传播的最有力的论据在这里也不适用。原因如下：

1. 宗教道德在这里比在任何其他地方更少受到知识传播的破坏。宗教与知识之间毫无敌意。

2. 这里的人们比任何其他地方的人更不需要担心一下这一点：由于大量的人被他们所受的教育提升到他们的境况之上，这会给一个州造成带来动荡，以及这些人的不安分可能给社会带来的麻烦。这里，大自然提供的资源仍然远远地超出了人们要耗尽它们的所有努力，以至于没有什么精神力量和智力活动不能找到一种方便的食粮。

鲍尔(Power)先生的观点。见：宗教[20]。

新新监狱　1831 年 6 月 1 日

印第安人。

在那些[21]目前被欧洲人的属地四面包围的印第安人中，人们有时仍然会看到一些人，他们过人的才智预见到印第安种族最终的命运，而且他们野性的力量仍然在寻求与一种今后不可避免的前途作斗争。1829 年死于布法罗附近的塞尼卡(Senecas)村庄的红外套(*Red-Jacket*)，就是人们可以称为最后的印第安人的那些人中的一位。

斯宾塞先生向我讲述了关于他(1831 年 7 月 18 日)的以下轶事。红外套在我们的时代是白人、而由于对白人的仇恨也因此是基督教在新世界最大的敌人。由于感到用公开的武力和欧洲人斗争的时代已经过去了，他至少运用了他在其同胞中拥有的所有的道德影响力来阻止他们融合到我们当中。红外套通晓我们的习俗并且懂得英语，但是
222 他不屑于说它。他对其同胞的影响力是巨大的。斯宾塞先生补充道："难得听到一个人的雄辩比他的更自然更动人并且能比他更巧妙地运用讽刺的了。我记得十年前，一个住在布法罗附近的印第安人被指控杀死了一个美国人。有人捉住了他并把他移送到我们的一个陪审团面前。我那时是检察官并且必须说对他不利的话。红外套到场为他

⑳ 见以下第 230 页。

㉑ 《全集》，第八卷，第 259 页及其下。

辩护，而且，尽管他不得不使用一个翻译，他还是赢了他的诉讼。审讯过后，他来到我面前，显得非常直率地对我说："无疑我的兄弟（他说的是被告）从前对你造成过巨大的伤害。"我回答说在他犯下罪行之前我并不知道他这个人。红外套接着说，我理解，被杀死的那个白人是你的兄弟而你想要为他复仇。我还是试图让他醒悟过来并让他明白我的职责的性质。红外套注意地倾听之后问道，是否我的人民的长老（les Anciens de mon peuple）付给我报酬让我做我刚才向他解释过的事。我对他说是。于是，他假装感到了最强烈的愤怒并叫喊道："什么！你不仅想要杀死从未伤害过你的我的兄弟，而且你已经事先出卖了他的血！"

我承认，斯宾塞先生补充说道，我被这粗鲁的质问惊呆了，愣在那里。

好多年前，波士顿的长老会信徒派一位传教士到莫霍克族（Mohawk）的印第安人那里，他们当时居住的河谷现在仍然以他们的名字命名。红外套就在他们当中。那个部落召集起来听传教士布道，之后人们按照惯例举行了一次全体的商议，促使人们作出决定遣回那位长老会传教士的红外套被委派去把这个决议告知传教士。"我的神父说得很好，"红外套说道，"可是我的兄弟们有一个疑问想要澄清。我们的祖先告诉我们的父辈他们见过大神（le Grand Esprit）而我们相信我们的父辈。有人说白人相信一本大神给他们的书；可是人们又说白人数不胜数的部落中的每一个都赋予这本书以不同的涵义。人们向我的兄弟们作了错误的转述吗？"那位传教士不得不承认红外套所说的话中有某些真实的内容，后者带着一种谦恭的神情接着说："如果大神用心地在一切事务上开启其智慧并赠予其那本书的白人尚且不确信能理解它，我的神父怎么能指望可怜的野蛮人能做到这一点呢？"那位传教士努力地向他解释基督徒们只是在几个问题上分歧而在所有其他问题上是一致的。红外套在任其说完想说的话之后，用下面这 223
番话结束了这次谈话："这些事情对于印第安人来说是难以理解的。不过如果我的神父要去离我们最近的那些白人邻居那里重复这些布道，而且如果这些布道的结果是阻止白人像他们每天做的那样偷盗我们的土地和我们的畜群，我的神父可以重新回到印第安人这里而且他将发现他们更愿意倾听他了。”

1831年7月19日。伊利湖畔，俄亥俄州边上。

和印第安人的第一次接触。

我们最早接触到的印第安人住在奥奈达城堡，一个离纽约大约270英里的村庄。他们跟着我们的车子跑请求施舍，但我们没有闲功夫仔细看他们。不过7月18日晚上到达布法罗时，我们遇到一大群印第安人。有人告诉我们，他们前来收取他们移交给美国土地所得的钱，后者定期支付租金[22]。

［我认为我从未感到过比看到这些印第安人更彻头彻尾的失望；我的脑海中充满了夏多布里昂先生和库柏先生的回忆，我期待着在这些美洲土著中见到一些野蛮人，大自然在这些人脸上留下的是自由精神所带来的高傲刚毅的印记。我以为会看到和欧洲人差别很小的一族人，他们的身体由于狩猎和战争的辛劳而发育得很好，并且在裸体时也毫不逊色。人们设想一下我在看到下面这幅景象时有多么惊奇。我在那个晚上见到的印第安人身材矮小，他们的四肢，就我从他们的衣服下面能够判断出来的情形说，是纤细的而且很不有力，他们的皮肤不像人们通常认为的那样是红色的，而是深青铜色的，以至于乍一看他们和黑人很相像。他们的黑头发以一种奇怪的僵直的方式垂落在他们的颈部，有时则垂落在他们的肩上。通常他们的嘴过大，他们脸上的表情极难看而且凶恶。不过他们的相貌倒有许多欧洲人的特点，但是人们会说这些人属于我们欧洲大城市中最低劣的群氓。他们的面部表情显示出只有长期滥用文明的好处才会带来的极度堕落，然而这还是一些野蛮人……某种粗野和不文明混杂着他们从我们那里学来的恶习使得他们越发百倍地令人嫌恶。这些印第安人穿着欧洲

[22] 参阅便携笔记本2，第163页。

人的衣服，但他们穿着它们的方式和我们不同(一些人裹在毯子里；一些女人穿着裤子戴着帽子；一些男人穿着女人的衣服)。看得出他们还不习惯穿它们，在它们的皱褶里还感到受束缚。在欧洲的饰物之外，他们混杂着使用一些野蛮人的奢侈品、羽毛、项链、巨大的耳环。他们的动作迅捷而混乱，他们的嗓音尖利且不和谐，他们的目光不安且粗野。乍一看，人们会禁不住以为他们是森林里被教化颇赋予了几分(?)人类的外形却依然是一只畜生的野兽。

我们在离开那个城市有一段距离时，遇到了许多正返回他们的村庄的印第安人。大多数人或多或少都喝醉了。一个印第安女人在道路的尘土里打滚，一边发出粗野的喊叫声。在最后面的房屋附近我们看见一个印第安人躺在路边。那是一个年轻的男子。他一动不动；我们以为他死了。从他的胸膛里痛苦地发出的几声低沉的呻吟使我们知道他还活着并且正在与白兰地导致的一种危险的酒醉作斗争。太阳已经落山了，土地是潮湿的。一切都预示着如果无人救援，这个不幸的人将会在这里丧命。不时地有一群印第安人经过。他们走上前来，粗鲁地翻动他们同胞的身体，摸摸他的心脏，看看他是否还活着，然后继续赶路，甚至无暇回应我们的指责。我一辈子都会记得，一位年轻的印第安女人起先似乎带着关切走上前来；我以为是那个垂死的人的妻子或姐妹。她仔细地看着他，高声地叫着他的名字，摸摸他的心脏，在确定他还活着之后试图把他从昏迷中拉回来。可是看到她的努力无效后，她对这个横陈在她面前的像死了一般的身体感到狂怒；她拿他的头撞地，用她的手捏他的脸，用脚踩他。在肆意地做着这些残忍的事时，她发出一些含糊不清和粗野的喊叫声，我觉得在我写下这些文字时还听得见它们在我耳边回响。我们终于感到不得不干预此事，于是我们断然命令她走开。我们听着她一边远去，一边爆发出粗野的笑声。

回到城里，我们和不同的人说起那个正躺在路上的年轻的印第安 225
人。我们谈及他正面临的迫近的危险；我们甚至提出要支付他在小旅馆里的费用。所有这些都无济于事，我们没法说动任何人。有些人对我们说:这些人习惯了喝过头并躺在地上;他们从来没有因为这样的事而送命。另一些人承认那个印第安人可能会死;但是从他们的唇边可以读出这样一个没有完全说出来的想法:一个印第安人的性命算什么?事实上这是所有人的感受。在这个如此文明,如此自视正义的,如此仁慈宽厚的美国社会中,当事关这个国家的土著时,占支配地位的是一种冷酷的自私自利和一种完全的漠不关心。美国人没有像墨西哥的西班牙人那样用他们的狗去驱赶印第安人,但实质上是同样冷酷的情感在这里正如在所有其他地方一样驱动着欧洲种族的人。这个世界属于我们,他们每天对自己说;印第安种族的人最终注定要毁灭,这是人们无法阻止也不想推延的。上天没有使他们文明化,他们必定要灭亡。此外我一点也不想介入此事。我没有做任何反对他们的事,我只是向他们提供一切会加速他们灭亡的东西。久而久之我将拥有他们的土地而且对于他们的死我是无罪的。满意于他的推理,美国人去教堂听新教的牧师每天重复说所有人皆兄弟,而且按照同样的模子造出所有人的上帝赋予了他们相互援助的义务[23]]。

1831年7月20日

尼尔森先生今天在谈到印第安人时对我们说道:这个民族将完全消亡,他们将由于他们灵魂的高傲而沦为牺牲品。他们当中最低微的人也自认为至少与魁北克的地方长官平起平坐。他们一点也不屈从于文明,不是因为他们没有能力像我们一样行事,而是因为他们看不起我们的生活方式并且自认为比我们优越。

魁北克,1831年8月31日

226

G

特赦。

英格索尔(Ingersoll)先生,一位律师和费城立法机构前议员,今

[23] 托克维尔在其记述《荒野十五日》中重复了方括号中的所有段落并作了一些补充。

天(1831年10月14日)对我说:“特赦权在共和国比在君主国容易受到更严重得多的滥用。这是人们在对比我们这儿和法国的情形之后可以看出的。在这儿,经验已经证明要判处一个人终身监禁是一种幻想,因为迟早他会获得特赦。在我们这里统治者不断地更换,而每次变动时新的机会就朝囚犯敞开。此外在他和囚犯的亲戚或朋友之间没有任何中间人。他发现自己不断地接到某种短兵相接式的赦免请求。从人性的角度来说他是不可能永远拒绝的。相反地在君主国里,几乎不可能直达国王,而且国王的大臣们通过声称国王拒绝轻易地就避开了请求。

注:我在新新监狱的资料汇编里看到,在1824年(我认为)每180个获得自由的囚犯中有95个是被特赦的。我注意到许多重犯罪行是由被特赦者犯下的。自那时起滥用大大减少。

M

海运业。

英国全部的商船数为19110艘,载重2199959吨。

法国全部的商船数为14600艘。但它们的吨位只有700000。

《大不列颠杂志》(*Revue britannique*),1830年11月

马萨诸塞。

我们[24]已经走遍了马萨诸塞州从奥尔巴尼到波士顿最广阔的地域[25];我们发现它的面貌和纽约州的截然不同。不再有木屋,不再有被烧焦的树木,不再有被遗弃在田地当中的树干;总之不再有荒野的痕迹。土地被精耕细作。这个地区有古老的气息。几乎所有的房屋都很可爱(尤其是村庄里的),到处是一种令人惊讶的极度整洁。乡村本身更秀美,有许多山峦。

---

[24] 参阅《全集》,第八卷,第272页及其下。

[25] 从1831年9月7日至9日。

227 1831 年 9 月 20 日：波士顿是一个美丽的城市，坐落在水中几座山丘上，风景秀美。

到目前为止，我们所见到的这里的居民和我们在纽约见到的截然不同。这里的社会，至少是那个我们被介绍进入而且我认为是最高的社会层，几乎和欧洲的上流阶级完全相像。那里流行奢华和考究。几乎那儿所有的妇女都说一口流利的法语，而到目前为止我们见到的所有男人都在欧洲待过。他们的举止高雅，他们的言谈以智识方面的内容为主题；人们感到摆脱了那些令纽约的社会如此粗俗的商业习惯和逐利精神。在波士顿已经有一定数量的人由于无事可做而探求精神上的快乐。有几个人在写作。我们已经看到三四个很漂亮的图书馆，都是文学性的。（此外很有必要指出我们几乎只见到那些卓越的人士。而他们和纽约的卓越人士有着不同的风格。）此外似乎对那些无所事事者的偏见（总的说来是很有用的偏见）在波士顿还是很强大。和到目前为止我们走过的所有州一样，精神的劳作在波士顿尤其指向宗教问题。我们在图书馆（Athénéum）找到的 25 种半定期的书籍或小册子中，有 12 种或多或少与宗教问题相关[26]。

P

惩戒监狱：

在我看来，新新监狱建立起来的这种监狱制度实施起来是危险的。原因如下：无可置疑的是，新新监狱的纪律比所有人们可以在法国见到的相类的监狱好很多。它的效果是：

1. 囚犯的健康。
2. 他们对劳动的极其专注。
3. 州从这种劳动中获得的收益。
4. 可能对一定数量的人的道德改造。

---

[26] 博蒙的文本与此不同。

这些效果是如何达到的？通过完全的静默把一些囚犯与另一些囚犯隔离开，并通过持续的劳动来使用他们身体和精神上的能力。228

如何获得足够程度的静默和劳动？通过任意地授予所有的看守进行体罚的权力。

可是看守们如何运用这种权力来产生我提及的那两种效果？在我看来，这正是首要的问题而且所有其他问题皆与此相关。打囚犯的权力被授予苦役犯看守，并且他们总是糟糕地使用这一权力（太少或太多）。可以确定的是，至少它没有产生同样的效果。

为了使看守们时时刻刻保持注意，为了迫使他们既冷酷无情又公正无私，美国人使监狱的秩序成为每个看守最迫切的利益。囚犯们是自由的，他们是有武装的[27]，他们没有锁链加身，也没有被围在高墙厚壁之内。出于他们意愿的一次一致行动必定使他们获得自由。对纪律的监视是惟一能阻止他们的羁绊。看守每时每刻都对自己说他的性命的保存有赖于他留心地阻止阴谋的发生，维持不间断的劳动，同时不用不公正的待遇去刺激性情易怒的人，这种人瞬间的影响会带动所有其他人跟从他。他因此要严厉而公正，他这么做不是出于责任，也不是出于害怕，而是出于利益。因此在我看来，美国人是通过把自己置于危险之中，通过直面危险，从而成功地战胜它。正是由于这一点我才认为追随他们的范例是危险的。当这部机器运行良好时，他们的监狱里的秩序比欧洲的任何监狱要好上一千倍。可是那里不可能有未遂的造反（*demi-revolte*）。因而在我看来新新监狱的制度从某种意义上说像是美国人用得如此之多的蒸汽船。没有什么比它更舒适，更快捷，总之，没有什么比它更完美的了，当一切照常时。可是如果这部机器的某个部分紊乱了，那么船上的装备，乘客和货物都会飞到空中。

新新监狱，1831 年 5 月 29 日

---

[27] 这里指的是他们的劳动工具。

对事实的观察作为对此前内容的补充。

3 年前,有人向我们指出的一名男子突然走出车间,手执一把斧头,召唤他劳动的同伴们起来造反。他们犹豫不决,于是有人捉住了
229 肇事的男子。显然在那一天,新新监狱的看守们是命悬一线间。如果由于他们中的某个人的疏忽,五六个囚犯可以彼此取得一致意见并制造一个密谋,他们无疑会形成一个核心并带动其他人造反。

同一天

其他观察。

我们见到 250 个囚犯在一个工棚里劳动,切割着石头。这些人处在一种十分特殊的监视下,他们全都动作粗暴,这显示出他们有着特别令人生畏的性格。每个人的右边和左边都有一把用来切割石头的斧头。三个没有武装的看守在工棚里来回走动着。他们的眼神里总是带着不安。

同一天——1831 年 5 月 30 日——我们在采石场看见几百名囚犯顶着烈日在加工石头(那是一年中最热的一天),他们看上去和挣工资的工人干得一样带劲。

新新监狱的牧师和同一地点的寄宿学校的校长普林斯(Prince)先生对我们说,总之,他认为这个监狱的看守们是一些置身于巨大的危险之中的人,而到目前为止,人们在囚犯的服从方面积累的经验还太新,不完全确切。他把监狱的主管和一个迟早有一天会被老虎吃掉的驯虎师相比拟。在我看来,普林斯先生是一位有才干的人并且颇有主见。他不相信新新监狱的制度能够实现重大的道德改造。

卡特赖特(Cartwright)先生[28]似乎也持同样的看法,但没人能知道什么,因为并没有真实可靠的数据。我认为他们比美国人似乎认为的更加赞成这一制度。

1831 年 5 月 31 日

---

[28] 参皮尔逊,前引书,索引。

到目前为止我们见到了许多对这个问题颇有研究的人，他们怀疑人们能够成功地改造罪犯。

1831 年 6 月 10 日

我们有越来越多的理由作出同样的判断。

1831 年 8 月 1 日

Q 230

贵格会教徒。

W. 史密斯(Smith)先生今天(1831 年 10 月 25 日)对我说，贵格会教徒在费城的人数不超过 2,400 人。他们的问题是每天都在自我清理[?]。

R

宗教

这里的福音传播在我们看来与其说是一种热忱和信心的事业，不如说是一项产业。卡特赖特先生告诉我们苦役监狱里几乎不可能有有才干的牧师，因为他们的待遇太差。

新新监狱，1831 年 5 月 30 日

有几个人告诉我们神职人员们不断地更换工作地点。

同上

在纽约有 35,000 个天主教徒。50 年前还不到 30 个。鲍尔(Power)先生(代理主教)声称，由于有人改宗，天主教徒的数量每天都在增长。他们已经形成了人数最多的社团。

在鲍尔先生的谈话中，最令我吃惊的是：

1. 他似乎对共和制度没有任何偏见。
2. 他认为知识对道德和宗教精神有益。

1831 年 6 月 9 日的谈话

理查德(Richard)先生,底特律(密歇根州)的神甫(cure),他由一个大部分由新教徒组成的选民团体委派到国会,他在三年期间是最受人尊敬的议员之一。

同上

天主教徒捐献的钱物足以供养司祭和教堂。

同上

231 和英国圣公会牧师温赖特(Wainwright)先生[29]的谈话。

温赖特先生看上去是一位风趣的人。他有着(这在美国是罕见的)最好的社会阶层的那些举止,并主持着纽约最受人欢迎的那个教堂。

问—这里的宗教观念和政治主张之间是否存在某种关联?

答—不存在任何关联。它们像是两个截然分立的世界,每个世界里的人们都安宁地生活着。

问—怎么会有这种状况?

答—因为各个教派的牧师从来不参与政治并且从来没有成为也不宣称是一种政治力量。我们认为如果我们插手任何政治事务,我们的声誉将受损害。我们当中的许多人甚至在选举投票中弃权。就我而言,这是我一直留意地做着的事。

史密斯先生,奥本监狱的牧师,对我说了同样的话。他补充说道:"我确信如果有人向长老会的牧师团体提出要给予它的成员们某种政治权势,它会毫不犹豫地拒绝。"史密斯先生是一位年轻的长老会牧师,思想相当平庸,但充满了热情和善意。

奥本,1831 年 7 月 12 日

"我不相信一个共和国没有良好的民情能存在下去,而且我不相

[29] 参阅皮尔逊,前引书,索引。

信一个民族没有宗教能有良好的民情。我因此断定维持宗教精神是我们最重大的政治利益之一。”

这是我们刚刚和奥本的长老会神学院院长理查德先生进行的一次谈话的原话摘要。理查德先生是一位老人，他的虔诚在我们看来是真挚甚至是热烈的（这在美国是罕见的）。我们问他宗教原则在他看来是否并未失去其影响力。“在大城市也许失去了影响力，在小城市和乡村并没有。我认为相反地30年来我们还取得了一些进步。”（我很担心他弄错了）。

奥本，1831年7月13日

理查德先生，天主教神甫，由一个信仰新教的选民团体委派到国会。尼尔森先生，新教徒，由一个信仰天主教的选民团体委派到加拿大的下议院。这些事实证明了宗教被更好地理解了还是它的力量衰弱了？我认为它们同时证明了这两点。 232

8月27日

1831年7月8日致路易[30]

显然在这里存在着比世界上任何其他国家都强烈的基督宗教背景，我不怀疑这种精神倾向影响到政制。基督教为观念赋予一种道德的和规范的外表；它阻止了创新精神造成的偏离；它尤其使我们当中十分普遍的一种心灵偏好变得非常罕见，这种偏好使人们冲向他们选择的目标，不惜一切代价越过一切障碍。显然，无论一个政党多么希望获得某个结果，都会自认为有义务仅仅借助于具有道德外表的方式，并且该方式不会公然震撼总是多多少少具有道德性的宗教信仰，即便这些信仰可能是错误的。

你难道不钦佩我们的本性的不幸？一个宗教对于人们的意志是

[30] 此处出现一封托克维尔于1831年6月29日写给路易·德·克格莱（Louis de Kergorlay：托克维尔的好友）的信的两个片段。该信收于《托克维尔全集》第13卷第1册，第225—226页。

有力的，它支配了想象，产生真实的和深刻的信念；但是它把人类区分为幸福的和该下地狱的，在世界上制造了本来只应该存在于另一个世界的区分，制造了不宽容和狂热。

另一个宗教传布宽容，持守理性，人们逃离其标志；它没有获得任何力量：这是一个没有活力的作品，没有力量，几乎没有生命。

新新(Sing-Sing)监狱。

在新新监狱有一位老人记得他见过印第安人在这个地方定居。甚至新新这个名字也是取自一位印第安首领的名字。

新新监狱，1831 年 5 月 29 日

有人把一幢房屋指给我们看，那儿住着奥利弗·克伦威尔的后裔。

同上

监狱制度：

每个被拘押在英国的监狱船上的犯人每年花费 91 法郎 7 生丁。

把犯人拘押在百慕大群岛上花费 117 法郎 11 生丁，一切费用全包括在内。

《大不列颠杂志》，1830 年 11 月

相信成年囚犯的道德改造的人	完全不相信的人	持怀疑态度的人
	麦克斯韦尔(Maxwell) 纽约(N. Y.) 威尔希(Willsee)，新新监狱的工作人员。囚犯学会谋生这一点除外。 伍德鲁夫(Woodruff)，布莱克威尔岛上的工作人员。	杜尔(Duer) 肯特 (肯特) 里克尔(Riker) 似乎基本上确信没有改造

233 **T**

荒地：耕作它们的方法。

当一个新的拓荒者到来时，他在一位邻居家住下，如果他有邻居的话。如果没有，他就搭一个帐篷。第一件事是清理田地，在工人的帮助下完成。有人估算清理（包括开垦和围建栅栏）一英亩地的费用大约为 3 美元。土地如此这般准备好后，新的拓荒者种上一英亩的土豆，其余的地根据土质种上小麦或玉米。玉米可以在最潮湿的地里生长，因为人们在春天播种。新的拓荒者必须带来至少能吃 6 个月的食物储备。两桶面粉和一桶咸猪肉供他和他的家人食用就足够了；后者得花费 14 美元。茶充当饮料。通常要安顿下来算起来至少必须有 150 或 200 美元供其支配。他花 100 美元买地，这笔钱能买 80 英亩地；其余的钱用于最初的安顿和意外的开销。新的拓荒者也用这笔钱买一些养起来不费什么钱的家畜。他把它们放到树林里，挂一个铃铛，然后它们自由觅食。一个不包膳食的工人花费 1 美元，包膳食的 6 先令。耕牛一天花费 12 先令。

资料由庞蒂亚克（Pontiac）附近一位年轻的苏格兰医生和新拓荒者于 1831 年 7 月 30 日提供。

一杆有 16.5 英尺，一英亩有 20 杆长 8 杆宽（比阿庞小）。

在锡拉丘兹和奥奈达湖周围，荒地一英亩卖 5 至 6 美元，耕地 15 至 20 美元（1831 年 7 月 8 日）。

在卡南带卦（Canandaigua）耕地一英亩卖 18 至 20 美元，最好的卖 25 美元；和布法罗的耕地价格相同。在密歇根地区，荒地一英亩统一售 10 先令。人们必须当场支付全部款项。由州出售的所有土地也一样（由于难以收回欠款，这是一个被普遍采纳的办法）。

州发现地卖得便宜些但没有延期付款是符合自身利益及公共利益的。

当人们想要开垦土地时，购买土地被认为是最容易不过的事。真
正的花费在于耕种土地。它每英亩得花费 5 至 10 美元（砍树，搬走这 234
些树，制作篱笆，开垦土地），如此这般打理好的土地一英亩的年收益是 2 至 4 美元。劳动一天的价格是 50 美分，不包膳食。如果人们不

向短工提供膳食,他的工钱是 6 先令(这与大量资料相矛盾,根据这些资料,不包膳食的劳动一天的价格是 8 先令或 1 美元)。

7 月 22 日从伊利湖畔底特律的一位居民那里获得的资料

人们可以估计一英亩耕地的收益很经常有 2 美元甚至更多。买地没花什么钱,真正的花费是土地的筹备,是劳动力的费用。

以下说的是当有人自己不耕地时(这种情形很罕见),该如何做以便从土地中获得收益。我让一个人开垦 20 英亩地。我每英亩地给他 5 美元同时我向他提供犁和牛让他耕地。我还向他提供一半的种子,然后我们两个人分享第一年的收获。如果收成好,属于我的那一半收益在支付了 5 美元的花费后还有余。接下来的收获就全部归我所有了。

由在庞蒂亚克的我们的旅店老板于
1831 年 7 月 25 日提供的资料[31]

概　　论

[32]1831 年 5 月 13 日写给 K(克格莱)的信:

到目前为止,我所看到的一切没有让我感到兴奋,因为我知道这一切更多的是服从了自然的意愿而非人的意志。这就是我目前的总体印象。不过我眼前的景观并不因此就没有构成一幅巨大的景观。人们从来没有发现身边聚集起如此令人快乐、如此有力的生存条件。这里,人的自由以其全部力量行动,其能量在所有对每个人都有益而不会伤害任何人的事物上找到养料。人们不能否认,这里的工业和人的精神的运动当中狂热的东西。但到目前为止,这种狂热看起来仅仅加强了力量而没有伤害理性。无论人们做什么,物质自然是人们为了利用自然提供的资源而进行的种种努力所无法耗竭的。需要做的事

[31] 根据便携笔记本 2,托克维尔于 7 月 24 日离开了庞蒂亚克,他是于前一天夜里到达此地的。(参阅第 166 页)

[32] 这里插入了托克维尔写给其堂兄和密友路易·克格莱的一封信的片断。

情与人们已经做的事情成比例增长。在独立战争期间纽约的人口是两万,目前已经是 20 万。每年其地域都在大幅度扩张。人们告诉我们说密西西比荒漠的人口增长得更快。所有人都对我们说这里是美国最为肥沃的土地,它无限制扩展。在这一令人难以置信的物质性运动当中,政治动荡在我看来是附属的。它仅仅活动于表面,没有深入到民众中去。人们告诉我们说很难让人接受需要放下私人事务的公共职务。事实是这个社会独自运转,并且幸好没有遇到任何障碍;在我看来政府在这里还处于学徒期。

[33]1831 年 5 月 27 日写给爱德华。

我们在这里完全处于另一个世界。政治激情在这里仅仅处于表面;惟一能够深入震动人的内心的深切激情,每天都产生的激情,是获得财富。有成千种获得财富而不会搅扰国家的方式。在我看来,把这个国家和欧洲进行比较并把适于这一方的东西用于另一方,这样做是盲目的。在离开法国之前我就这样想,在就近考察了这个我目前于其中生活的社会之后,我更加确信这一点。这是一个商人民族,只有当其工作和利益允许其有闲暇时才会操劳公共事务。

古代共和国的原则是牺牲个人利益以成全公益。在这个意义上,人们可以说这些共和国是有美德的。这个共和国的原则在我看来是使个人利益与公共利益和谐一致。一种变得精细的开明的利己主义似乎是整部机器运行的中枢。这里的人们不操心去探求公共道德是否是善的,而是试图证明它是有用的。如果这最后一点正如我所认为的那样是部分真实的,这个社会可以被认为是开明的,却不是有美德 235
的。然而在何种程度上个人利益和公共利益这两个原则事实上可以相互融合?在何种程度上一种人们可以称为反思或计算的道德可以抑制尚未产生、却必然会产生的那些政治激情?这,只有未来才能告

[33] 这里插入了写给他的哥哥爱德华·德·托克维尔的一封信的片断。

诉我们。

新新监狱，1831 年 5 月 29 日

当人们思考这个社会的本质时，人们在一定程度上看到了对先前的那些问题的解释：美国社会是由上千种新近汇集在一起的不同要素构成的。

那些生活在它的法律之下的人们仍然是英国人、法国人、德国人、荷兰人。他们既没有共同的宗教，也没有共同的民情和观念；到目前为止还不能说有一种美国的性格，除非它指的是没有任何性格。这里不存在共同的记忆，不存在对民族的依恋。那么，什么可以充当那个惟一的纽带，把这个庞大的组织的不同部分联合起来呢？利益。

新新监狱，1831 年 5 月 29 日

236

8. 按字母顺序排列的笔记本 B

A

结社[①](association)。

在美国,结社的影响力达到了其极致。人们为了商业上的目的,为了政治上、文学上、宗教上的利益而相互联合。人们从来不通过求助于一个更高的权威来寻求成功,而是呼吁个人的力量同心协力地行动。

在我看来,结社最近的努力是那些倡导禁酒的社团,即一些人相互承诺戒除一种恶习并在集体的力量中寻求帮助来抗拒每个人最内在、完全属于自己的癖好。这些倡导禁酒的社团的影响是这个国家最引人注目的事情之一。

1831 年 10 月 10 日

当一桩严重的罪行引发公众的注意时,案发地的居民相互召集,任命一个由数人组成的负责追查案犯的委员会,并创立一个基金提供所需的费用。我已见过几个事例。这一事实同时表明了美国司法警察的软弱无能,以及人们懂得在这件事情上运用结社。

1831 年 10 月 15 日

---

① 其他关于结社的笔记出现在笔记 E,第 273 至 274 页。

在巴尔的摩,有160英尺高、我认为花费了不止100万法郎的华盛顿纪念碑部分地是由社团建立起来的。

巴尔的摩,1831年10月30日

237 在巴尔的摩,是一个社团设立了赛跑的奖项,建造了竞技场地并主持比赛。

巴尔的摩,1831年10月30日

结社。见家政殖民地[②]。

C

中央集权。

美国缺乏中央集权导致的不足之处。

图凯曼(Tuckerman)先生[③]今天(1831年9月27日)对我说,马萨诸塞州所欠缺的,是那里不存在这种中央权力:它有权巡视学校,视察它们并且像纽约州所做的那样每年出版一些考察学校的状况以及被录取的孩子的人数的报告……[④]

全国会议(*Convention*)。

召集全国会议的权利是人民主权学说最极端的后果。我在美国看到一个全国会议的例子,它比所有其他全国会议更容易让人明白什么是一个政治性的全国会议;因为有着关于各种主题的全国会议。

人们知道关税问题或者说贸易自由问题在美国是何等地激荡人心。可以说关税问题激发了联邦里存在的惟一的政治激情,因为关税支持或损害的,不仅仅是一些意见,而是一些很重大的物质利益。北方把其繁荣部分地归因于它,南方则把几乎全部的不幸归因于它。

大约两个月前,作家塞奇威克(Sedgwick)小姐的兄弟塞奇威克先

② 参阅下文,第242页。

③ 参阅皮尔逊,前引书,第394页及其下。

④ 原稿中的省略号。

生，他本人住在马萨诸塞州一个叫斯多克布里奇(Stockbridge)的小村庄里，我在那里见过他的，他设想通过报刊的声音向所有反对关税的人提议，派一些代表去费城并任命一个全国会议，以此来寻求最终实现贸易自由的最佳途径。这个想法没几天就借着印刷机的威力从缅因州传到了新奥尔良，所有赞成或反对关税的利益相关的州都怀着好意采纳了这一提议。那些反对关税的人们从各方面作出努力并任命
一些代表到国会代表他们。这些代表几乎全是很杰出的人物；人们在 238
那里看到了加勒廷(Gallatin)、贝里安(Berian)[?]这些姓氏，还有许多南方的著名人物。卡罗莱纳州自己就委派了60名代表。1831年10月1日，包括200多名成员的大会在费城召开。讨论是公开的，而且从第一天起就呈现出一种完全的立法特征。由此人们在总体上讨论了国会权力的范围，在原则方面讨论了贸易自由的理论，最后在实践方面讨论了1828年关税的各项条款。10天后，大会在拟订一份致美国人民的请愿书之后无限期地休会。这个请愿书写道：

1. 国会无权订立关税，现存的关税是违宪的；

2. 贸易自由受到限制不符合各民族的利益而且尤其不符合美国民族的利益。

我在美国见到的一切事物中，最令我震惊的是作为人民主权的危险后果并且在我国难以实施的这种全国会议。

1831年10月14日

1831年10月14日

我今天在律师和立法机构前成员英格索尔(Ingersoll)先生家里，我向他陈述了我刚才写下的看法。他回答道："您所担心的那些危险在我看来没那么可怕；当人们可以自由言论时，他们多半不会采取行动。此外，留心注意这一点，全国会议的目标不是行动而是说服；它代表一种观点，一种利益，并不谋求代表国家，后者整个地由国会代表。相反地，全国会议的出发点是它不代表多数但它想要影响公共舆论并通过说服改变多数。""可是，"我问道，"您说到的观点和利益，每天都

可以通过报刊这个途径阐述它们的主张呀？”

英格索尔先生接着回答道：“您能体会到一个集会相对于一个无名的新闻记者或者一个有才干者的个人努力的巨大优势。至于我，我认为召集全国会议的权利是多数统治原则的合理后果。有一些意见，它们尽管被少数所分享，却将永远被多数压制，除非在表达十分强大的多数意志的公共集会近旁，有一些为少数的利益辩护的集会（由于人数众多而获得的道德力量壮大了其声势）并且这些集会不是通过法
239 律来行动，而是通过恰当的言论来争取多数本身。”

“很好，”我回答道，“确实没有什么比这更符合逻辑了，可是我并不需要其他的例子来证明逻辑的永恒法则是何等地不适用于这个世界的事务。设想一个不完全习惯于受法律的统治和说服的影响的民族，赋予它一些激情和重大的政治利益，允许在制订法律的多数的近旁，出现一个仅仅考虑动机（considérants）而忽视具体措施（dispositif）的少数，您将看到公共秩序会变成什么样子。您难道没有发觉，在几乎所有人的头脑里，在证明一件事是好的和把它付诸行动之间只有一步之遥，而且是一切当中最容易跨出的一步么？此外难道不存在某些政治问题，其中的多数是如此地不确定，以至于每个党派都可以宣称自己是多数么？这样你们就让统治权力近旁产生了这样一种权力，它的道德威信同样强大，然而在意识到自己有对抗现存秩序的力量之后，却由于这样一个抽象的理由而对现存秩序表示尊重，这一理由就是召集全国会议是为了引导舆论而不是强制舆论，是为了提出建议而非付诸行动。”

英格索尔先生承认他说的只是美国的情况甚至只是当前的美国。“只要能够遵循我们的原则而没有危险，”他说道，“我们这样做就很好。尽管如此，我一贯持这样的观点，即应当针对民族制订法律，而不是根据法律来塑造人民。我认为一个像费城的全国会议这样的大会在法国会有严重的危险。不过在我看来，为反对外国人而联合与我们对全国会议的运用有某些相似之处。对你们来说，全国会议如此危险是由于整个法国集中在巴黎。我想一个在巴黎召开的煽动暴乱的大

会可能对整个国家构成一种毁灭性的力量。在美国没有任何类似的情况。总之我坚信,只要你们不让你们的外省恢复其强有力的个性,你们就永远不能确实地保有自由。”

中央集权。

美国人如此担心中央集权和首都的势力以至于他们几乎总是留心地把立法和行政权力的所在地放置在远离首都的地方。因此纽约州的立法机构和政府所在地是奥尔巴尼,宾西法尼亚州的首府是阿里斯班(Arisban),一个内陆小城,而不是费城;马里兰州的首府是安纳 240
波利斯,而不是巴尔的摩。

在刑事司法,道路,监狱方面;总之在要求执行的快捷或想法的连贯的所有事业上,人们都会感觉到中央集权在美国的缺乏。

1831 年 10 月 25 日

D

决斗。

与对荣誉的极端敏感相关的决斗,君主制下的决斗,在美国几乎不为人知。迫使一个人在某些特定情况下决斗的欧洲一部分地方的法律,在这里根本不存在。不过决斗是存在的,但它只是在法律之外满足最强烈和最无法平息的激情的手段。在欧洲,人们决斗几乎只是为了能够说他们已经决斗过了;冒犯是一种人们想要清洗掉并且最经常是以极小的代价清洗掉的精神污点。在美国人们只是为了杀掉对方才决斗,人们决斗是因为他们没指望让自己的敌人被判死刑。决斗很少见,但它们几乎总是以死亡告终。这一切只是不完全地适用于南方。

费城,1831 年 10 月 22 日

E

平等。1831 年 9 月 17 日。

在美国盛行着一种令人难以置信的表面上的平等。所有的阶级不断地相互接触而且丝毫没有显示出不同的社会地位带来的印迹。所有人都相互握手。我在卡南带卦看到一位检察官与一位囚犯握手。财富和教育带来的不平等确实重新出现于私人生活中。通常最富裕的人和最有文化的人住在相邻的社圈里。不过这些不平等对一个外来人而言是不易觉察的,而且我认为事实上它们比任何其他地方的不平等更少被人们感觉到。我不认为有哪种职业,它本身会贬低从事这一职业的那个人。您会在报刊上不断地读到这样一些称赞一个人的
241 字眼:他在这样一个地方经营着一家体面的客栈。白种佣人显然自认为和他们的主人是平等的。他们的交谈不拘礼节。在汽船上我们起初想要给男服务员(待从领班)小费。有人阻止了我们,提醒我们这样会令他感到羞辱。在小旅馆里,我看见当所有人都坐下来并接受服务时,他也坐在我们身边的桌旁。此外在美国几乎不可能找到佣人。他们说他们是给人帮忙的(这个词是很典型的)并且希望被当作暂时前来帮助他们邻居的邻人看待。他们必须和主人们一起吃饭。

有一则故事可以证明我前面说的,即没有什么遵照法律挣钱的手段被舆论认为是不光彩的。

我在波士顿的一个客厅里,在两位看上去正饶有兴致地谈论着一个重要话题的体面绅士的身后:

“那会给你带来多少收入?”其中一个问道。

“这是一桩相当好的买卖,”另一个答道,“做一个大约给100美元。”

“确实,”第一个接着说道,“那真像你说的,是桩好买卖。”

然而他们谈论的是第二天就得被绞死的两个海盗。其中一位谈话人是这个城市的执法官(City-Marshal),出于他的职责他必须到行刑现场并确保一切有序进行。法律规定他履行这项职责时每绞死一个人可得到100美元。他在说到这两个受刑者时像是在说第二天就要拉到市场上去卖的两头牛一样。

由领事讲述

在美国的历次旅行中，我没见过一个坐在自己的车里或是骑在自己的马上的人。最富有的人也是乘坐公共的交通工具旅行，没有仆人跟随。我已经上百次地见到一些妇女只是和她们的丈夫或母亲在一起，没有贴身女仆而且几乎没有行李包。通常她们从来不抱怨什么而且耐心地忍受旅行中的所有不便之处，这表明她们所受的教育和欧洲上流社会的妇女是不同的。

1831 年 10 月 14 日

著名律师和费城立法机构前成员英格索尔先生今天对我说："我 242
认为你们那儿比我们这儿有着更多的社会平等(égalité sociale)。在你们那儿，我认为才干和财富是完全对等的。在这儿，才干可以打开所有的门，但财富赋予人一种决定性的优势。"

奴隶制。

见 1831 年 10 月 30 日与拉特罗布先生[5]的谈话。

法律把它的力量给予了奴隶主。他可以随心所欲地监禁奴隶，只要他支付费用。

巴尔的摩，1831 年 11 月 3 日

家政(Economy)殖民地[6]。

今天(1831 年 11 月 26 日)，我们顺着俄亥俄河下到匹兹堡，途经家政殖民地 (la colonie d'Economy)。家政殖民地位于俄亥俄河畔一

---

⑤ 见上文，不按字母顺序排列的笔记本 2，第 108 至 114 页。

⑥ 家政殖民地由乔治·拉普(George Rapp)于 1825 年建于俄亥俄河畔，匹兹堡下游。拉普 1857 年生于德国符滕堡，相信基督会在其死亡之前再度来临，号召人们与其过一种共同的退隐生活迎接基督到来。由于受到路德宗教会的迫害，拉普和其追随者于 1804 年移民美国，建立和谐社(harmony society)与和谐殖民地，被称为和谐主义者或拉普主义者，后来建立家政(economy)殖民地。拉普主义者实行共产主义和单身。1906 年完全解体。

个肥沃的平原上。它目前有1,000个居民,在那里他们的日子过得十分红火而且其社会基金每年都在迅速增长。这个社团是现有的社团中最引人注目的之一。创办人是领导者但无须负责事务。他领导着全体人努力但不需要承担责任。这个社团的所有其他成员只是一些工作人员,当他们与社团的关系中止时可能对社会基金享有一种权利。不过在此之前他们只是得到足够他们宽裕地生活的东西。如果他们中有些人想退出,他们可以这么做,但他们得留下他们的股金。如果这个社团整个儿地想要解散,它可以这么做。但是它还不想这么做并且它的事业正以惊人的速度在发展。它已经是一片广阔的土地的所有者。

I

公共教育。

充满热忱的并且特别关注这方面问题的一位论派牧师(le ministre unitarien)图凯曼先生[7]今天(1831年9月27日)对我说:"千万别在法国设立一项指定供学校使用的资金,或者至少得让它很不够用以至于它只是充当鼓励之用。我们注意到,当乡镇得知政府提供了所有的教育资金,它们就变得对它们的学校相当漠不关心。然而当它们把自己的钱投入学校时,它们非常关心这笔钱是否被恰当地使用。
243 我们把马萨诸塞州的学校比康涅狄格州的学校好归因于此。

斯宾塞先生在卡南带卦已经和我们说过同样的事。他甚至声称他注意到所有类型的乡镇的地区利益都存在这种情况。

公共教育。

在新英格兰,法律强行要求所有包括80户家庭或地产业主的乡镇拥有一所每年至少有6个月教授读、写、英语语法、地理和算术的学校。

它强行要求所有包括500户家庭的乡镇拥有一所教授美国历史、

---

[7] 参阅皮尔逊,前引书,索引。

测绘平面图的技术、地理和代数的学校。

最后在每个包括 4,000 位居民的乡镇,教师必须能够教授拉丁语,希腊语和外国历史。

人们看得出初等教育或者说基础知识占据了多么重要的地位。它的重要性是无与伦比的。无论在哪里这个国家的历史和地理都是教学的必修科目。

1831 年 11 月 4 日

在马里兰并且我认为在整个南方,四五年前还没有公共教育方面的法律。民众为了不支付办学校所需的税费,拒绝接受教育。只是从这段时期起人们才开始做些努力。但是我不认为到目前为止在马里兰有关于这方面的普遍性法律:愚昧无知的情况在这里仍然很严重。

J

陪审团:见 vol. 2,与格雷的谈话,1831 年 9 月 21 日[⑧]。

1831 年 9 月 22 日

陪审团是一项政治制度,即使在人们把它应用到民事问题上时也是如此。这是永远不应当忽视的一般观点,是对它做出评判的起点。

我今天参加了巡回法庭(la Cour des Circuits)[⑨]的一次审讯。这个案子是这样的:一艘船投了保险,它遇难沉没了。承保人声称这艘 244
船没有能力经受住海潮。这个案子被呈到一个陪审团面前,陪审团判定这艘船在合同期内有航行能力。对陪审团的判决的上诉被提交到巡回法庭面前。这个由美国最高法院的一位法官主持的法庭本身也无法裁决,于是把案子移交到另一个陪审团面前。

⑧ 见不按字母顺序排列的笔记本 2,第 90 至 92 页。又见笔记 F 第 307 至 309 页,第 312 至 314 页,第 328 页及其下关于这个问题的其他谈话和评论。

⑨ 巡回法庭是联邦的初审法庭,它有权审理这样的诉讼,例如,当联邦的州是诉讼的当事人或者不同州的公民之间相互起诉时。

投保人的律师——弗莱彻(Fletcher)先生,波士顿一位很好的律师——开始回应作出对他有利的判决的陪审团面临的几项指责。这些陪审员是有才干的人,他们持续关注着这个案子。接下来当这位律师谈到法律问题时,他坚称如果把撤销陪审团的判决的自由裁量权授予法官,陪审团制度就只是一种没有权力的虚饰而已。不过他承认,在陪审团的行为受到激情左右,或者陷入一种显而易见的错误的情况下,有必要撤销原判。但是他坚持说,在这些特殊情况之外,每当陪审团遇到不确定的问题仅仅是持有和法官不同的意见时,后者无权更改判决。他由此开始为事实辩护。

我们没能在现场听取对方的辩驳,但在审讯的间隙我们和其中一位法官交谈,他对我们说:“我看得出你们刚才听到的东西令你们感到吃惊;对于陪审员和法官的权限,你们无法形成清晰的想法。其实这些权限与其说是由理论不如说是由实践决定的。事实上我们拥有撤销陪审团的判决并把案子移交给其他人的权力,无论这么做是出于何种理由。不过只有在最极端的情况下,以及当陪审团的错误或偏见无法逃过人们的眼睛时,我们才运用这一权利。民众非常看重陪审团的裁决,即便是在民事问题上;他们怀着一种极度的猜疑心,要确保陪审团的道德力量不遭到任何损害。当一位法官撤销一个判决时,他使自己承担了巨大的责任。就我而言,我一生中撤销过的判决不超过10个,当我看到陪审团出于一些不能令我信服但有些分量的理由做出决定时,我就完全地给予认同并尊重它的意见。100次上诉有99次会败诉。同样地,50个诉讼人中可能没有一个人会向我们求助。依照理论几乎可能被变成虚饰的陪审团制度,正是这样在实践中重新赢得了它的全部力量。”

245 **M**

民情。

我认为美国的民情在所有民族中是最纯洁的,在我看来,这可以归结为五个主要原因:

1. 体质。他们属于一个北方种族，尽管他们几乎全部住在比英国更炎热的气候中。

2. 宗教对他们的灵魂仍然有强大的影响力。他们甚至部分地保留了最严格的宗教教派的传统。

3. 他们全神贯注于追求财富。他们当中没有游手好闲者。他们有着那些一直在劳动的人们那种生活有条不紊的习惯。

4. 这里一点也没有盛行于欧洲的对出身的偏见，而且挣得一笔财富是如此地容易，以至于贫穷从来都不构成结婚的一个障碍。由此产生的结果是，男女个人在年轻时就相互结合了，他们的结合仅仅是因为相互爱慕，而且他们发现自己是在生命中的这样一个时期结合的，即男人此时几乎总是更敏感于心灵的愉悦而非感官的愉悦。一个男人在21岁时还未结婚是罕见的。

5. 妇女们通常接受一种理性的教育(可能甚至有点太理性主义了)。以上陈述的这些原因使得她们可以享有极度的自由却不会有太大的麻烦；从少女的状态过渡到已婚妇女的状态对她们而言并无危险。

1831年9月21日，波士顿

看上去正忙于搜寻这方面数据的克雷(Clay)先生告诉博蒙在波士顿大约有2,000个妓女。(我很难相信这一点。)她们是一些来自乡村的女孩，在被引诱失身后，不得不逃离她们的居住地和她们的家庭并发现自己没有了经济来源。这个城市的青年人似乎经常和她们来往。不过这种事实被极为小心地掩藏着，而且这种恶行仅限于此，它从来不会逾越家门，也不会扰乱家庭。一个没有被证实而是被怀疑有私通行为的男子会立刻被社会拒斥。所有的门将对他关闭。德怀特(Dwight)先生告诉我性病是一种很难洗刷掉的耻辱的标记。

此外，警察没有以任何方式干预妓女们的事。美国人认为用这样的方法去纠正它将会使这种恶行合法化。德怀特先生告诉我们(我们已经在监狱的报告中有机会注意到了这一点)在所有的囚犯中，人们 246

发现最难改造的就是那些道德败坏的妇女。

伍德(Wood)先生[10]今天(1831 年 10 月 24 日)对我说,费城有许多私生子。这里的人们遵循英国的法律,当一个平民百姓家的姑娘怀孕时,做贫民救济工作督察员就讯问她并让她说出孩子的父亲是谁,以便乡镇可以起诉此人并防止私生子成为它的负担。这是针对不道德行为的一种极好的约束。

马里兰:见 1831 年 10 月 30 日与拉特罗布先生[11]的谈话。

马里兰 1830 年的人口:446,912 人。292,102 个白人,52,942 个自由黑人,102,878 个奴隶。

N

黑人。

在马萨诸塞州黑人享有公民权。他们可以在选举中投票……可是偏见是如此地强大,以至于人们不接收他们的孩子入学。

1831 年 9 月 27 日

在美国有许多人,以及最开明的一些人,向我坚称黑人属于一个劣等种族。另外有许多人坚持相反的论断。后者举例支持他们的观点,如他们学校里黑人孩子的才能,以及一些黑人不顾所有的障碍仍然获得了一笔独立的财富。费城的伍德先生举了几个事例,其中一个是说这个城市有个黑人获得了一笔巨大的财富并且拥有几艘船,全体船员和船长都是黑人。

费城,1831 年 10 月 22 日

---

⑩ 参阅皮尔逊,前引书,第 460 页及其下。

⑪ 见上文,第 108 页。

费城一位很有学识很有才干的贵格会教徒史密斯先生今天(1831年10月24日)对我们说,他完全确信黑人是和我们同样的人种,这就好比一只黑母牛和一只白母牛是同种的一样。黑人孩子显示出和白人孩子同样的聪明才智;他们经常学得更快。我们问他黑人是否有公民权。他回答道:"是的,在法律上。可是他们不可能去投票站。"——"为什么会这样?"——"他们会被虐待。"——"法律的统治在这种情况下成了什么了?"——"在我们这儿,当法律得不到舆论支持时它什么也不是。"奴隶制在宾西法尼亚州被废除了。我们问他,在他看来把南方从他预见到的灾难中拯救出来的惟一办法是什么。他回答说是使黑人依附在耕地上,像中世纪的农奴那样。"农奴制是一种坏制度,"他补充道,"可是它比严格意义上的奴隶制不知道好多少倍。它可以充当通向完全自由状态的过渡阶段。可是我非常确信,南方的美国人,就像所有其他的专制者一样,永远不会同意出让他们权力中哪怕是最小的一部分,而是等着有人从他们那里夺取权力[12]。"

在费城的胡桃木街监狱(the prison of Walnut Street),我刚刚注意到黑人甚至在进餐时也被和白人隔离开来。

1831年10月25日

在费城,黑人和白人不安葬在同样的墓地里。

1831年11月4日:马里兰的自由黑人和白人一样支付教育税,可是他们没法让他们的孩子入学。

1831年11月4日

拉特罗布先生今天对我说:"我很担心下一届立法机构会通过一些对黑人不公正的和压迫性的法律。有人想使他们在马里兰州的居留变得不可忍受。人们不应当掩饰这一点,即白人种族和黑人种族正

[12] 同一场谈话可见于便携笔记本3,第184至185页。

处在一种战争状态。他们永远不会相互融合。两者中必须有一个让位给另一个。”

R

政治制度中的宗教。

1.马萨诸塞州有一条法令对于渎神的话处以很重的罚金。这条法令以这样的理由开头：

鉴于以渎神的方式诅咒及发誓的恶行与人类精神的尊严和理性
248 的培育是不相容的，与应当向上帝及其神意表示的尊崇也是不相容的；鉴于它自然地倾向于削弱人们在司法机关依法作出的宣誓的庄严和义务，倾向于促成谎言、背信、渎神和道德的瓦解并倾向于削弱公民社会的纽带……

这条法令必须每年在乡镇大会上被宣读并张贴。[见《乡镇官员》(*Town Officer*)，第259页]

2.主日礼拜是一项民事法令。为了使这条法令得以施行，设置了一些罚款，还有几个被称为治安官、十户长(tythingmen)及其他的专门负责此事的公务人员。后者有各项权利，其中包括讯问那些在星期日旅行的人，如果他们给不出恰当的理由就对他们处以罚金。(见《乡镇官员》，第277页)

纽维尔(Neuville)的海德先生告诉我他曾以这种方式被扣留住并且只有在解释了旅行的必要性之后才能继续旅行。不过我认为这最后一项规定没有被严格遵守。星期日有几辆公车和邮车在行驶；但许多人对此感到气愤并想制止它们。星期日的波士顿严格说来看上去像一座荒芜了的城市。

3.1831年10月17日，马萨诸塞州的州长(经州委员会建议并得到其同意)发布了一则公告，邀请共和国的所有居民于1831年12月1日到他们各自的教堂集会，以便感谢上帝在一年中赐给了共和国各种福利，并为了使这些恩赐更加牢靠而祷告。这篇引人注目的报道见1831年10月19日的《波士顿快报》(*Boston Courier*)。

T

宽容。

当马里兰州创建时，最早在宗教问题上确立实践上的宽容的首先是天主教徒。在此之前，所有的教派都为自己要求宽容却没有把它给予其他教派。贵格会教徒在英国被处以火刑。他们到波士顿的长老会教徒当中避难，后者和他们一样为了躲避迫害而逃离祖国。在那里人们把长老会教徒绞死[13]。

费城，1831 年 10 月 28 日

W

华盛顿。

斯帕克斯(Sparks)先生，一位已经出版了所有大使和美国革命时期的杰出人物的通信集并且目前正在写一本华盛顿的传记[14]的学识渊博的波士顿居民，今天(1831 年 9 月 17 日)向我出示了几个卷宗，里面满是出自华盛顿之手的账目和信件的副本。这是一些商业信件和一些与他的军事部门或他的产业相关的账簿。这一切所显示出的仔细、清晰，精确和细致可以给一位秘书带来荣誉。字迹秀美，沉静，每一页都完全一样。他到处签名，甚至在一些信件的副本上，每个签名看上去像一个复制品。难以想象为何一个思想如此博大的人会在意这样的细枝末节。

---

⑬ 这篇笔记似乎是受到托克维尔与布朗的一场谈话的启发，见不按字母顺序排列的笔记本 2，第 106 页及其下。

⑭ 斯帕克斯实际上相继出版了:《乔治·华盛顿的作品及作者的生平，注解及图表》(1834－7)及《华盛顿的一生》(1843)。

250

9. 关于肯特[①]的笔记

《评论》。

参议院在美国同时是一个司法的、立法的，在某些情况下还是行政的机构。它参与签订条约，任命公务人员……

关于总统在战时是否有权调度并指挥民兵这一问题的讨论。

肯特，《评论》第 1 卷，第 246 页

由理性和实例证明了的两院制的好处；把法律的执行交托给单一的执行者的好处。

肯特，《评论》第 1 卷，第 254 页

肯特在谈及法官时坦率地说，那些最胜任这一职务的人可能有着

① 詹姆士·肯特（1763—1847 年），美国著名法学家，1796 年任哥伦比亚大学法学教授，1804 年任纽约州最高法院法官，1814 年任纽约州大法官。他的《美国法律评论》（*Commentaries on American Law*，1826—1830 年）使他一举成名，因为他在这部著作中显示出了广博的知识和敏锐的思想。托克维尔于 1830 年 6 月在纽约与肯特会面，这位大人物把他的《评论》送给了托克维尔（参皮尔逊，前引书）。又参见 J. Duer，《关于詹姆士·肯特的生活、性格和公务生涯的论文》（1848 年）；W. 肯特，《大法官肯特的回忆录和书信》，波士顿（1894 年）；J. T. Horton，《詹姆士·肯特：对保守主义的一项研究》。对肯特和德·托克维尔的法律社会学的比较研究还有待进行。关于肯特的《评论》的其他记录见笔记 E，第 266 页，第 270 至 277 页。

太矜持的举止，以及太严厉的道德，以至于无法赢得一场建立在普选之上的选举。

肯特，《评论》第 1 卷，第 272 页

在君主制政府中，司法的独立是保护臣民不受王权侵害所必需 251
的；然而在共和国中，它同样有利于保护宪法和法律不受党派的侵犯和专制。

肯特，《评论》第 1 卷，第 275 页

1789 年 9 月的法令为联邦的司法秩序奠定了全部的根基。

州法院（*States Courts*）可以裁判那些通常是由联邦法院（*Federal Courts*）裁定的问题（上诉除外），只要：

1. 国会没有其他规定。

2. 在宪法制定之前对这些事务的裁判权就属于它们，国会可以限制但不能扩展州法院的裁判权（这些原则需要再思考）。这有助于通过减少管辖内的诉讼案件来迅速处理案件，不过这增加了上诉的诉讼案件。

肯特，《评论》第 1 卷，第 376 页

联邦法院（Federal Courts）在民事问题上遵循普通法。它们宣称在刑事问题上并非如此。

联邦法院最特殊的权限之一出自宪法的一个条款，这个条款声称，各州不可以制订破坏合同契约的法律，因而当州制订这样的法律时，人们可以向美国的法院上诉。

人们看到这样的情况可以以多种形式出现。几乎没有什么政治举措不会损害既得的权利并由此引发上诉。确立这样一种司法权等于是建立起了一道针对地方性偏见及由此导致的不公正的十分强大的屏障。不过一种无限的权力就被放到了联邦法官的手中。

肯特，《评论》第 1 卷，第 387 页

感想：

我清楚地看到美国的最高法院应当有强制每个州服从联邦法律的影响力，不过只有当最高法院接到相关诉讼时才能如此。可是当出
252 现违反联邦法律的情况却无人申诉时会怎么样？在刑事问题上州会被传唤到法院面前吗？是否有一个检察院承担这样的职能？

不宽容。

上个世纪末在纽约州通过的一条法律宣称，所有不在一定期限内离开这个州的天主教教士将被处以终身监禁。如果他返回，将被判处死刑。历史学家史密斯(Smith)于1756年写道，这条法律值得永远保留。

肯特，《评论》第2卷，第63页

男子14岁有可能结婚，女子12岁。

肯特，《评论》第2卷，第67页

在任何年龄都无需征得父母同意。

肯特，《评论》第2卷，第73页及其下

婚姻是一项民事契约。

肯特，《评论》第2卷，第74页

在许多州它没有被强制采取任何特殊形式。由当事人的意志决定其内容。

关于离婚。

法律授权马萨诸塞州的法院准许因为性无能(*causa impotentiae*)导致的离婚。

肯特，《评论》第2卷，第81页

人们注意到在离婚的原因和达成离婚的方式上各州之间存在巨大差异。

有几个州强烈地倾向于限制离婚的数量。肯特似乎怀疑离婚的益处。他说:"当我对为数众多的离婚案进行司法讯问时,我有理由确信,通奸罪有时是丈夫为了达到离婚的明确目的而犯下的。"

肯特,《评论》第 2 卷,第 88 页,注释 2

对外国人的判决的执行。肯特的长篇讨论。

肯特,《评论》第 2 卷,第 100 页及其下

除离婚之外,还有分居。 253

同上,第 106 页。

公共教育。

肯特声称在康涅狄格州,当父母没让他们的孩子受教育时,乡镇行政管理委员会成员有权把孩子从他们的父母那里带走,以便让他们接受教育。"这条法律",已故的首席法官里夫(Reeve)曾说道,"已经产生了一些十分惊人的效果,人们应当把这个州的居民如此普遍地懂得读和写归功于它。"

肯特补充道:"在那位杰出的法学家广泛施行这条法律的 27 年间,他告知我们他在康涅狄格州只发现一个人是不会写字的。"

同上,第 165 页

纽约州指定供教育之用的基金的历史。很有意思。

同上,第 166 页

马萨诸塞州最早的移民仿效犹太人,对儿子违抗父命可宣判死刑(crime capital)。

同上,第 172 页

私生子。

英国的法律不允许经由事后的婚姻认可私生子为婚生子女。不过美国有 11 个州(最新的州)允许这么做。

同上,第 173 页

特别怪诞的是,过去的法律允许寻找亲子关系但它们中有许多却不赋予私生子任何继承权,甚至对于母亲的财产也一样。

肯特,《评论》第 2 卷,第 175 页

254 婚姻契约。

肯特认为英国的习惯法(普通法)在婚姻契约方面比罗马法和我们的法律更简单,更自然而且更不复杂得多。

肯特,《评论》第 2 卷,第 153 页

奴隶。

在并不存在奴隶制的马萨诸塞州,一个白人和一个有色人种之间的婚姻是没有法律效力的。

肯特,《评论》第 2 卷,第 205 页

纽约州关于奴隶制的立法史。最初的法律的残酷。革命之后迅速的变化。很有意思。

肯特,《评论》第 2 卷,第 205 页及其下

美国的结社许可(Charte d'incorporation)的数量以一种似乎令肯特担忧的速度增长着。

肯特,《评论》第 2 卷,第 219 页

在英国,社团(corporation)是由敕令、国王的宪章以及议会的法令创立并存在的。在我们这儿,它们是由立法机构的权威创立的,此

外别无他途。

肯特,《评论》第 2 卷,第 223 页

在这个国家,我们正在使社团的创立以一种最大的限度增长着,并赋予它们一种不为罗马法或英国法所知的目标上的灵活性和多样性。

肯特,《评论》第 2 卷,第 227 页

在英国,社团(associations)没有国王的允许不能取得土地。在美国这个权力只能被限制在结社许可中。

肯特,《评论》第 2 卷,第 228 页

法官宣布法律违宪的权力。

肯特,《评论》第 1 卷,第 420 页

理解普通法的困难。需要 648 卷。肯特的一段很不寻常的话。 255

肯特,《评论》第 1 卷,第 441 页

制宪会议的成员将他们的观点强加给他们的代表的权利。有争议的。重要的问题。

肯特,《评论》第 2 卷,第 6 页

在诽谤罪的问题上,英国人不认可关于被诽谤的事实的证明(les Anglais ne permettent pas la prevue de la verité des faits diffamatoires)。

肯特,《评论》第 2 卷,第 15 页

在美国有争议的问题。认可证据(permettre la prevue)的强烈倾向。过于不受限制的新闻自由,冲破一切障碍。不寻常。

肯特,《评论》第 2 卷,第 19 页

人身保护令状。

肯特,《评论》第 2 卷,第 22 页

关于司法权限的问题:当两个法庭表示接到了同样的案子时会怎么样?

由谁来决定管辖权的归属?

10. 笔记 E 256

各种不易分类的文章。评论。感想。看法。

10—美国对印第安人的政策。

11—任意专断;共和国的特性。

使共和制在美国得以维持的原因[①]。

有助于美国维持共和自由的原因有上千个,但只有少数几个足以说明问题。

有人说,在美国,社会是建立在白板之上的。人们既看不到征服者,也看不到被征服者;既看不到平民,也看不到贵族;既看不到对出身的偏见,也看不到对职业的偏见。

但是整个南美洲都是这种情况,而共和制却只在美国取得成功。

联邦的领土为人们的活动提供了一个无限广阔的地域;它为工业和劳作提供了取之不竭的食粮;对福利和财富的热爱不断地充当政治野心的替代物。

但是世界上哪个地方的人们能找到比南美洲更肥沃的土地,更令

① 见便携笔记本 5,第 205 页。参《民主在美国》,第一卷,第 290 页,我们的版本(此处指 Gallimard 1951 版)。

人赞叹的荒野，更壮丽的河流，更取之不竭和更未经触动的财富？然而南美洲无法维持共和制。

把联邦划分为小州使内部的繁荣和国家的力量协调一致；它使政治利益增多，并通过分裂党派精神从而削弱之；但是墨西哥建立了一
257 个联邦制共和国；它几乎没有改动地采纳了美国的宪法；然而墨西哥离繁荣仍然很遥远。下加拿大和新英格兰一样被肥沃和广阔无垠的土地所围绕。然而，直至今日，加拿大的法裔居民由于缺少见识，还拥挤在一个对他们而言太过于狭小的空间里，魁北克市郊的地价几乎和巴黎的一样高，而附近的土地每阿庞仅值10法郎。

有一个重要的理由和所有其他理由相比显得尤为突出，而且人们在通盘考虑后会发现，这个理由独自就能打破平衡：美国这个民族，从整体上看，不仅是世界上最开明的民族，而且还具备一个我认为比这更大的优点，即它是实践上的政治教育最先进的民族。

正是这个我所坚信的事实，使我对欧洲未来的幸福产生了惟一的希望。

不过这个无法解决的大问题一直存在着：倘若没有高度的文明和经验，美国所拥有的物质上的和特殊的优势是不足以维持共和制的，但是这种高度的文明和经验没有后者是否足以维持共和制呢？

1832年1月14日

联邦的未来[②]。

联邦面临的最大危险之一，似乎正是它的繁荣造成的：新民族(nouvelles nations)在西部和西南部的迅速崛起必然使联邦面临一种严峻的考验。

这种不成比例的发展的首要后果是剧烈地改变了力量和政治影响的现状。一些强大的州衰弱了，一些无名之地变成了占优势地位的州。财富和人口一样发生了迁移。这些变化的发生不可能不触犯到

② 参阅《民主在美国》，第一卷，第380页，我们的版本。

一些利益，激起一些强烈的情绪。它们发生的速度之快更是使危险增加了百倍。

这并非全部。一个由民族(nations)构成的社会和一个由个人构成的社会一样不易维持。它的成员越多，困难就越大；就更需要它们中的每一个在共同的商讨中显示出节制和审慎。

现在，联邦的新州不仅通过它们的存在这一事实本身增加了维系联邦纽带的困难，而且它们提供的审慎和节制方面的保证比老州少得 258
多。新州通常是由冒险家们构成。那里的社会发展得如此迅速，可以说是如此迅猛，以至于那里的一切还混乱失序。民情、观念、法律没有显示出任何有序和稳定的迹象。总之，他们有着荒野最初的居民特有的半野蛮和无教养的气质，还有通常只属于古老社会的力量。

1832 年 1 月 31 日

特别有利于联邦的事情之一，是所有有权势的人和所有强烈的政治激情都有兴趣维持它。

货币的利息。

在联邦没有哪个州的货币利息是被放任不管的。

在南卡罗莱纳州，有人提议废除利息方面的法律；这个提议被舍弃了，因为变动以前的债务的利息有可能在社会中引发过于激烈的动荡。

货币的利息在新奥尔良是 8%，在马萨诸塞是 6%。

波因塞特先生③，1832 年 1 月 27 日

关于普选。

有着令人赞叹的优点的普选，只能存在于这样一种民族：对它而言，一个政府，尤其是一个好政府，只有第二位的重要性(d'un interet

---

③ 参皮尔逊，前引书，第 644 页。1 月 27 日这一日期可能有误：与波因塞特先生的最后一场谈话是在 1 月 17 日。见不按字母顺序排列的笔记本 3，第 143 至 151 页。

secondaire)。我把政府理解为社会的一种调节性力量;普选使得政府的缺位更加容易发生,因为它减少了心怀不满者的数量;但是如果说它减少了可能反对执政者行动的障碍,它也把一些比较不能胜任工作的人召到职位上来。看看西部的所有州,看看路易斯安那州。

有两种能够被清晰地设想出来的社会状况:在其中一种社会状况下,民众足够开明并且处于能够自我统治的境况中。因此,社会自己
259 运行着。在另一种社会状况下,一个处于社会之外的权力作用于它并强迫它朝着一个特定的方向前行。这两种原则是明确的而且它们的后果可以容易地并且逻辑严密地被推断出来。

不过还有第三种社会状况,在其中权力被分割,它同时处于社会之内和社会之外;那种状况在理论上难以理解,在实践上只是艰难而费力地存在着。

美国拥有第一种社会状况,英国,尤其是法国,拥有第三种社会状况。这两个国家动荡的原因;可是要达到第一种状况并不总是取决于这些民族,而且经常是为了想要达到第一种状况,它们陷入了第二种状况。这些可以在文字游戏中处于重要的位置。

1832 年 1 月 16 日

商业[④]。

怎么能怀疑联邦有一天(而且这一天即将临近)会成为世界第一的海上强国呢? 仅仅通过它自己并且仅仅为了它自己,它已经做成了数额巨大的商业,并且它还被召唤去从事更大得多的商业;此外正是为了使其致富,西属美洲也日益文明化。

人们可以容易地预见到新共和国的所有进出口贸易都将由美国的船只来完成。当人们想到美国的南方没有贸易时就更加确信这一点。负责出口南方物产的是联邦的北方。然而英国种族同时分布于北方和南方。人们会相信热带和赤道地区的西班牙人比北纬 35 度地

---

④ 关于启发了托克维尔写下这些感想的与波因塞特先生的谈话,见不按字母顺序排列的笔记本 3,第 143 页及其下,以及便携笔记本 5,第 204 至 206 页。

区的英国人更勤奋么?

作为西班牙美洲的供应商(当它产生了一个文明民族的需求时),英国将成为美国惟一的对手。但是美国人会轻易地占上风,因为他们更邻近而且航运价格更低廉。

对美国而言这场贸易运动将延迟丰裕时刻(moment de la plénitude),这个时刻如此令人担忧,并推迟革命的世纪的到来[⑤]。

对于一个民族来说,重大的海上贸易有三个要素: 260

1. 可以出口的原产品和制造业产品

2. 土地无法满足的需要

3. 海洋工业,没有这一点,上面两点是不充分的。

一个国家可以没有海上贸易而非常富裕和幸福,但海上贸易是财富的重要因素;此外它给予很多人的头脑的行为以及人的激情产生一种自然的推动力,这些激情否则可能会危害社会,由此海上贸易具有一种政治影响。

1月16日

关于大党和小党[⑥]。

1832年1月14日

路易斯安那州的种植园的收益。 261

今天,1831年12月31日,我去参观离新奥尔良50里远的密西西

---

⑤ 在关于贸易的这个段落对面,托克维尔在页边空白处写道:

海上贸易商。惊人的增长,首要的原因是可出口的产品数量。价格低廉的原因。行动,常识。(a)否则 Willtry[原文如此]更昂贵。劳动力。美国轮船运输来自英国和法国的一切物品。建筑用的木材。三个种类。新英格兰。纽约。Live out[原文如此](b)可以没有海军军籍登记制度。商业利益。奴隶贸易。联合。

互惠贸易的理论。旗帜覆盖货物。错误地。没有特惠。关税。应用于美国的一般观念。几乎是中立的。在什么方面不利于南方。拥有制造业的决定性问题。道德,誓言,成文法。

(a)无法理解。

(b)同样无法理解。抄本有误。

⑥ 见便携笔记本4,上文197—198。

比河畔一个精糖种植园。它使用了70个奴隶；人们告诉我，所有费用支付之后，它的收益大约是每年五千至六千美元，或两万五至三万法郎。

印第安人。

1831年12月31日与休斯敦(Houston)先生[7]的谈话。这个人有着一段非同寻常的经历。在颠沛流离和动荡的青年岁月之后，他最终在田纳西州安顿下来。在那里他天生的才干并且无疑他卑微的出身使他赢得了民众的选票。他当选为这个州的州长。

那时他自己的家里有麻烦。他埋怨他的妻子；别人说他对她很坏。可以确定的是他离开了田纳西州，穿过密西西比河，隐退到阿肯
262 色州的克里克族人当中。在那里他被其中一位首领收留，有人说他还娶了首领的女儿。从那时起，他就在荒野中生活，一半是欧洲人，一半是野蛮人。

我们于12月27日在白河(White River)的入口处遇见他，我们在此地停留以便让乔克托部落(les Chactaws)的人下船。他骑着一匹在墨西哥和美国边境的牧场上捕获来的漂亮的马。这片广阔无垠的荒野上栖息着数不胜数的野马群，其中一些落入了西班牙人或印第安人手中。它们是安达卢西亚种的，正如人们所知，马不是一种原产美洲的动物。休斯顿先生上了我们的船，他要去新奥尔良。休斯顿先生约摸有45岁；与他的生活相伴的愁苦和各种劳作还只是在他的容貌上留下淡淡的印记，他的身材强健；他的一切都显示出身体和精神上的活力。

我们问了他许多关于印第安人的问题，其中一些问题如下：

问—印第安人有宗教吗？

答—一些人不相信灵魂不朽。不过一般说来，印第安人相信存在着一位神，它在另一个世界里对此生的行为进行惩罚或奖赏。

---

⑦ 参阅皮尔逊，前引书，第610页及其下。

问—他们有宗教崇拜吗?

答—住在墨西哥边境的奥塞奇人每天早晨都对着初升的太阳祈祷。克里克族人没有宗教崇拜。只有在大灾难发生或者在做某些重大事情时他们才从事一些公开的宗教活动。

问—您经常见到信仰基督教的印第安人吗?

答—很少。我认为派一些传教士到他们当中促使他们变得文明是很糟糕的做法。基督教是一个开明和理性的民族的宗教;它超出了一个像印第安人这样不文明和受单纯的肉欲冲动支配的民族的智力。在我看来,人们首先必须致力于使印第安人摆脱居无定所的生活并鼓励他们耕种土地。基督教的引进应当成为他们在社会状况方面发生的变化的自然后果。我注意到只有天主教能够成功地在印第安人的头脑中留下持久的印象。它冲击他们的感官并和他们的想象力对话。

问—您见过的印第安人拥有什么样的政府? 263

答—通常是父权制的政府。谁当首领由出身决定。在那些由于和欧洲人接触而变得更开明的部落,首领由选举产生。

问—他们有司法吗?

答—在所有印第安人的头脑中有一种根深蒂固的观念,它对于许多部落而言构成了惟一的刑法典。那就是血债必须血还;概言之,就是同态复仇法;因而当一个人杀了人,他就成了死者的亲属复仇的对象,人们会把他送交给这些亲属。

问—在您见过的部落里存在着赔偿法(law of compensation)吗?

答—没有。南方的印第安人把接受金钱作为他们兄弟的生命的代价视为一种耻辱。

问—您谈及的这些正义观念是很粗劣的。况且它们只是应用于谋杀案。发生盗窃案时会怎样?

答—在欧洲人把一些用来强烈地勾起印第安人贪欲的东西引进到他们当中之前,印第安人是完全不知盗窃为何物的。从那时起,必须制订一些法律来预防盗窃。在开始变得文明并拥有了一部成文刑法典的克里克族人那里,盗窃被处以鞭刑。宣布判决的是首领。妇女通奸(adultère)被处以同样的刑罚。此外,人们通常割去通奸妇女的鼻子和耳朵。克里克族人的法律同样处罚婚前私通(fornication)行为。

问—在印第安人中,妇女的生存状况如何?

答—处于一种完全的受奴役状态。妇女们承担着所有艰辛的劳作,并且生活得十分卑微。

问—多配偶制是被容许的么?

答—是的。男人可以拥有许多妻子,只要他养得起。离婚也同样被允许。

问—在您看来印第安人天生富有才智吗?

答—是的。我认为他们在这一点上不逊色于任何一个人种。此外,我对于黑人也持有同样的看法。人们注意到的印第安人和黑人之间的差别在我看来仅仅是他们接受的不同教育的结果。印第安人生而自由;他从人生的第一步起就运用这种自由。一旦他能够行动他就被交由他自己照管,甚至父亲的权力对他而言也只是一种微弱的束缚。由于被危险包围,受需求逼迫,无法依赖任何人,他的头脑必须一直处于活跃状态,以便找到避开这样的困境和维持生存的手段。被强加于印第安人的这种需要,使他的智力得到某种程度的发展,并且经常使他变得足智多谋。普通的黑人在他出生之前就是一个奴隶,没有快乐也没有需求,对他自己没有用处,他得到的关于生活的这些最初的观念使他明白他是另一个人的财产,明白顾虑他自己的未来是与他无关的事,明白思想的力量对他而言是上天给他的无用的礼物。

问—密西西比河流域是否真的显示出比今天居住在那里的人们
264 文明程度更高的一个种族消逝的迹象?

答—是的。我经常偶然见到一些防御工事,它们证实了一个已经达到相当高度文明的民族的存在。这个民族从何而来?它往何处去了?这是个不解之谜。但是人们不能怀疑它存在过,而且没有任何东西显示今天的印第安人是它的幸存部分。在我看来最有可能的是他们是过去来到密西西比河流域并在此定居的墨西哥人。

问—您是否能给我一些关于美国政府与印第安部落划定边界的情况?

答—好的。这很容易。在美国的南部曾有过而且现在仍有几个半文明的印第安部族,它们对那些州的统治者的态度不明确,这阻碍了联邦的那个部分可能有的发展。因此,国会为了南部各州的利益同时也为了印第安人的利益,设想出一个计划,在征得印第安人的同意好把他们迁移到永远保留给他们的土地上。它选择了阿肯色地区的北部。应当由印第安部族居住的地域始于您可以在地图上画出的从路易斯安那州到密苏里州的一条假想的边界,并延伸至墨西哥的边境和奥塞奇人流浪的游牧部落栖息的辽阔草原。美国许下最庄严的誓言,永远不出售那些边界以内的土地,而且永远不以任何方式允许白人种族进住那里⑧。在那个地区已经有 10,000 个印第安人。我想很快那里会有 50,000 人;那个地区有益健康而且土地极其肥沃。

问—您认为通过这种方式印第安种族能够从似乎威胁着它的消亡中被解救出来吗?您认为这个安排不会仍然只是暂时性的,而且印第安人不会很快就被迫撤退吗?

答—不。我认为南方的印第安部族将在那儿找到一个庇护所,而且他们将使自己变得文明起来,如果政府愿意花力气在他们当中促进文明化。请注意印第安部族所处的被隔离的处境将使得采取有效措施防止把烈酒引入他们当中成为可能。白兰地酒是导致美洲土著毁灭的主要原因。 265

问—但是您不认为不同的部族之间将会不断地发动内战?

答—美国将在他们当中设置哨所以防止这种事情。

问—您相信拯救印第安人是可能的吗?

答—是的,当然。政府 25 年的巧妙管理无疑将带来这一结果。南部的几个部族已经半文明化了。

问—您在这些部族中看到的是何种程度的文明?

---

⑧ 托克维尔在页边空白处标注道:有一项法律禁止一个白人购买一个印第安人的土地。美国不承认印第安人转让土地的权利,除非作为一个民族,而且买方是美国本身。

答—文明程度最高的是切罗基族(*Cherokee*)。切罗基族完全以耕种土地为生。他们是惟一拥有成文语言的印第安部族。

在切罗基族之后的是克里克族(*Creeks*)。克里克族部分地以狩猎为生,部分地以耕种一些土地为生。他们拥有一些明确的刑法和一种政府形式。

接下来是契卡索人(*Chikasaws*)和乔克托人(*Chactas*)。还不能说他们已经开始文明化了,不过他们已经开始失去他们的原始特性中的许多特征。

奥色治人(*Osages*)排在最后;他们不断地迁徙游牧,几乎赤身裸体,几乎完全不使用火器,而且不认识欧洲人,除了皮毛贸易商[9]。

奥色治人是西南部最后一个与美国有协议的部族。

问—但是我们刚才说到的阿肯色州的保留地,只是打算接收南方
266 的印第安人。与西部和北方的印第安人划定的边界是什么?

答—西部和北方的印第安人不像南方的印第安人那样发现自己被白人族群所包围。他们住在美国边境,并且在后者前进时被向后推。

破产。

制订一部关于破产的一般性法律的权利属于国会,但这部法律从未被制订。

肯特,《评论》第2卷,第321页[10]

每年在联邦各州发生的大量无法偿还债务和破产倒闭的事件,特别是舆论在这个问题上显示出的应受谴责的漠不关心,是美国的特性中最大的污点之一。

一些有识之士告诉我,在费城,破产的数量上升至每年约800起。

美国人因他们在商业上的能干和敢做敢为的精神而闻名,但是他

---

[9] 托克维尔在此处对面的页边空白处写道:库珀的故事。信。

[10] 参阅詹姆斯·肯特,《美国法律评论》,纽约,1827年,第321页。

们通常被认为是糟糕的债务人。

当人们看到盛行于美国的民情的纯洁，作风的简朴，劳动的习惯以及宗教的和有条不紊的精神，他们会禁不住认为美国是一个有美德的民族，可是当人们想到似乎吞噬了整个社会的商业狂热，对金钱的渴望，对金钱的崇拜，生意场上无处不在的欺诈，他们很快会认为这所谓的美德只不过是指不存在某些严重的缺陷罢了，而且如果说这里的人们激情的数量是有限的，那是因为所有的激情都专注于惟一的一件事：对财富的热爱。

1831 年 12 月 29 日

联邦-中央政府。

最初的美国邦联的缺点。继之而来的州的失势；关于这个问题参见《联邦党人文集》，no. 15，第 60 页[11]。这整个部分论述得很精彩。

使新的美国联邦区别于旧的邦联的重要特征是：

旧的邦联统治的是州，而不是个人。它像一个外来的权力使次一 267
级的权力服从于它的法律。

新的联邦政府在它所管辖的一切事务上是真正的联邦政府；它不是面向州，而是面向个人；它向每一个美国公民发布命令，无论他出生于马萨诸塞州还是乔治亚州，而不是向马萨诸塞州或乔治亚州发布命令，而且它拥有一些它所特有的手段来强迫每个个人服从它，无须求助于它自身之外的其他权威。

让人感受到这种差别的例子：联邦政府设立一项税收；在旧的邦联里是由每个州负责征税并把它提交到中央政府的国库里。

新的联邦政府不仅规定税收，而且拥有一些自己的公务人员独立于一切权威地向每个美国人征税，还拥有一些自己的法庭以确保税款的征收；概言之，它的统治是就这个词最广泛的涵义而言的。主权的

[11] 《联邦党人文集或新宪法》，A. 汉密尔顿，J. 杰伊，J. 麦迪逊著，1788 年。这段文字在 Everyman 版本第 66 页及其下。

一切权利都被转让给它；只是它的统治权限是有限的，它不可以逾越这个权限。

这种新的状况导致了实践上的不同，这些不同起初在理论上并没有被人们感觉到，然而不同之处是极大的。

在这种情况下正如在另一种情况下，联邦政府有权将它的法律强加在联邦所有成员身上并有权强迫他们服从。惟一的差别在于手段，然而这个差别是极大的。

当中央政府面向一个州并向它发出一个执行起来费力或困难的命令时，要使这个命令被服从，中央政府必定要遭遇严重的困难：它发现它的统治对象是一个能从违抗命令中获得好处并拥有强大的制胜手段的对手。如果一个州不愿最终陷入一场公开的对抗，它有上千种规避发给它的命令的手段；它（中央政府）没有得到服从，饱尝无能为力的痛苦并容忍违抗它的法律的行为不受处罚；因而内战或无政府状态通常成了这样一种状况的后果。

相反地，当中央政府不仅仅强制推行法律，而且在它的权力范围内真正地施行统治，每次它发布命令时，它就不再是和一些州打交道，而是和一些个人打交道，这些个人中的每一个都发现自己在面对联邦时是单独和孤立的，无法考虑违抗它。在这种情况下，当就中央政府所负责的那些事务而言，它手中握有主权者的所有权利时，它对个人
268 的行动是直接的，而不是间接的。它的运行是简单的，而不是复杂的。它无需请求任何人的支持并能在自己身上找到它所需要的一切力量。

无疑，每个州的独特的民族精神（esprit national），集体的激情和地方性的偏见尤其会力求缩减如此这般构成的中央权力的范围，并且任意制造出违抗它的中心；由于联邦政府的统治权有限，它不可能像拥有绝对统治权的政府那么强大，然而这是联邦的一个不可避免的缺点。可以断定的是，在这种情况下，每个州违抗联邦的机会和意愿会少得多，如果它有了这种念头，要将其付诸实施，它只有通过公开地违抗联邦的法律，阻断司法的正常进程，举起反叛的旗帜，总而言之是突然之间采取一种极端的立场，然而人们总是要迟疑良久才会这么做。

所有古代的和现代的联邦的解体和毁灭都可以归咎于对这一原理的无知，无论人们如何认为，法律本身对于各民族的命运是有很大影响的（许多人认为法律仅仅是民族的表现/representation）。

美国公法中一个公认的原则是，每个权力在其所辖范围之内必须被给予充分的权威，同时它必须被界定以便它不会逾越其范围：这是一个重要的并值得思考的原则。这一思想在出自《联邦党人文集》（no. 23，P97）的下述语句中得到表述："如果一个国家的处境要求一个复合的而不是简单的，一个联合的而不是单一的政府，要做的最主要的调适将是尽可能地区分目标，也就是属于权力机构的不同部门的目标，允许各个部门在完成它承担的任务时有广泛的权威。[12]"

1831 年 12 月 28 日

可以断定的是，只有一个非常开明的民族才可能创造出美国的联邦宪法，只有一个非常开明并且特别习惯于代议制度的民族才可能使 269
一架如此复杂的机器得以运转，同时懂得将不同的权力维持在它们的范围之内，没有这种持续的关注，这些权力必然会剧烈地相互冲突。美国的宪法是一个令人赞叹的作品，不过应当认为，如果过去的 150 年没有给予联邦的各州自治的爱好和习惯，如果不是同时有一个高度的文明把它们置于支持一个虽然有限却强大的中央政府的状态，那么联邦的创建者是不会成功的。在我看来，美国的联邦宪法是最好的，它也许是使建立一个大共和国成为可能的惟一办法，可是如果没有我在前面说到的那些事先存在的条件，对它的模仿是完全行不通的。

有利于在美国创建宪法的是，各个依然年轻而且不太习惯于独立的州还不可能产生高度的个体性的傲慢（orgueil individuel）和民族性的偏见，这些傲慢与偏见使得那些古老的社会在出让它们最微小的一部分统治权时也十分困难。

---

[12] 托克维尔引用的最后一句话 for fulfilling those which may be committed to its charge 有误，应为"for fulfilling the objects committed to its charge"。参阅《联邦党人文集》，Everyman 版本，第 112 页。

古代和现代历史上联邦的例子：

1. 古希腊近邻同盟会(le conseil des Amphictyons)。[13]

2. 古希腊人同盟(Ligue Achéenne[14])。

3. 日耳曼共同体(Corps germanique)[15]

4. 低地国家联省共和国。

5. 瑞士。

所有这些联邦都有着最初的美国邦联的那个缺陷；它们没有使各个联合省成为一个单一的民族，在与联邦相关的事务上建立一个中央权力和主权。它们都陷入内战或者衰败和无政府状态，但它们中的任何一个都不像美国邦联那样拥有足够的智慧在感觉到这一弊病的同时去发现补救的办法并修正它们的法律。

要了解这些联邦的历史，参见麦迪逊先生在《联邦党人文集》no. 18 及其他，第 72 页所做的精彩概述[16]。

1831 年 12 月 29 日

270 **没收。**

联邦有好几个州保留了没收充公(confiscation)的权力，甚至在叛国罪中使用。不过联邦的法律废除了涉及政治问题的没收充公。参见 1790 年 4 月 20 日的法令，第 9 章，第 24 节。

公共舆论通常反对没收充公。

肯特，《评论》第 2 卷，第 318 页

财政收入。

美国的财政收入仅仅由间接税收构成。有两个障碍长期以来阻碍议会设立直接税：

---

[13] 希腊城邦形成之前希腊部族组成的同盟。——译注

[14] 亚该亚同盟。在伯罗奔尼撒半岛北部亚该亚地区，公元前 4 世纪有一个由 12 个城邦组成的同盟。——译注

[15] 即神圣罗马帝国。——译注

[16] 参阅《联邦党人文集》，Everyman 版本，第 83 页及其下。

第一个是民众对这种税的极端厌恶。

第二个是在美国这样的国家里，难以确定课税基数。

这后一个原因在《联邦党人文集》(no. 21)的下列语句里得到了特别好的阐述："在每个国家对土地进行估价都是一项艰巨的任务；在一个不完全稳定而且不断在进步的国家这些困难几乎大到无法施行估价[17]。"

1831年12月29日

人民主权。

人民主权原则经常赋予那些采纳这一原则的民族一种其他民族所没有的活力。然而人民并不总是知道如何让自己作出必要的牺牲。"显然，"汉密尔顿在《联邦党人文集》中写道，"从这个国家的状况，从这个民族的习惯，从我们对这个问题本身拥有的经验来看，通过直接税来征收任何非常大量的钱款是不可行的。税法徒然地增多，实行征收的新办法徒然地被尝试，公众的期待始终落空，而国库依然空虚。民众政府的特性中固有的民众行政体制，与缺乏活力和受损害的贸易状况容易产生的真正的资金匮乏恰巧相重合，到目前为止已经使每次大量征税的尝试受挫，并最终告诫不同的立法机构试图这么做是愚 271
蠢的。"

(《联邦党人文集[18]，第50页》)

我已经在好几个地方注意到相似的例子。制订一些令人不舒服的法律是困难的，甚至当它们是有益的时候。不过我认为那些自由的民族从总体上看来，用于社会的钱要比其他民族多得多。但是在实行贵族制的民族那里这一点尤为真实；实行民主制的民族则更倾向于过一天是一天而且很少能够为了将来让自己付出艰辛的努力。

1831年12月27日

---

[17] 《联邦党人文集》，Everyman版本，第102页。

[18] 参阅《联邦党人文集》，Everyman版本，第55页。

人们无法确切地知道美国的民主制在危机来临的时刻会有何等的活力和自我动员的能力。至今为止它还没有遭遇过危机。

可以肯定的是每次中央政府想要设立直接税时都无法成功，甚至在美国革命激起的政治热情当中，也总是只有在花费了最大的力气之后才能成功地召集人力和钱财；而且还总是不够用。

因而必须等到这个民族不得不求助于征兵和重税的时候才能判断民主国家能让自己做出怎样的牺牲。

发明专利证。

1793 年 2 月 21 日和 1800 年 4 月 17 日的国会法令。

负责授予发明专利证的是国会。裁决可能出现的与发明专利证相关的司法问题的是其法庭。

把这个问题交给国会是一种必需，因为如果在一个州内获得发明专利证并不能使其在其他州同样享拥有这一权利，这一专利证是没有
272 用的，没有给予中央政府这种权力的德国，专属权利几乎在事实上变得毫无意义，尽管在法律上它有广泛的效力。

专属权利可以持续 14 年。

此外肯特指出，发明专利权所引发的问题，诸如弄清楚在多大程度上存在真正的发明或改进，是很难判定的。

1827 年已经有 4,000 多项发明专利权被获得。

英国的法律几乎完全一样。

这篇文章包括好几个其他国家关于这个问题的法律的摘录。

肯特，《评论》第 2 卷，第 299 页[19]

著作权。

在英国，一项乔治三世第 54 年的法令授予著作者一生的专属权利。

---

[19] 肯特，前引书，第二卷，第 299 页。托克维尔对肯特的书作的其他摘录见前面，第 250 至 255 页，第 260 页。

在美国，著作者一方要履行某些手续的专属权利被限制在 14 年；如果著作者在这段时期结束时仍然健在则时间增加一倍。

肯特表示目前国会的法律只提供一种不完全和不充分的保护并且没有达到这个时代的自由精神的水准。

这个问题由 1790 年 5 月 31 日和 1802 年 4 月 29 日的法令来处理。

肯特，《评论》第 2 卷，第 306 页

课税—征税（taxation-impositions）

由地方自己征税导致的弊病和不公正。许多不在场的人被征收了过重的税。参见肯特在他的评论中提供的细节。

肯特，《评论》第 2 卷，第 268 页

英国法。

某些仍然通行的英国法律的野蛮和荒谬。

当一艘船在海岸失事时，根据习惯法船只和货物归属于国王；不过一项仍然通行的爱德华一世时期的法令宣称如果有人或动物，狗或者猫被救起，则另当别论。 273

肯特，《评论》第 2 卷，第 259 页

不到 46 年前，人们将英国法追溯至英国议会会议的第一天，由于这个规定，一个人可能由于一桩在他行为时不被认为是犯罪的举动而被判处死刑。

英国宪法的总原则是，议会是一切权力的来源，而且可以做一切它想做的事。

美国各种宪法的原则与此截然相反。在美国，一切权力源于宪法，它是先于其他一切法律而存在的法律，而且它只能由它所出自的人民这一权威加以改变。立法机构远非权力的来源，它和其余一切权力一样服从于这个万法之法，它不可能须臾背离宪法而不违背它的首要义务。

结社[20]

结社的精神，正如我在别处已经指出的，是美国最突出的特征之一；正是通过这个手段，一个缺少资金、而且完全民主的法律和习惯阻碍财富集中到少数个人手里的国家，已经成功地干出了一些事业并且完成了一些连最专制的国王和最富有的贵族也必定无法在同样的时间里从事和完成的工程。

结社许可(Charters of incorporation)的数量在美国以一种似乎令肯特担忧的速度增长着，我不知道肯特为何担忧；1823 年纽约的立法机构似乎也有这种担忧，罗马人似乎惧怕结社。

肯特，《评论》第 2 卷，第 219 页

在这个国家，我们正在使社团的创立以一种最大的限度增长着，并赋予它们一种不为罗马法或英国法所知的目标上的灵活性和多样性[21]。

肯特，《评论》第 2 卷，第 227 页

在英国，社团(corporation)是由赦令、国王的宪章以及议会的法
274 令创立并存在的。在我们这儿，它们是由立法机构的权力创立的，此外别无他途。

肯特，《评论》第 2 卷，第 223 页

在英国，社团(associations)没有国王的允许不能取得土地(永久营业权)。在美国这个权力只能被限制在结社许可中。

肯特，《评论》第 2 卷，第 228 页

一个合法的社团是通过结社的人们与政府之间的一个契约建立的，立法机构不能凭自己的喜好将其废止。

---

[20] 见按字母排序的笔记 B 的“结社”条目。

[21] 托克维尔已经在第 254 页关于肯特的笔记中引用过这个段落。

这一点不适用于像乡镇、县和村庄这样的政治社团，州总是可以增加、抑制或变更它们的权力。

肯特，《评论》第2卷，第246页

奴　隶

关于他们的立法。

在根本不存在奴隶制的马萨诸塞州，一个白人和一个有色人种之间的婚姻是没有法律效力的，在美国的英国种族是如此地注意保持其欧洲血统的纯正。

肯特，《评论》第2卷，第205页

纽约州的奴隶制的立法史：最初的法律的残酷；自美国革命开始引入的迅速变化。很不寻常。

同上，第205页及其下

选举。

当选举权是普遍的，而且议员是由州付给薪酬时，奇怪的是，民众的选择会堕落和错误到如此程度。

两年前，以孟菲斯为首府的地区的居民向国会众议院派遣了一个名叫戴维·克罗基特的人，他没受过教育，阅读困难，没有财产，没有 275
固定住所，而是以打猎度日，以卖猎物谋生并一直住在树林里。他的落败的竞争对手是一个相当富裕和有才干的人。

孟菲斯，1831年12月20日

在密西西比河上，1831年12月27日。

我们此刻正与一位叫休斯敦的先生[22]同游。此人曾任田纳西州的州长。之后，据说他在很恶劣地对待了他妻子之后遗弃了她。他逃到

[22] 见前面第261页及其下。

印第安人当中，与一个印第安女子结了婚并成为他们的首领之一。我向人询问是什么使他受到民众的推崇。有人告诉我：“因为他来自民众，并通过自我奋斗提高了自己的社会地位。”

今天有人再次使我们相信，在西部的新州，民众通常做出很差劲的选择。由于选民们既自以为是又没有见识，他们想要让一些和他们类似的人来代表他们。此外，为了赢得选票，必须屈尊采取一些令卓越之士厌恶的手段。必须经常出入小酒肆，和下等人一起喝酒和商讨；这就是美国人所说的竞选活动。

肯特在谈及法官时坦率地说，那些最胜任这一职务的人可能有着太矜持的举止，以及太严厉的道德，以至于无法赢得一场建立在普选之上的选举㉓。

肯特，《评论》第 1 卷，第 273 页

在美国有几部宪法确认了选民有权强制他们的代表以某种特定的方式投票。这条原则遭到那些最有头脑的人的反对。

肯特，《评论》第 2 卷，第 6 页

如果它被普遍地采纳，将给代议制度这个似乎注定要对人类命运
276 产生如此重大影响的现代伟大发明带来致命的伤害。这样一来，采取行动的就是民众自身，代表仅仅成了一些被动的代理人。

父权。

在古代的共和国里起着如此重要的作用以至于被一些政论家视为其强盛和持久的根源的父权，在美国的制度中几乎沦为微不足道的东西。美国的法律似乎以一种嫉妒和怀疑的眼光看待父权，正如它看

㉓ 托克维尔已经在关于肯特的笔记中引用过这一段落。参阅前面，第 250 页；其法语译文见该页注释 2。

待所有其他可能妨害人类自由的权力一样。

在这个问题上，习俗、民情、舆论和法律是一致的。父权是一种贵族制度。它在老人们当中制造了一个有特权的统治阶级。它通过使他们的子孙仰赖他们从而给予了他们一种庇护，这一切与民主是格格不入的。

1831 年 12 月 27 日

费城市长［理查兹］先生对我说，通常当一位父亲拒绝同意他女儿的婚事（许多州的法律不要求这种同意）并且后者因此逃出父亲的家门与其恋人结婚时，舆论几乎总是站在女儿这一边反对父亲并强迫后者宽宥其女儿。除非这位年轻姑娘挑中的是一个与她完全不般配的男子。

1831 年 12 月 31 日

历史。

在马萨诸塞州最初的移民那儿，对犹太人的法律和习俗的效仿达到了如此程度，以至于他们把儿子违抗父命视为一种死罪。

肯特，《评论》第 2 卷，第 172 页

公共教育。（**此段重复 P253——译注**）

肯特在他的《评论》中声称，在康涅狄格州，当父母没让他们的孩子受教育时，乡镇行政管理委员会成员有权把孩子从他们的父母那里带走，以便让他们接受教育。“这条法律”，已故的首席法官里夫曾说道，“已经产生了一些十分惊人的效果，人们应当把这个州的居民如此普遍地懂得读和写归功于它。”肯特补充道：“在那位杰出的法学家（里夫）广泛施行这条法律的 27 年间，他告知我们他在康涅狄格州只发现 277
一个人是不会写字的[24]。”

肯特，《评论》第 2 卷，第 165 页

---

[24] 托克维尔已经在关于肯特的笔记中引用过这些段落。参阅前文第 253 页及注释。

纽约州指定供教育之用的基金的历史。不寻常[25]。

肯特，《评论》第 2 卷，第 166 页

不宽容。（此段重复前文第 252 页的内容）

宗教宽容在美国取得进展的速度是令人难以置信的。

上个世纪末在纽约州通过的一条法律宣布，所有不在一定期限内离开这个州的天主教教士将被处以终身监禁。如果他返回，将被判处死刑。历史学家史密斯于 1756 年写道，这条法律值得永远保留。

肯特，《评论》第 2 卷，第 63 页

波因塞特先生今天（1832 年 1 月 16 日）[26]对我说："我确信在当今的美国，如果这些宗教派别中的任何一个被赋予世俗的权力，路德教教徒还会烧死加尔文派教徒，后者还会烧死一位论派教徒，而天主教徒还会烧死所有其他教徒。他们之间一直有着刻骨的仇恨。"

一艘在密西西比河上运行的蒸汽船的花费。

我们乘坐的路易斯维尔吨位约为 400。建造它花费了 50,000 美元；它的使用寿命只有 4 年。在淡水中的航行，暗礁以及密西西比河上的所有其他危险使得航行在这条河上的船的寿命（平均值）缩减至如此短的时期。

密西西比河两岸的木头的价格（平均值）为每考得 2 美元。这艘船每天消耗 30 考得的木头。这使得费用达到 60 美元。

全体船员和乘客的给养和工资所花费的数目大致相同，这使得一
278 艘这样大小的船每天的航行费用达到 120 美元。

路易斯维尔的船长于 1831 年 12 月 26 日提供的资料

美国有一个不可遏止地显现出来的事实令我至今感到疑惑：这就

[25] 这个段落已经在关于肯特的笔记中出现过。参阅前面，第 253 页。

[26] 见与波因塞特先生的谈话。不按字母顺序排列的笔记本 3，第 143 至 151 页。

是中产阶级(les classes moyennes)能够治理一个国家。我不知道他们能否体面地度过十分艰难的政治处境。不过他们足以应对社会日常的运行。尽管他们的激情是褊狭的,他们所受的教育不完备,他们的举止粗俗,但他们显然可以提供实践的智慧而且这就足够了。

在法国,中产阶级对上层阶级持有非常狭隘的偏见,不过上层阶级可能也由于看到中产阶级在举止和思想倾向上的粗俗而对后者有着太过于不好的印象。他们从这个无可争辩的事实得出结论说中产阶级在政治上是无能的,这并不正确,至少没有到他们设想的那种地步。

美国揭示出的另一个问题是,美德并不像人们长久以来认为的那样是惟一可以支撑共和政体的因素,而开明(lumières)比其他一切因素更有利于这种社会状况。美国人几乎不比其他民族更有美德;可是他们(我说的是民众)比我知道的任何一个其他民族都开明很多;我并非只是想说这里有更多的人懂得读和写(这一点可能被人们赋予了超出其应有的价值),而是想说这里精通公共事务,熟悉法律及先例,能感受到什么是正确理解的民族利益并且具备理解它们的能力的民众比这个世界上的任何一个地方都多。

1831 年 11 月 30 日

在美国,令人极感兴趣的是考察任由其自己发展的民主的倾向和天性,并观察它会把它在其中占支配地位的社会必然引向何种社会状况。这个研究尤其令我们法国人感兴趣,我们可能走向专制,可能走向共和,但必定会走向一种无限的民主。

同上。

平等在美国。

美国不同的社会地位之间的关系相当难以理解,外国人通常陷入这两种错误中的一种:或者他们设想在美国人与人之间,除了个人才 279
能方面的差别,不存在任何差别,或者他们被财富在这里占据的崇高地位所震惊，最终以为在我们欧洲的几个君主国里，例如在法国，人们享有比在美国的共和制下更真实而且更完全的平等。我认为，正如我先前说过的，这两种看待事物的方式都有夸大之处。

首先让我们明确问题的所在：它目前涉及的并非在法律面前的平等，这种平等在美国是完全的；它不仅是一种权利，而且是一个事实。人们甚至可以说，如果不平等在别的某些方面存在，中产阶级和下层阶级却在政界得到了有利于他们的充分补偿，他们和那些有历史意义的人物一起占据了几乎所有由选举产生的职位。

我说的是社会生活的交往方面的平等；这种平等使特定的个人汇集到同样的地方，分享他们的观点和他们的快乐，使他们的家庭相互联姻。正是在这一点上必须区分美国和法国的情况。它们之间有着本质的差别。

在法国，无论人们怎么认为，对出身的偏见仍然施加着一种十分巨大的影响力。出身仍然构成个人之间几乎无法逾越的一种隔阂。在法国，职业仍然在某种程度上使那些从事它们的人分为三六九等。这些偏见是一切当中对于平等最有害的，因为它们造成了一些永久的而且几乎是无法消除的差别，甚至有了财富和时间的帮助时也是这样。这些偏见在美国不存在。出身是一种差别，但它并不把人分为三六九等；它既不带来权利，也不使人失去资格，并且不带来对社会和自己的义务；职业的分等级也同样几乎不为人知；它的确造成了个人地位之间某些实际的差别，这种差别与其说是地位上的不如说是财富上的，但它没有造成任何根本上的不平等，因为它丝毫不阻止家庭之间的联姻（这正是重要的试金石）。

不过，不应当认为在美国社会的所有阶级都混杂在同样的客厅里；并非如此。那些有着相同的职业、观念，受过同样教育的人们凭着一种直觉相互选择并且排他地聚集在一起。不同之处在于，在这种安排中没有任何专断的和不可更改的准则规定人们怎么做。因此它很少激起反感。对于任何人来说它都不是不可更改的安排，而且没有人会因此受到伤害。因此人们在美国比在所有其他地方更少看到某个

阶级不仅强烈地想要分享政治权利，而且要分享其他阶级的娱乐。 280

这就是从好的方面看美国社会和我们的社会的区别。

以下是从坏的方面看二者的区别：

在美国，所有的社会差别中首要的是金钱。

金钱在这个社会制造了一个真正的特权阶级，它显得与众不同并且使所有其他人十分强烈地感觉到它的优势。

财富在社会中的这种优势产生的后果比起出身和职业方面的偏见产生的后果，对于平等的害处更小。这种优势不是永久性的；它是所有人都够得着的。它不是根本性的，但它可能还更令人不舒服；它在美国比在我们这儿更肆无忌惮地炫耀自己；才能，功绩，这些在法国和金钱竞争时确定无疑会压倒金钱的东西，在这里不得不让位于它。对于这种状况，人们可以给出几个理由。

在法国，社会地位是极其不平等的。为了与想象出来的差别斗争，必须求助于惟一合理的差别，即功绩的差别。在法国，智力上的愉悦、精神上的才赋总是得到高度的评价。

在美国，缺乏一切具体的和外在的差别，财富呈现为衡量人的功绩的自然标尺。此外，美国人是一个对精神享受很不敏感的民族。专注于创造财富的他们一定自然而然地对财富怀有一种崇敬。它激起他们的嫉妒，不过他们都心照不宣地承认它是首要的好处。

因此总而言之，美国的人们，正如我们这儿的人们，在社会生活的进程中按照某些类别被分等；共同的习惯，教育，尤其是财富确立了这些分类；不过这些分类的标准既不是绝对的，不可更改的，也不是永久的。它们确立了一些暂时的差别而没有造就严格意义上的阶级；它们没有赋予一个人相对于另一个人的任何优势，甚至在观念上亦如此，因而尽管两个人从来不在同样的客厅里会面，如果他们在公共场所相遇，一个人不会傲慢地看待另一个人而后者也不会嫉妒地看待前者。在心底里他们感到自己和别人是平等的而且他们的确如此。

当有人想要判断一个民族的不同阶级之间是否平等时，他最终总 281
是需要询问婚姻是如何缔结的。这是问题的根本。一种出于迫不得已、礼貌或策略的平等，可以在表面上存在并欺骗人们的眼睛。但当有人想要将这种平等付诸实践于家庭的联姻时，那么他就戳到要害了。

俄亥俄州。

1831年12月2日[27]

俄亥俄州于1802年被联邦接纳。当时它有4万至5万人口。今天，它有100万人口。它们由一些欧洲人，一定数量的来自南方和东部的人以及许多来自新英格兰的冒险家构成，这些人已经开始移居人口较少的其他州。俄亥俄州可以拥有1000万居民而且其人口不会比欧洲的许多省份稠密。这个地区是无限肥沃的。令人羡慕的是，有三四条小河流经此地，它们是俄亥俄河的支流，溯流注入五大湖区。

至于俄亥俄州给人留下的印象，可以说在精神上正如在外貌上，它是一个正在成长的尚无任何确定性格的生命体。它的人口由过于异质的民族(nations)构成，因此至今无法在它中间确立一种独特的个性，以及独特的民情。这是拥有最少的民族性格的地区。这也是有着最少的民族偏见的地区；在这两个方面，它既不如又优于联邦的其他部分。它的民事立法表明它在多大程度上摆脱了先例的束缚；在刑事立法方面，俄亥俄州开辟了一条新路。在民事立法上，它令人吃惊地简化了英国的立法，而且据我到目前为止所能做出的判断，它似乎相当完全地摆脱了传统的支配；我设想在政界也是如此。关于黑人的法律。政治革新的步子大胆而且坚决。

俄亥俄州比联邦的任何其他部分更多地呈现出一个完全专注于自己事务的社会的景象，而且其成就迅速增长。正是在这个方面尤其需要对这样一种和我们如此不同的社会状况有一个了解；在波士顿，在纽约，在费城，在所有沿海的大城市，已经有一个获得了财富，养成了定居的习惯并且想要享受财富而非创造财富的阶级。在俄亥俄州，

[27] 见不按字母顺序排列的笔记本3，第124页及其下；便携笔记本3，第190页。

每个人都是来挣钱的；没有人出生于此，没有人一心想要留在这儿；完全没有无所事事的人，没有一个充满玄想的头脑；每个人都有职业需要热情地投入。人们还不知道什么叫上层阶级，他们完全是混杂相处的。整个社会就是一个制造业！在俄亥俄州比在任何其他地方都更少有普遍的想法，各阶层的人是混杂在一起的，甚至这里的礼仪规则似乎也尚不确定，没人有时间在此确立一种政治的和社会的地位；民众摆脱了所有的影响。民主在这里是无限的。总之，俄亥俄州给人予繁荣而非稳定的印象。这是一个强壮和精力充沛的年轻人，但它的进步和成长让人觉得它是处于过渡和暂时的状态。

在俄亥俄州最令人好奇的事情之一，是看到这里的民主被推进到罕见的极限。在我们见到的联邦中那些民主得到最大程度发展的州里，不再存在贵族的庇护，也不存在财富的庇护，但仍存在某些地方性的影响：这里，是一个名字唤起一段重要的历史记忆并激起民众的想象；那里，是一个非常有才干的人的威望；更远处，是一些付出的效劳。在许多地方，是一辈子在民众眼皮底下做善事的人施加于民众头脑的道德力量。俄亥俄州的民主甚至摆脱了这些微弱的影响。俄亥俄州的居民昨天才来到他们居住的地方。他们来到这里，互不相识，有着不同的民情和观念。大多数人只是过客而已。没有任何共同的纽带把他们联系在一起。在他们当中没有人可以向能够理解他们的人诉说自己的生活。没有人有时间确立一种生活方式，树立一个声名，建立一种以帮助他人或拥有美德为根基的有点持久的影响。由此导致的结果是，俄亥俄州的民主在作选择时比我知道的任何其他州更多地出于偶然和一时的高兴。最早到来的人讨好民众，经常赢得民众在无人引导时投下的选票，然而这个社会却繁荣兴旺。不过它的繁荣是由于民主的缘故还是与民主无关？这是问题的关键。

在我看来，西部的新州，尤其是俄亥俄州相对于联邦的老州正如同后者相对于欧洲。我的解释：

美国人前来美国时带来了欧洲最民主的东西。他们到达这里时，

283 把他们成长时生活于其中的大部分民族偏见留在了大西洋的另一边。他们变成了一个新的民族，养成了一些习惯、新的民情，以及某种民族性格。今天，一次新的迁徙开始了并产生了同样的效果。新的移民把更加摆脱了一切束缚的民主原则，更少有独特性的民情，更加不受先例束缚的思想带到了他们选择寄居的地方。在法律中考察这个精神的和物质的运动的轨迹是一件有趣的事。一部有缺陷的英国法律(而且有许多这样的法律)被最初的移民带入美国。他们修改了它，使它勉强适应他们的社会状况，不过他们仍对它怀有一种迷信的敬意；他们无法完全摆脱它。第二次迁徙发生了，同样这些人重新深入荒野。这一次法律被修改到这种程度以至于它几乎失去了最初的特征。不过要使它停止存在，仍然需要第三次迁徙。而且当有人想到这部法律可能是撒克逊人给予英国人的，他会忍不住惊讶于起点对于各民族的好运或厄运的影响。

在俄亥俄州，另一件很值得注意的事是这样的：俄亥俄州也许是联邦中最便于以一种惊人的和近距离的方式观察到奴隶制和自由对于一个民族的社会状况所起的作用的州。俄亥俄州与肯塔基州只有一河之隔；在河的两边，土地同等肥沃，位置同样有利，但一切迥异。在这里，是全部的注意力被一种狂热的行动吸引的人群，他们想尽一切办法获取财富；人们表面上看来是贫苦的，因为他们靠自己的双手劳动，可是对他们来说劳动是财富的源泉。在那里，是一个让人服侍而且没有什么同情心的人群，一个没有活力，没有热情，没有敢做敢为的精神的人群。在河的这一边，劳动是光荣的并且会带来一切，在另一边，人们鄙视劳动，好像它是奴役的负担。那些不得不努力谋生的人们迁入俄亥俄州以便致富而不感到耻辱。肯塔基州自从近一个世纪以来就有人居住，它的人口增长缓慢。俄亥俄州加入联邦只有30年，它有100万居民；这30年来，俄亥俄州成了上行和下行密西西比河的财富的集散地；它开通了两条运河，联接了墨西哥湾和北岸；而肯塔基州，它更为古老，也许位置更好，却停滞不前。不可能把这些差别归于一个奴隶制以外的原因。它使黑人劳累和变蠢并使白人软弱无

284

力。人们认识到它的致命后果，却保留它并且还将长期保留它。奴隶制威胁到那些维持它的人们的将来，它会毁掉这个州；但它已经渗入了移居民的习惯和偏见，而且他当前的利益对抗着他将来的利益以及这个国家更强大的利益。

没有什么比我刚才做的这种对照更好地表明人类的繁荣更多地是依靠制度和人的意愿而不是周围的外在环境。人生来不是为了受奴役的；这个真理也许是在主人那里而不是在奴隶那里得到了更好的确证。

俄亥俄州

有关俄亥俄州的情况。

民法和刑法——见条目“法律”。

银行：在辛辛那提只剩下两家银行。十年前，所有在俄亥俄州成立的银行都由于过度发行钞票而破产。

政治状况。

至今为止我们见到的所有人似乎都认为民主的原则在俄亥俄州得到了太过度的发展，而且民众通常作出错误的选择。

运河。

俄亥俄州已经开凿了70英里的运河。河流很少有能航行的，道路状况恶劣；一年后联接俄亥俄河与伊利湖的运河将竣工；经运河人们将从纽约下行到新奥尔良而无需踏足陆地。

黑人。

根据法律，奴隶制在俄亥俄州是不被容许的。甚至自由黑人也只有交纳了保证金才能在这里居住。不过法律的这最后一部分从未生效。此外，据说在俄亥俄州的黑人不超过3,000人。

辛辛那提[28]

辛辛那提呈现出的是一幅奇特的景象。这是一个似乎想要过快
285 地建造起来以致无法秩序井然的城市。高大的建筑、茅屋，充斥着瓦砾的街道，正在建造的房屋；街道没有名字，房屋没有门牌号码，没有外表的奢华，但每一步都呈现出工业和劳作的图景。

要确切地知道是什么促成了城市的诞生和发展总是困难的。偶然性几乎总是起着某种作用。辛辛那提地处新世界最肥沃的平原之一；这个优势开始吸引人群来到它的周围。在那里，一些工厂被建造起来，它们供应食物给这里的居民并很快供应给西部的一部分地区；工业的成功召唤着新的工业来到这里，而且这次迁徙比先前的阵容更为强大。此外，我认为辛辛那提曾经是而且仍然部分地是密西西比河与密苏里河流域经纽约到欧洲的货物集散地，以及北部各州到路易斯安那州的货物集散地。不过在这后一方面，可能位置更好得多的路易斯维尔(Louisville)很快将拥有优势。

肯塔基州—田纳西州

我们横向穿越了整个肯塔基州，从路易斯维尔到纳什维尔(Nashville)[29]。我们同样穿越了田纳西州的绝大部分地区，从纳什维尔到密西西比河畔的孟斐斯，在我们看来，这两个州在许多方面相像。

这个地区布满了山丘和不深的峡谷，许多小溪从中间流过；这是一幅自然的美景，不过缺乏变化。

这两个州的土地似乎仍然几乎完全覆盖着森林。每隔一段距离可以见到一排栅栏，一些烧焦的树木，一块玉米地，几只牲畜，一间用叠放

---

[28] 托克维尔于1831年12月1日至4日在此地停留。见便携笔记本3，第190页。参皮尔逊，前引书，第XLI章。

[29] 托克维尔与博蒙1831年12月9日在路易斯维尔，并于12月11日离开纳什维尔。见不按字母顺序排列的笔记本3，与马克·伊勒万(Mc Ilvaine)先生的谈话，第132至133页。

在一起并粗糙地排成方形的树干建成的简陋小屋，表明这是一位居民 286
孤零零的住所。几乎看不到村庄。耕作者的住所散布在树林中间。

在肯塔基州，没有什么比见到一座砖房更稀罕的了，在田纳西州，我们见到的砖房不到10座。纳什维尔例外。

肯塔基州和田纳西州的农民的简陋小屋通常分为两部分，如页边空白处的简图所示[30]。小屋的四周是一定数量的用作牲畜棚的茅屋。

这些住所的内部更多地表明了主人的懒怠而不是贫困。在那里可以见到一张相当整洁的床，一些椅子，一杆好枪，经常有一些书，而且几乎总是有一份报纸，但是墙壁有那么多孔隙以至于外面的空气从四面八方进来。

人们住在这里几乎不比住在一个用树枝搭成的窝棚里更安全。没有比躲避恶劣天气和把墙上的孔隙封起来更容易的了，但此地的主人却不会操这份心。在北方，最小的房屋也处处显出整洁和灵巧的样子；在这里一切似乎都是草草完成的，一切看起来都听天由命；有人说这里的居民过一天是一天，对将来毫不忧虑。

在肯塔基州和田纳西州那些我们走过的地方，人们高大且强壮；他们的相貌有着某种民族特色(avoir une physionomie nationale)，而且神情粗犷刚毅。他们不像俄亥俄州的居民那样形成一个混杂的人群，一个美国所有种族的混合体，相反地他们全都出自一个共同的祖先，并且属于弗吉尼亚的大家族。此外他们比我们迄今见过的所有美国人都更加具有对祖国的本能的爱，这种爱混杂着夸大和偏见，完全不同于联邦几乎所有州中那种冠以爱国主义之名的建立在理性基础上的情感和精细的利己主义。

几乎所有我们见过的耕作者，甚至是最贫困的，也有一些奴隶。

这些人衣衫褴褛，但通常看起来强壮而且身体健康。

在冒着被主人家的狗咬的危险越过一些修剪粗糙的栅栏后，我们 287

[30] 托克维尔在页边空白处画了一幅这种简陋小屋的草图。

来到了一个简陋的小屋，透过小屋的墙壁可以看到壁炉里的火噼里啪啦地响着；我们推开一扇挂在一些皮制的铰链上的没有锁的门；最后走进一个看上去和所有穷人的住所一样粗朴的茅屋；那里住着一个贫苦的却过着富人式的悠闲生活的家庭。当你走近时，这个屋子的主人站起身，他用殷勤和热情接待你，不过他避免亲自替你去拿你需要的东西；在他的头脑里为你效劳会降低他的身份。是一个奴隶把壁炉的火加旺以便让旅行者取暖；是一个奴隶弄干他的衣服并给他拿来他所需的食物。主人用眼睛监督并用手势指导他的仆人们的行动；他本人不亲自行动。如果他开口，那是为了叫唤他的狗或讲述它们的某些英勇举动。肯塔基州和田纳西州的耕作者中没有贫困到不能极好地表现得像旧欧洲的乡间贵族的。

在肯塔基州或田纳西州，没有什么会让人想到一个完善的社会；在这一点上这两个州在本质上不同于那些新近由北方的美国人居住并且有了新英格兰的高度文明的萌芽的州。在肯塔基州或田纳西州，人们很少见到教堂，没有见到学校。那里的社会和个人一样，似乎对未来没有预见。

然而这不再是一个农业民族；它没有那种位于人迹罕至的地方的农业民族所特有的充满无知、偏见和 [31]的单纯。这些人还是属于世界上最文明、最理性的种族之一。他们的民情中没有乡野的天真。英国人的明理和好争论的精神在这里同样存在，正如在整个美国。信件和报刊在这些荒野的树林当中惊人地传播着。我们旅行时带着信件。我们不时地在人们所说的邮局前面停下脚步；它几乎总是树林深处一个孤零零的屋子。我们在那里放下一个大包裹，周围的每个居民无疑会前来取走自己的一份。我不认为在法国最开明的乡村地区智力活动有像在这里的荒野一样迅速且大规模。

肯塔基州和田纳西州的奴隶制对奴隶主的性格和习惯产生了巨
288 大的影响：它中断了居民的工业，阻止外面的移民把他们的工业带到

[31] 此处划破，缺字。

这里来，但它对拓殖者的未来并不构成威胁。

黑人的人口比白人的少得多而且它将越来越少。这取决于一些容易指出的自然的原因：

人们没有在肯塔基州和田纳西州种植任何需要很多奴隶的作物；几乎没有任何作物的收益是 ㉜以致人们可以从中得到可观的 ㉝；因此肯塔基州和田纳西州的土地㉞小块田；在每块田产上生活着一个白人家庭和很少量的奴隶；人们不像在南方那样看到几百个奴隶耕种着一个白人的田地。此外肯塔基州和田纳西州居住着一些贫穷的移民，他们无法召集大量奴隶到同一块田产上，即使作物的种类允许他们轻易地这么做。在肯塔基州和田纳西州，奴隶主整年生活在他们的土地上；他们指导他们的奴隶劳动，最贫穷的奴隶主甚至和他们一起劳动。

这因此证明了人们可以不要奴隶制。这两个州的公共舆论似乎完全赞成这一看法。但是奴隶制是一种根深蒂固的罪恶，在认识到它的致命危害之后要摆脱它与尚未觉察到这一点之前要摆脱它几乎一样是不可能的。

在一个民族中间生活过 8 天或 10 天就想要对它进行评判是可笑的。我因而只能相信“人们说的”。

肯塔基州或田纳西州的居民在整个联邦以他们暴烈的习性著称；如果这个地区的人们告诉我们的是真实的，他们似乎应当得此声名；人们说争吵经常会变成流血事件而且选举很少有不动刀子的。

并非无法界定的各种原因想必促成了人们归结于肯塔基州和田纳西州居民的那种性格：

首先是气候： ㉟激情在南方总是比在北方更热烈。

其次是奴隶制，这对于所有南方居民来说是一个共同的原因，它 289

㉜ 此处划破，缺字。
㉝ 同上。
㉞ 同上。
㉟ 同上。

以同样的方式改变了他们的民族性格。不受约束地发号施令的习惯赋予这些人某种高傲的情感，这使他们忍受不了异议并且看到障碍就怒气冲冲。奴隶制使劳动成为一种耻辱；它使整个白人种族成为一个无所事事的阶级，金钱对于这个阶级来说失去了它的一部分价值，他们到别处，到社交生活和骄傲的快乐中寻求乐趣，他们成了一种不是由商业民族的合法的诚实所引导，而是具备其习俗形成的德行、敏感与荣誉心（point d'honneur）的贵族。南方的美国人是勇敢的，较少受教育，好客，慷慨，易怒，在他们愤怒时显得暴烈，没有勤劳和敢做敢为的精神。

把同样这些人放到一个陌生的地方，让他们置身于一个荒野地带，在那里必须每天和生活的各种苦难作斗争，那将使他们的情绪变得更加易怒更加暴烈，更加远离社会。和社会的最微小的令人不快的接触将使他们更加痛苦；文明的程度越少，他们将越不懂得如何自我克制。

这就是肯塔基州和田纳西州居民的全部故事。他们是一些南方人，一些因为孤独变得半野蛮并因为生活的苦难变得冷酷无情的奴隶主。

促进公共繁荣的办法。

几乎所有的政治格言在它们的表述中都有某种如此笼统、理论化和含混不清的东西，以至于要在实践中从它们那里获得最小的好处也是困难的。几乎总是有同样多的药方，其疗效更多地取决于病人的体质而非疾病的性质。

我只知道惟一一种促进一个民族的繁荣的办法，对它的运用是肯定有效的，而且我相信所有国家和所有地方的人们都可以信赖它。

这个办法不是其他，而是增加人与人之间交往（communication）的便利。

在这个问题上，美国呈现出的景象既不同寻常又有教益意义。

道路、运河和邮局在联邦的繁荣中起着一种非常惊人的作用。考察它们的作用、人们赋予它们的价值以及获得它们的途径是有益的。

美国，这个享受着迄今为止曾经被给予一个民族的最大繁荣的国家，同样是相对于它的年龄和能力而言做出过最多的努力来获得我前 290
面说到的自由交往的国家。

在法国，有一些数量很多而且十分密集的人群却没有任何道路往来于其间，以至于他们与这个国家的其余部分之间比过去法国与另外半个世界之间还更加相互隔绝。我不怀疑把10袋小麦从下布列塔尼的某个乡镇运到巴黎比把所有殖民地的糖运到同样地点更加费时和费钱。

在美国，人们在一个新州做的头几件事之一，就是让邮局通达那里；在密歇根州的森林里，没有哪个小屋如此偏僻，没有哪个山谷如此荒凉，以至于信件和报刊不能至少一星期送达一次的；我们见证了这一点。我尤其是从这些情况里感觉到我们和美国人的社会状况之间存在的差别。相对而言，很少有法国的农村地区，人们在那里收到的信件和报刊与在这些依然荒凉的、人们还在和生活的各种苦难作斗争并且只有隔一段距离才能隐约瞥见社会生活的地方一样多。

一旦有人似乎要向这个国家的某个地方进发，就有人赶忙在那里开辟一条道路。这条路几乎总是在那些可能会使用它的人们到来之前就修好了，它召唤他们前来；我们好几次看到十足的蛮荒之地中间开通了宽阔的大道。

美国着手开凿并已经开通了一些大运河。它已经有了比法国更多的铁路；没有人不承认蒸汽动力的发明令人难以置信地给联邦增添了力量和繁荣；而且它方便了这个辽阔的国家不同部分之间的迅速交往。交通较不便利的南方诸州，和其他州相比显得萎靡不振。

在这个世界上的所有国家中，美国是思想和工业的传播最持续不断和最迅速的。没有哪个美国人不知道他居住的这个辽阔国家所有地方的资源；联邦所有的能人相互之间都知道彼此的声名，有许多还见过面。当我看到这种情况到达何种程度时经常感到震惊。可以说我从未遇到一个美国人在谈起他的其中一位同胞时不了解这个人目 291
前的处境和这个人过去的生活的。

我知道这场工业和知识的急进运动特别的是由于教育，美国的政府类型以及美国人所处的非常特殊的处境而得以维持。美国的居民们不喜定居，甚至那些古老的族群(les veilles nations)也是如此；他们几乎完全由真正的工业企业家构成，这些人强烈地感觉到对交往的手段的需要，并且以一种不能指望我们农民的墨守成规和懒惰的精神能具有的热忱去使用它们。因此一条道路或一条运河在美国产生的效果比在法国更显著而且尤其是更立竿见影。

我们也应当像美国人在西部新的地区所做的那样：在旅行者之前开辟道路，确信他们迟早会前来使用它。

至于在美国人们开辟往来通道所采用的方法，以下是我对这一问题的考察：

在欧洲人们通常以为美国政府的重要准则是放任，是充当社会进程的纯粹的旁观者，个人利益才是社会进程的重要原动力；这个看法是错误的。

的确，美国政府不像我们的政府那样插手一切事务。它无意预见和亲力亲为一切事务；它不分配津贴，不扶持贸易，不赞助纯文学和艺术。但是，当事关重要的公益工程时，它只在很少数情况下才把它们交给个人；它亲力亲为：连接哈得逊河与伊利湖的大运河是由纽约州出资的；联接伊利湖与密西西比河的大运河是俄亥俄州的成果；联接特拉华河与切萨皮克湾的运河是州的一项事业。通向偏远地区的主干道通常是由各州而不是由公司承办并施工的。

不过要十分注意这一点：在这方面不存在一定之规。公司、乡镇和个人的行动以上千种方式与州的行动竞争。一切中等规模的或关涉的利益有限的事业都是乡镇和公司的作为。收通行税的公路或收费公路经常与州的道路并行。由公司建造的铁路在这个国家的某些地方作为主干道起着运河的作用。乡镇的道路由它们行经的地区养
292 护。因此这里不遵循任何排他性的制度；美国的制度没有表现出我们的时代那些肤浅和关注抽象问题的头脑所喜爱的单调划一。

相反地，在制度、法律、社会的治理和它的日常运行方面，一切都

是不同的和多样化的。

一切都遵从人和地方的特性，没有人试图让他们服从于一个不可更改的严格准则。从这种多样性中产生了一种遍布整个民族以及它的每个部分的繁荣。

重新回到道路以及所有把工业和思想的产品迅速地从一个地方带到另一个地方的其他手段这个问题，我不敢声称自己发现了它们有利于一个民族的繁荣：这是一个被普遍感受到和认识到的真理。我只是说美国认清了这一真理，它比这世界上任何一个国家都更强调这一真理，并且不可能穿越了这个联邦却不对这一点感到确信，不是通过论据，而是通过所有感官的见证：促进一个国家的繁荣最有力，最可靠的办法，是利用一切手段促进其居民之间畅通无阻的联系。

美国的民情。

那些在社会中占据着很不相同的地位的人们之间似乎被最大的平等所支配。

权力机关似乎特别容易接近。

5 月 13 日，樱桃谷（Cherry Valley）的法官莫尔斯（*Morse*）先生[36]把我们介绍给纽约州州长，他住在一幢木屋里并且不用任何礼仪就在会客室里接见了我们。莫尔斯先生肯定地告诉我们，所有人都总是可以和我们一样受到接见。

—E—

美国的党派精神。

谢尔梅豪恩（Schermerhorn）先生[37]告诉我，在美国没有像在我们国家那样的党派；这个民族不再被一些充当障碍的对立的原则一分为二。

这种状况随着联邦党人和反联邦党人这两个党派的消亡而终止。 293

㊱ 参阅皮尔逊，前引书，第 63 页。

㊲ 同上，第 49 页。

现在,人们几乎只知道那些支持或攻击政府的措施以便谋得职位并把公共舆论拉到他们这一边的党派。

1831 年 4 月

平等。

见“美国的民情”。

—I—

印象。

第一印象。

至今为止我们觉得美国人的民族自尊心达到了一种十分过分的地步。我怀疑有人可能从他们那里获得哪怕是一丁点对他们国家不利的事实。他们中的大部分人不加区别地吹嘘他们的国家并且带着一种让外国人感到不悦的显得缺少见识的傲慢无礼。总的说来在他们的气质里有一种小地方的褊狭,而且他们和不惯于见大世面的人一样夸大其辞。然而我们还没遇到一个真正出众的人。

我觉得他们总体上是一个宗教民族。显然没有人想要嘲笑宗教仪式和宗教的美好,甚至它的真理性在理论上也得到了普遍承认。他们的生活在何种程度上得到了他们的教义的调节?宗教原则对他们的灵魂有何真正的影响力?为什么教派的多样性没有引起如果不是外在的,至少是内心里对宗教的冷淡?这是有待弄清的问题。

至于目前我似乎觉得这个国家显示出中产阶级在表面上的改善,或者不如说整个社会似乎融合成了中产阶级。似乎没人有欧洲上流阶级的优雅举止和考究的礼节。相反,人们首先会惊讶于某种粗俗的和令人不舒服的毫无顾忌的举止。但同时,没人有在法国被称为没教养的举止。至今为止我们遇见的所有美国人,甚至纯朴的店员似乎都接受过或者想要显示出接受过良好教育。他们的举止是庄重的,沉稳的,谨慎的,而且所有人的穿着都一样。

所有的生活习惯都显示出在欧洲如此小心翼翼地要相互隔离开

的两个等级的混合。妇女们从早上七点钟起就为一整天穿衣打扮。九点钟时，有人已经可以出门拜访。中午，人们处处受到接待。一切都带着一种很忙碌的生活的印记。我们还没见过赶时髦的人。我甚至认为，这里良好的民情更少地取决于道德准则的严厉，更多地是因为所有的年轻人都不可能考虑恋爱并认真投入。 294

1831 年 5 月 15 日

拓荒者。

国会给予宗教的支持。

著作(ouvrage)和作品(écrit)的区别[38]

无法告知民众的真理。

奴隶制。与之斗争的方式。体验与残酷。

检察官的各项工作。

使运河，道路，邮局繁荣的办法。

在俄亥俄州成为律师的途径。

不犯罪的理由，在这个问题上美国与欧洲无法比照。

不同类型的爱国主义。

美国人的喜爱交际。

与古代完全不同的奴隶制。

报刊。报刊的特性，作用。

小州对人类幸福的影响。

法官拥有的宣布法律违宪的权力。后果。

联邦。为什么法学家如此反对联邦。对普通法的慷慨颂扬；它对英国精神的影响。

单调划一的缺陷。它的好处。什么应当是它的限度。

---

[38] 1832 年 1 月 24 日托克维尔在给父亲的信中谈到关于美国的写作计划，认为写一部完整的关于美国的著作是无趣也是不可行的，更重要的是结合法国的社会政治状况对美国的社会和政治的主要特征加以描述分析。参阅 Tocqueville, Oeuvres I, Pleiade, p. 1350。——译注

295 军事精神和习惯对共和国的致命影响。

人民主权原则以及美国人理解它的方式。

使民主在美国合乎自然的原因。

削弱联邦纽带的倾向。

在华盛顿询问这样一些总体情况：

1. 不同州的利益；

2. 联邦的未来，分裂的原因；

3. 南方的州对联邦法令的拒绝执行；

4. 联邦有什么办法使自己得到服从；

5. 询问由州承办事业是否有益；

6. 美国在贸易方面的原则是什么；

7. 国会的构成，它的精神，它的运作，它的合法权利，它的智慧；

8. 是什么赋予了美国人贸易上的优势并使他们能够以如此低的花费航行？

9. 教育机构是否受到监察？

民主的嫉妒。

西部各州的利益。

制宪的时间。

民主的国家。

没有规则。

肯塔基州的奴隶制。

宗教。

黑人。

腐败。

联邦的忧虑。

要出售的土地。

对中央政府的嫉妒。

11. 笔 记 F 296

美国的民法和刑法

费城，1831 年 11 月 15 日

我刚和这个城市非常有才干的年轻律师吉尔品(Gilpin)[①]有过一场长达 4 个多小时的关于司法问题的谈话。这里是我所记得的内容概要：

要理解美国的法律，必须熟悉司法机构和英国立法的原则。

1. 英国法律最古老和最主要的来源，是人们所说的普通法。普通法由两个部分构成：1)一些传统惯例，它们从未像法国自博马努瓦尔(Beaumanoir)时期起所做的那样被汇编成集，不过它们的原则被记载到自几个世纪以来相继出现的法官的审判记录(Records)里；2)一些法令(Statuts)或议会的法律。法令晚于可追溯至君主制初期的惯例(coutumes)，它们修正并弱化了惯例。它们和后者一起构成了人们称之为普通法的不连贯和不明确的法律。我们将考察那些后来加于其上的是些什么样的法律。

2. 伴随着诺曼征服英国开始了教士的世俗统治。英国的教士，和欧洲大陆的教士一样，很快就把一些与良心相关的案件的审判管辖

① 参阅皮尔逊，前引书，第 529 页及其下。

权归为己有。一切涉及履行与圣事相关的合同，如婚姻、遗嘱的诉讼案件。宣称对这些案件拥有审判权的教会没有让自己受制于这个国家或那个国家的法规。它承认罗马法的普适性并摒弃陪审团。因此
297 罗马法就这样在教会的掩护下被引进了英国法律。它在英国法里占据了一个有限的但非常重要的地位。随着时间的流逝，教士不再审判了，但教会法庭继续存在，它们今天依然以民法博士（*Doctors Commons*）的名义存在着。

3. 只是从都铎王朝统治时期开始，习惯法或普通法的缺陷才开始被感觉到。社会变得非常文明。人们之间的联系变得更多了，而且随着财富和知识的增长，人们要求有一个更加完善的司法。

这个变化是在王权处于鼎盛时被人们感觉到的。因此诉讼人在司法问题上自然而然地一直向王权的代表求助以便获得法律不能给予他们的公正。由此产生了大法官法庭或衡平法庭（*the Court of Chancellor*, *Chancery or Equity Court*）。这就是英国人找到的用来纠正他们法律的弊病而不改变它们的办法。他们宁愿陷入专横的统治，建立一种司法的专制也不愿改动他们古老的制度。在落入他们的司法权限的问题上，这些大法官创设了一种全新的法律。他们时而从普通法，时而从罗马法，时而从他们自身获取他们的原则，时间使他们的法律原则（jurisprudence）得以确立。

衡平法院抢夺的诉讼案件可以归为 4 类：

1. 人们所说的按照合同详述的条款履行合同的诉讼案件。依照普通法，当一个人与另一个人订立契约后拒绝履行它时，后者只能向陪审团要求得到损害赔偿；这只是一种不完全的公正，因为订立了契约的我，可能需要的是契约允诺我的东西而不是人们给予我的取代它的金钱。一个文明稍微有些先进的社会不可能容忍一种如此粗糙的公正观。

人们因此向大法官求助以便找到纠正法律缺陷的方法。大法官在没有陪审团帮助的情况下受理了这类诉讼案件并强行要求受契约约束的个人履行其契约上的条款。要特别注意，这只适用于合同而不

适用于严格意义上的不动产(*actions réelles/real property*)。一个人买了一块地;他付了钱。财产被转让了,可是过去的地产主拒绝交货;在这种情况下,这个人无须向大法官求助,陪审团可以下令财产归真正的所有者。在这个意义上,真正说来,这个合同已经得到了履行而案子成了一个普通的产权问题。 298

2. 第二类司法权限内的诉讼案件是人们所说的信托财产(trust states)。一个人赠予另一个人一块地,但同时规定要支付终身年金。根据普通法这个年金是不必支付的;原告要进行诉讼则很困难。这个诉讼提出了一个普通法没有预见到的复杂问题。事实上,它不涉及要求收回被赠予的财产;这财产实际上已归受赠人所有;原告只是想让受赠人在土地出售之后作出一个行为,而这个行为已经被契约签订人所预见。当这类诉讼案件开始变得多起来时,人们便向提供补救方法的大法官求助。

3. 大法官审判的第三类诉讼案件是破产案。排列债权人的顺序;强制债务人偿付的办法,所有这些法规不可能在中世纪的半野蛮社会中间确立起来。这个需要很快被人们感觉到而大法官在这个问题上负责弥补法律的缺陷。

4. 由于封建观念的缘故,所有与未成年人、对他们的监护和他们的财产相关的诉讼案件都落入大法官的司法权限。根据封建法律,领主是其未成年附庸的天然监护人。国王,在这个意义上,是其未成年臣民的监护人。

当王权在领主权力的废墟上变得更加强大时,是国王通过他的大法官处理一切与监护相关的事务并裁决一切涉及未成年人利益的诉讼案件。

据说当诉讼人拒绝服从大法官的裁决时,后者让人逮捕诉讼人直至他服从,这一惯例仍然保持着。

这就是英国法律的概貌。必须谈及它,以便理解我们在宾西法尼亚州了解到的情况。

吉尔品的解说(续)。

首先,了解宾西法尼亚州的法院的组织架构是有好处的:

宾西法尼亚州被划分为 100 个县,它们构成 12 个司法区
299 (circonscriptions judiciaires)或**法庭巡回区**(*circuits*);有 12 位被称为**次级法庭法官**(*judges of the inferior court*)的法官;每三个月,他们必须在他们的司法区里的每个县开一次庭,不是独自进行,而是由两个居住在这个县并且不是律师的助理法官陪同;因此,一切都掌握在法官手中。

所有涉案价值不确定以及所有涉案价值明确但不超过 500 美元的诉讼案件都被带到这个法庭面前。

在这个法庭之上,是**高等法院**(*The Superior Court*)。它由 5 位法官组成。根据这个法院,宾西法尼亚州只划分为 5 个司法区。5 位法官每三个月要像次一级的法官一样巡回开庭。他们有两个权限:

1. 他们裁决那些价值确定并超过 500 美元的诉讼案件。

2. 他们审理在法国被不恰当地称为上诉的案子。我们马上就能看到上诉在英国和美国的法律中是什么意思。

问—可是我在所有这些当中既没看到大法官法庭也没看到教会法庭。

答—这些法庭在宾西法尼亚州从未存在过。

问—那它们的权限被赋予谁呢?

答—**一部分给法官,一部分给陪审团**。在许多情况下他们完全避**免做那些法庭过去做的事**。

问—请举例说明这三个概念。

答—假定在一宗婚姻诉讼案中(教会法庭民法博士)[2],出现了一个事实问题和一个法律问题。英国的法庭对所有问题进行裁决。在这里,法官仅仅裁决法律问题,并通过被称为授权(*issue*)的一个特别评议(delegation speciale)把事实问题留给陪审团。

---

② 托克维尔在页边空白处写道:“我对这个回答不确信。”

问—可是为什么不干脆说在这种情况下你们已经把教会法庭的司法权限与普通诉讼(*common pleas*)法庭的司法权限合为一体了呢?您刚才向我描述的是一个普通的诉讼案。

答—不。在普通法的一个普通诉讼案中,陪审团同时裁决法律问题和事实问题。它遵循法官的指导,但作决定的并非法官。在这里陪审团只是通过评议(delegation)行动;它解决一个具体的问题但不裁决诉讼。

在几乎所有与大法官法庭的司法权限相关的问题上,人们干脆把大法官法庭的司法权限与普通诉讼(*common pleas*)的司法权限融为一体。法律问题由法官根据衡平法院的先例来裁决,而事实问题由宣布判决的陪审团来裁决。 300

不过大法官的司法权限里有许多部分我们并未采纳。因此在宾西法尼亚州,一个诉讼当事人不能以书面宣誓作证的方式(sur faits et articles/by way of depositions taken in writing)被审问。在宾西法尼亚州,人们不能强迫一个背信的契约签订人履行其承诺;人们不得不对他处以过多的损害赔偿金以便间接地迫使他做大法官法庭用监禁强迫他履行的事。许多人对这些缺陷感到震惊,想要在我们这儿设立一个大法官法庭,可是公共舆论总是抵制它。您看到我们这儿并没有我前面说到的按照合同详述的条款履行合同。

问—我开始明白在你们这儿,普通诉讼(*common pleas*)法庭的司法权限是什么;它几乎把一切案件吸引到它那里,不过我不太明白的是它运行的方式,是法官和陪审团担当的职责,是后者运行的方式。

答—要透彻地理解这一点必须观察它的运作,不过,我将尝试着向您解释它的实际做法。

法庭由法官和陪审团组成,原告解释他的请求并出示他的文件和他的证据。被告对这些文件提出异议并出示其他证据或反驳对方出示的证据;法官发言;他总结事实方面的证据,在不同的假设中陈述法律问题。陪审团撤离并一致以明确的方式作出一个包括了事实和法律的判决。这样,假定一个人要求得到一笔遗产;他的对手

(adversaire)以20年的时效为由反对他；法官根据辩论对陪审员们说道："原告对于这笔财产拥有无可争议的权利，但被告以时效为由反对他，根据这部法律的条款这可能使他败诉；要由你们来决定被告是否已经证明他事实上拥有他所说的20年所有权。"

陪审团仅仅宣布有争议的财产将不会被交给原告。通过这个决定，它同时宣布了：1. 被告拥有20年的所有权；2. 法律赋予他不接受对他的起诉的权利。

问—可是陪审团的判决从未说明理由？

301 答—从来没有。这是陪审团制度的一个后果。人们只保留法官为了指导陪审团而给出的法律上的理由的笔录，这些笔录可以被上诉人使用。

问—你们是否把审查书面文件交给陪审团处理？

答—是的。陪审团决定一切事实问题，无论是像一个具体的行为这样的简单事实或是像诉讼双方出示的文件所显示出的诉讼当事人的意图这样的复杂事实。

问—可是一个陪审团如何能处理需要如此多经验和洞察力的问题？

答—它在总结辩论并审查文件的法官的帮助下处理这些问题；此外，您以后将看到由法律提供的所有援助手段。

问—我过去以为陪审团只能下令支付一笔钱款。可我发现它可以决定一块土地的所有权的归属？

答—是的。毫无疑问；陪审团下令财产归真正的所有者拥有。

问—可是在执行这样一个判决时，可能生出一些事端。谁来裁决它们，既然法庭在宣布判决5分钟后就不复存在？

答—您说的情形很罕见。通常如果诉讼双方没有就案件的基本情况完全达成一致意见，例如田地的面积和边界有争议，他们就不会被允许进行诉讼。如果意外地，执行这样一个判决时产生了一个事端，这个事端就构成了一个新的诉讼案件，它将由一个新的陪审团进行裁决。

问—陪审团毫无疑问与判决的执行没有任何关系?

答—没有。判决一宣布,法官就解散陪审团,它就再也不过问此事了。

问—当需要专业证据时,怎么办?

答—事先预见到需要这种证据的诉讼双方会把专家们带到法庭面前;他们和其他证人一样被讯问。

问—在陪审团面前会宣读书面证词吗?

答—当诉讼双方同意时可以这么做。当证人住在另一个州时必须这么做。法官于是委派一个司法委员会到证人居住的州里去调查。这些证人的陈述被听取而且听证的笔录被送交陪审团看。

问—你们是否允许证人就一切事情作证? 302

答—是的。不过我们不允许证词与一个文件明确的意思相矛盾。

问—这么说,在法国,人们禁止证人证明那些可以由书面材料证实的东西;在宾西法尼亚州,人们禁止证人证明那些由书面材料证实了的东西。那里是可能性,这里是事实本身。

答—正是。

问—我开始明白你们的民事诉讼的运作了;我清楚地看到陪审团必定不断地犯严重的错误,无论在法律上还是在事实上,当涉及复杂的事实时。请向我说明目前有何纠正的办法?

答—纠正的办法存在于法官的权力之中,这种权力巨大而且专断,不过习俗和公共舆论规定了其界限,以致它难以被滥用。

在宾西法尼亚州,不存在你们确切地称为上诉判决[③](le jugements d'appel)的东西,也就是由撤销、修正或维持最初的法官判决的一个上级法院(une Cour Superieur)作出的判决。我们的上诉制度和你们的完全不同;我将逐步说明纠正陪审团制度导致的弊病的办法。

③ 托克维尔在页边空白处写道:不过当一个作为教会法庭的次级法庭宣布一个判决时,的确有时会出现上诉,以及一个如同我们所理解的对上诉的判决,但那是一种例外的情形。

主持普通诉讼(*common pleas*)的法官总是有权当场撤销陪审团的判决并将它退回去重新审议。这是抽象的原则;可是人们知道判决包括法律部分和事实部分。在实践中必须作一个区分。法官要撤销一个在事实上不公正的判决,这不公正必须是非常明显的,如果不是这样,法官就让自己背负了一个巨大的道德责任。因为,尽管英国人对于陪审团在事实方面的判决不像法国人那样怀着迷信般的敬意,但他们认为在原则上应当只在最极端的情况下才改动它。如果相反地,法官认为陪审员在法律方面犯了错,那么撤销判决几乎就是他的一种义务,而且他事实上经常撤销它。

因而您看到,无论事情表面上看来如何,在你们那儿和在我们这儿一样是法官决定法律问题,而且它甚至还对事实问题的判决施加着一种影响。那是防止陪审团的无能的第一个保障。这里是第二个保障,它同时防止陪审团和法官的无能。这就是人们所说的上级法院为
303 推翻错误原判而发出的再审令,或者作一个新判决的要求。

这个要求可以通过两种方式提出:

1. 它由败诉者向已经作出宣判的普通诉讼法庭(*la Cour des Common Pleas*)庭长所属的同一个次级法庭的法官们提出。

败诉者向这个被召集起来的法庭陈述陪审团的判决违反了法律或造成了不公正。他提出了新的理由,提供了新的证据,重新说明了这个案件。已经作过判决的那位法官和他的同事们一起出席并和他们一样对这一上诉作出裁决。

如果这个法庭认为陪审团制造了一个明显的不公正,或者如果它认为陪审团在法律问题上犯了错误,无论陪审团是听从了或是背离了法官的指导,它都会撤销那个判决,不过它自己不作判决,而是把这个案子送交到同样的法官和另一个陪审团面前。

如果陪审团坚持原判,可以向召集起来的法庭提出一次新的上诉,后者可以再给予一次新的审讯,从理论上说,这可以没完没了地进行下去,不过在实践中,似乎在经过第二次尝试后,普通诉讼法庭会最终让步。

2. 以上就是向败诉者开放的一种上诉手段。不过他如果不向次级法庭的法官提出上诉，他可以（我认为这任其选择）向上级法院的法官提出，他们接手这个案子后，用与次级法官同样的方式行事，并且和后者一样，如果撤销了判决，就把案子送交到由另一个陪审团协助的同样的法官面前。

您看到，真正说来，我们这儿不存在两个层级，而存在着某种意义上的法官对自己的上诉（un appel du juge a lui-meme）。我们的上级法院不是为了纠正次级法官的判决，而是为了判决一些更重要的案件；它与其说在层级地位上有优势，不如说在知识上有优势。

问—您是否意识到你们的法官的权力是巨大的？它比我们在法国授予法官的权力大得多。

答—是的，他们的权力是巨大的，但他们的责任并不更少。在法国，法官是不可罢免的；在这里，他们总是会因为不良行为（*bad behavior*）而被撤职。在一个法律体系里，一切都相互关联。

问—可是你们如何理解不良行为？法官是否必须犯某种罪行或一种法律预见到的不法行为；或者它可以是关涉到无能力，不公正，偏见，玩忽职守，总之是一切人们可以责备一个法官但法律却无法也不愿界定的不足之处［*défauts*，而不是不法行为（*délits*）］？ 304

答—不良行为这个词的涵义没有得到界定。尽管它被先例和公共舆论限制在特定的范围内，它只是被理解为与职业相关的行为，不过这些行为可以有许多种类。

问—但是你们不担心这么一来法官会渐渐受制于政治舆论而且他们将丧失他们所特有的中立和坚定不移的个性？

答—我不知道将来会怎样，但到目前为止，这些缺陷还没有被感觉到。把制约法官的力量放在你想放的地方，为了公共的福利，它总是应当被放在某个地方。法官的完全独立在我看来似乎是一个危险的原则。

问—至今为止我们一直在谈论与民事陪审制度相关的细节；现在让我们从一个总体的视角来看待陪审制度。告诉我您对它有何看法？

答—在对每个案件作出正确判决这个方面，我认为陪审制度的优越性似乎是可争议的[4]，尽管在这个方面我还是倾向于认为它比常设法庭更好。我认为对于州来说，通过陪审团来裁判比其他方式花费更大。不过我在陪审制度中发现了一些任何其他制度都无法提供的巨大好处：

1. 它使正义(la justice)受到尊重：人们不仅不能腐蚀陪审团，他们甚至不能疑心它会被腐蚀。判决因而受到很大程度的尊重。

2. 陪审团赋予人们一种讲求实际公正的重要习惯。每个人在判决时都会想到，有一天也会轮到他被判决并且处于完全相似的处境中。

3. 它与摧毁社会的个人的自私自利作斗争并且教人们关注他们自身的事务以外的其他事务，承担一种责任，在公共事务中发挥作用。

4. 它令人难以置信地有助于培养民众的判断力并增长他们的见识；在我看来，那是它最大的好处；陪审团是一个学校，民众到这里来学习他们的权利，和上层阶级最有才学最开明的成员交往，在这里最有才智的人以一种实践的方式把法律教授给民众并使得法律能为民
305 众的才智所理解。在这一方面，我认为民事陪审团比刑事陪审团更重要[5]；也许它对一个民族的政治的影响更不直接，但却更强有力。

在陪审团确立起来的地方，即使是在民事方面，专制也是行不通的。

---

[4] 托克维尔在页边空白处写道：见《联邦党人文集》第356至367页，汉密尔顿关于陪审团制度的一个十分有趣的看法。参阅《联邦党人文集》，Everyman版本，第423页及其下。

[5] 托克维尔在页边空白处写道：

我把刑事陪审团视为抵御暴政的最强有力的保障，而且尤其因为这一点我才赞赏陪审团在民事上的运用。我是这样推演我的观点的：当法律没有得到民情的支持时，它总是不稳固的。民情是一个民族当中惟一坚固和持久的力量。

因而，正是通过涉入民事问题，陪审团才成为一个时刻在运行的制度，它触及所有的利益而且每个人都不断地运用它，正是通过涉入这些问题，陪审团制度才真正渗入人们的习惯，使人们的头脑适应它的形式，并且最终和整个正义(justice)观念融为一体。

一旦陪审团制度以这种方式进入民情，人们就不再能把它从刑事方面的法律中去除掉。参阅《民主在美国》(*Oeuvres Complètes*, ed. J. P. Mayer. T. 1)第一卷第282页及其下。

问—可是您认为它能够在一个长期以来并不习惯于这一制度的民族确立起来么?

答—是的,通过让陪审团逐步地裁决那些与法律问题相分离的事实问题,而且从那些与刑事方面的事实最相似的民事方面的事实开始。

与费城的刑事法院法官⑥(*Mr. le Recorder*),一位极其聪明能干的年轻人的谈话。

问—你们的陪审团由谁组成?

答—必须区分成为陪审员的权利和对这一权利的运用。宾西法尼亚州所有年满21岁的纳税公民都可以成为陪审员。不过,事实上,只有大约三分之二的人担任这一职务。

每年估税人(确定税收的人)制订一份他们认为有能力担当这一社会责任的人的名单。他们排除那些众人皆知的无能力或没资格的人并把其他人的名字放入一个盒子里,从那里抽出48个名字给每个用于每次审判。

问—估税人的这种挑选是专断的吗?

答—是的。

问—人们有时会上诉反对他们的决定吗?

答—不会。当陪审员是一项人们乐于逃避的责任,此外估税人每年更换而且是选举出来的,这为他不轻率从事提供了一个重要保证, 306
并使得他的决定更容易被接受。

问—陪审员有薪酬吗?

答—有,刑事的和民事的一样。除旅费之外,他们每天得到1美元。这笔津贴由州支付,从来不由党派支付。它几乎总是不足以抵偿差旅和时间的浪费造成的费用。

问—陪审员从多远的地方前来出席审讯?

答—最多8至10英里。

⑥ 费城的司法官吏(Officier de justice),由1691年宪章设立,位于市长的权威之下(sous l'autorite du maire)。

我这时向这位刑事法院法官解释了这些事在法国是如何运作的；我的介绍似乎令他十分惊讶；他强调说付给陪审员薪酬是必要的，并补充说由陪审团来审判可能比其他方式更昂贵。

问—可是您认为它在实践中真的有用么？

答—总的说来是的。由陪审团来审判使得司法受到尊重；它赋予民众关于法律的实践知识，辩论和听取辩论的可贵习惯。不过我认为可以大力改进陪审制度。可以把法律问题完全交给法官。复杂的事实问题，如那些有赖于审查文件的问题，也可以不再由陪审团裁决。

问—您认为陪审团可以被引进一个没有陪审团的民族的民事立法中来吗？

答—是的，经过一些修正，仔细地挑选并限定在那些我认为陪审员比法官更能正确决断的简单的事实问题。

问—在刑事问题上，法官不是对陪审团的决定有重要影响吗？

答—是的，当他懂得巧妙应对时。有一些法官似乎将有罪判决当成他们的事并指责被告。他们不成功。一个精明的法官如果想要引导陪审团，应当让自己表现得完全不偏不倚，这是人们希望他做的，因为陪审团经常犯一些严重的错误。

费城，1831 年 11 月 13 日

今天，我参加了州法院(la Cour des Etats)的一场审讯：人们审讯一个制造了美国银行的假币的男子。

被告方的其中一个理由是，被告这么做只是为了发现真正的假币制造者。查尔斯·米切尔(Charles Mitchell 这是他的名字)过去曾是
307 囚犯；他长期由警察局支付报酬去秘密地调查犯罪行为；尽管这一次他并没有被付给报酬，他想要服务的仍然是警察局；这是律师的说法，而我由此得到的最明确的印象就是在美国有一个秘密的警察机关。

首席检察官达拉斯(Dallas)先生[7]向我们出示了这个案件的所有

⑦ 参阅皮尔逊，前引书，第 528 页。

证据；它们包括1.被查获的假币；2.间接证据；3.证人的名单。

没有讯问(l'interrogatoire)，没有书面审查(audition ecrite)，专家作为证人其陈述在法庭上被听取。

同上。费城市市长理查兹(Richards)先生[⑧]今天对我们说，有一些法官倾向于作有罪判决，但通常他们表现得不偏不倚甚至温和地对待被告，并对陪审团施加着重要影响。首席检察官们就不总是如此了。

使法官们对刑事陪审团产生如此巨大影响的，是他们必然经常对民事陪审团施加的巨大影响：重要。

法官归根到底在民事诉讼案中是法律问题的主宰。那么，为什么不区分这些问题呢？为什么不给予他诉讼案件的法律部分公开的指导权呢？我看到两个恰当的理由：1.让陪审团宣布判决是有好处的；它对公共舆论有着更多的影响力；2.几乎不可能总是明确地区分事实问题与法律问题，我们自己在刑事问题上也发现了这一点(除了最简单的案子以外)。事物的本性经常使它们之间有着一种不可解除的关联。

此外，除了合理的原因，在这个问题上英国诉讼法(la procedure anglaise)之所以存在的最有力的理由，在于它是在一个可以说是没有法律问题要解决的时期得以确立的。

陪 审 团

波士顿，1831年9月30日

我从刚刚和柯立芝(Coolidge)先生[⑨]进行的一场谈话中得知，在这里陪审团由所有在选举中投票的人组成；如今，取得选举权的财产 308

⑧ 参阅皮尔逊，同上，第535页。

⑨ 见不按字母顺序排列的笔记本2，第96至97页。参阅皮尔逊，前引书，第366页。

资格是如此之低，以致可以说所有人都可能成为陪审员。

问—您觉察到陪审员像这样从所有阶级中选出有什么弊病吗？

答—没有。不过我们的民族是这个世界上最开明的。

问—当陪审员是一种沉重的负担吗？

答—不。人们很久才当一次陪审员。

问—你们轻易地听从召唤吗？

答—是的。不过人们把参加陪审团视为一种十分令人不快的事情。

问—陪审员有津贴吗？

答—是的；他们有一笔微薄的津贴。

问—您认为全体一致的原则好吗？

答—我还没预备好如何回答这个问题；不过我倾向于认为它是不好的，让我这么认为的原因是，陪审员经常无法达成一致，因而必须召集其他的陪审团。

注：从这场谈话中得出两个十分重要的事实：

首先，陪审员的人数是庞大的；

其次，他们的职务不是无报酬的。

与杜蓬索先生[10]的谈话，杜蓬索先生是一位在美国定居了50年的法国人，他在这里从事法律工作。

他—对于某些诉讼而言，我认为陪审团似乎是一种出色的制度。例如那些关涉到确定损害赔偿或弄清一个党派的舞弊行为的诉讼。此时陪审团不像法官们那样通过人为的和缺乏事实根据的推理行事，而是遵从诚实的天性，更经常找出了舞弊者。

至于所有其他诉讼，民事陪审团的用处在我本人看来是可疑的。

英国法律只知道两种行动的手段：监禁和担保；它们遭到了可怕的滥用。

---

⑩ 托克维尔于10月12日与杜蓬索先生会面。见便携笔记本3，第182页。参阅皮尔逊，前引书，第474页。

1831 年 10 月 14 日

我刚从这本名为《乡镇官员》[11]（*Town-Officer*）的书里找到下列关于新英格兰陪审团的细节。 309

陪审员每三年由乡镇管理委员会成员选出。

为了选举全国性的代表，必须 70 岁以下并且有投票权。

以下人员被豁免当陪审员：州长，副州长，法官，普通法法庭的法律职员，联邦政府各部门的部长和财务员，信贷员，税务官员，遗嘱认证的鉴定人和登记员，契据的登记员，固定的新教牧师（settled Ministers of the Gospel），任何一所学院的工作人员，联合学院的教师（Preceptors of incorporated Academies），内科医生和外科医生，联合银行（incorporated banks）的出纳员，县治安官及其副手，市执法官（marshals）及其副手，法律顾问和律师，地方刑事法院的法官，警察[12]（constables）。

没有人可以在三年内担任陪审员一次以上。

陪审员每天领到 1 美元 25 美分，来回每英里领到 6 美分。

那些因疏忽未出席陪审团的人被法庭科以一笔不可超过 20 美元的罚金。

注：我看到人们召集一些陪审员去确认洪水造成的损失，糟糕的路况带来的损失，有害的设施（objectionable establishment）带来的损失。

与波士顿一位出色的律师柯蒂斯（Curtis）先生[13]关于民事立法的谈话，1831 年 9 月 27 日。

问—我过去经常收集一些与民法的相关问题有关的资料；不过由

---

⑪ 页边空白处：第 200 页。托克维尔提及的这本书是《乡镇官员或马萨诸塞州的法律》，艾萨克·古德温著，伍斯特，1829 年。又见便携笔记本 3，第 183 页。

⑫ 参阅便携笔记本，第 201 页。

⑬ 参阅皮尔逊，前引书，第 385 页。

于这些知识不是有系统地获得的，它们在我的头脑里造成了混乱。这一次，如果您允许，让我们根据观念的顺序进行探讨。

当一个人想要对另一个人提起诉讼时，诉讼程序的第一个行为是什么？

答—在每个县有一位名为县治安官(*Shériff*)的官员。县治安官
310 是民事权力的代理人和民事判决的执行人。

当一个人想要对另一个人提起诉讼时，他去找这位官员。县治安官下令传唤其对手(adversaire)。

在新英格兰，所有自称是债权人并为了追回债款提起诉讼的人都有权让人监禁其对手或强迫他交纳保证金。在联邦的其他州，为了能够让人监禁其对手(在他未交纳保证金的情况下)，他必须起誓证明这笔债务的真实性。这里并非如此；债权人，甚至没有履行这一程序，也可以让县治安官采取行动并让人监禁其债务人。

在传唤被告的那一天，被告或其律师来到法庭面前，如果他没有准备好，则要求延期⑭。

问—我现在明白到达一个法庭面前的步骤是什么了。现在告诉我人们可以去什么样的法庭⑮。

答—1. 当涉案金额少于20美元(100英镑)时，人们向治安法官提起诉讼，他在没有陪审团干预的情况下宣判。

2. 当涉及继承问题时，例如当一个继承人提起诉讼或者一个受遗赠人想要行使他的权利时，他向一位法官(遗嘱鉴定人/the judge of probate)求助。这位遗嘱鉴定人同时具备行政的和司法的职能。他只有在继承人和受遗赠人把动产的保证金交到他手中时才允许他们领取他们的份额。

---

⑭ 页边空白处的注：他可以要求证据么？

⑮ 页边空白处：首先由谁决定管辖权(compétence)的归属？
答—原告支付管辖权，承担风险。
问—每个法官都有权宣称无管辖权吗？
答—是的。不过诉讼的当事人可以对他的无管辖权判决提出上诉。
这些对话似乎没法和正文准确地连接在一起，可以认为这是抄写人的一个笔误。

当出现一个与继承相关的诉讼时，他没有陪审团的帮助自行裁决。不过诉讼人可以向上级法院上诉。

3. 第三个人们可以向它提起诉讼的一审法庭是普通诉讼法庭(la Cour de Common pleas)。可以说这是常设的法庭，所有其他法庭都是在例外的情形下设立的。

普通诉讼法庭由一位法官和12位陪审员组成；它每年开庭4次；这就是人们所说的开庭期。 311

它的审判权扩及所有与地产的边界有关的诉讼以及所有可以归结为损害赔偿问题的诉讼。

这些诉讼在这个法庭面前是这样进行的：这一方和另一方的律师出示一些书面的和口头的证据。他们进行辩护[16]。庭长作总结；他向陪审员说明法律问题并确定事实问题。陪审团撤到他们的房间里，随后宣布一个同时裁决事实问题与法律问题的判决。不过这个判决是可分的。与事实相关的部分是不可更改的(除非在一个上级法庭面前)；与法律相关的部分可以被法官当场撤销或者更迟些由他撤销，如果诉讼当事人抗议并证明法律受到了违犯[17]。

此外，由于一个判决从来不会成为先例，如果诉讼当事人不抗议，法官就让判决生效，即使它与法律相违背(决定一个问题是事实问题还是法律问题的是法官)。

陪审员从来不负责解释一条法律(acte)。

在陪审团面前，不可以审问诉讼的对方当事人(interroger sa partie adverse)。只有大法官法庭有权这样审问。

我最近见到一个诉讼在同样的陪审员面前接连持续了9天。不过这样的事很罕见。

4. 第四个也是最后一个一审法庭是大法官法庭(la Cour de Chancellerie)。

---

[16] 托克维尔在页边空白处的注：证人的证据在各种诉讼中都被采纳，除了四五种法律预见到的情况；这是总的原则。

[17] 页边空白处：那么是否应当只裁决法律问题？

大法官法庭是一项英国的制度。我们只是在30年前才把它引进马萨诸塞州；它拥有的权限仍然比在英国和美国其他州更有限。我们没有大法官。在把它引进到这里之前，人们通过把它的部分权限授予其他法庭来代替它。

我认为当陪审团被运用于民事诉讼时，大法官法庭是一项必需的制度。

它的管辖权有两种：

1. 它临时裁决所有紧急的案件；纠纷和暴力行为；它迅速地按快速简易的程序裁决；按规定它没有开庭期，但整年开庭。

2. 它裁决所有涉及良心的，所有诉讼当事人的诚实受到质疑的，
312 所有不能简化为偿付一笔钱，因而必定会导致判决执行困难而且有争议的诉讼。

对于一个外国人而言，我们的法律最难懂的部分是大法官法庭的管辖权。它与其说是由一些确定的规则，还不如说是由一些微妙之处(nuances)来决定的，要弄明白它必须具备实践赋予人的敏感。

在马萨诸塞州，人们总是可以自由地向普通诉讼法庭提起诉讼，甚至当这个诉讼依照其性质应当被提交给大法官法庭时，只要人们把它简化为一个损害赔偿问题。

感想[18]。

在我看来，以下似乎就是从先前的这场谈话中得出的最明确的想法：

显然，整个英国的法律，以及由此美国的法律，是一个由各部分在不同时期添加而成的古老架构，人们既不应在其中寻找新的观念，也不应在其中寻找原则的推演，或有系统的秩序。

到目前为止，在我看来似乎能确定的是，起初陪审团的裁决被应用于一切诉讼。这实际上是我们的祖先日耳曼人惟一的司法准则；不

---

[18] 关于陪审团，见按字母排序的笔记B的“陪审团”一词，第243至244页。参《民主在美国》(*Oeuvres Complètes*, ed. J.P. Mayer. T.1)，第一卷，第282页及其下。

过这种司法形式只有在一个处于童年时期而且所有诉讼都建立在事实判断的基础之上的社会中才可能存在。

随着欧洲社会的文明化,人们越来越感到难以局限于运用陪审团裁决诉讼。在欧洲大陆,尤其是在法国,一种新的状况的好处总是比旧的状况的好处更加打动人心,人们让陪审团消逝以便建立常设法庭。

在英国,正好相反,人们的精神发展得更为缓慢,对逻辑性的需求不像在我们这儿一样引起人们的关注,人们更多地受到日常事实的指引并由于担心一场全面的变革而止步不前,在英国,人们不是摧毁陪审团,而是做了一些难以形容的努力来为它在法律中保留一席之地。

每一个世纪,当社会状况出现了新的进展,让陪审团裁决这样那样类型的诉讼案件(tel ordre-d'affaires)就显得越发不可能了。伴随着这些困难的显现,人们想出了一些新的办法来与它们作斗争。

就这样,诉讼案件的增多(它们随着社会变得更加开明和富裕而相应地增多)让人们感到不可能用陪审团来裁决一切诉讼。人们于是 313
规定了一个最低限度(minimum),在它之下的案件不由陪审团裁决。

当立法变得更加完善时,人们感到应当有一个常设法庭在诉讼当事人之间做居间调停并且防止他们在等候判决期间做出一些损害他们权利的事;设立这样一个法庭是必要的。

当人们开始更加明确地区别诉讼涉及的利益时,他们感到把所有诉讼都归结为损害赔偿问题只是提供了一半的正义,而且另一方面,人们感到自从法庭下令执行起,可能会存在关于它的判决理由的争议,执行这样一个判决的困难只有通过向作出判决的法官求助才能解决。然而陪审团是一个被选出来处理这个诉讼的法官并且在作出宣判后就消失了。不过人们并没有抛弃陪审团制度,而是在它的旁边设立了一个法庭来裁决这些类型的诉讼。

最后,甚至在那些只涉及金钱问题的诉讼中,人们也感到,随着法律变得更加复杂,事实与法律不断地掺杂在一起,很难把它们分开。人们仍然没有放弃维持陪审团的希望,但他们让陪审团的判决变成了可分的。法官仍然决定法律问题和文件的解释；陪审团不是在表面上，而是在实际上专注于事实问题。

314 [19]由这一切可以得出结论，民事陪审团在本质上是适应一个新生社会的需求而不是适应一个开明且完善的法律体系的需求的一种制度。英国的法律表明，陪审团几乎不可能完全适应一种先进的社会状况并让人非常怀疑陪审团被维持在现有的状况是否有益于司法(justice)；不过它的政治用处是巨大的而且人们恰恰应当从这个视角去考察它。

与柯蒂斯先生的谈话续篇：

问—您不认为你们的诉讼程序的许多部分是可以简化的么，您能否为所有那些指导你们的准则(les regles)给出一个令人满意的理由？

答—不。我们的法律是依次地构建起来的。我们的祖先把它遗留给了我们。习惯使我们理解它的精神并熟悉它的实践。但是像我们所做的那样把它应用于另一个民族是不可能的。人们在它那里找不到逻辑的推演。

问—您认为陪审团在民事诉讼上终究是有用处的么？

答—就我这方面来说，而且许多人和我看法一致，我认为在几乎所有的诉讼中，甚至当涉及事实问题时，法官也比陪审员提供了更多

---

[19] 托克维尔在从“由这一切可以得出结论”开始的段落对面的页边空白处作的长注：

此外，如果陪审团不存在，我不相信人们会放心地把解释法律的合宪性的权利(droit)交给一个常设的司法组织。

如今，法官的这一权力(pouvoir)是纠正民主的弊病的最重要的手段之一。

构成一个完全独立(à part)的团体的法官或者对于自由是危险的，或者会很快失去权力。

它(陪审团)给许多人带来讨论和参与公共事务的习惯。

它教这个民族参与公共事务并把社会的事务看成他们自己的事务。

它赋予司法一种强大的外在力量，它防止法官成为一个脱离人民的团体并且在政治问题上赋予它一种巨大的几乎总是有益的力量。

由于它在民事上如同在刑事上一样得到了确立，它是如此地支配了人们的习惯并且如此地深入人们的观念和民情，以至于在刑事上废除它成为了不可能。如今，人们无法设想一个陪审团得以牢固确立的民族不是一个自由民族。

能力上的保证。

然而民众甚至在民事诉讼中也令人吃惊地看重陪审团的判决，我们要废除它是完全不可能的。

普通法。

英国的习惯法[20]。

与习惯法相关的问题，它的好处，它的弊端，它的影响是一个有待探讨的大问题。我在此只想先谈一些看法。

英国的习惯法从来不像我们的某些惯例那样是成文的；确切地说它是关于过去的知识，是关于先例的知识。英国的习惯法中有范例而无法律。

随着时间的演进，过去的范例变得更多了；用来证实它们的材料和文献也增多了。肯特的《评论》第一卷第441页表示目前要建成一个法学家的图书室，需要不少于648册的藏书。 315

应当区分被习惯法置于一种恒久的不确定（从理论上说）中的法律部分与习惯法所创立并成为真正的法律的司法制度和保守的原则，诸如陪审团，证人之间的对质……

这样一种提供正义的方式对于那些习惯于法典编撰的民族来说似乎是完全不开化的。

不过我几乎相信，在一个同等开明的民族手中，这两种法律制度大致会得出同样的结果。

我认为人们对判例（la jurisprudence）的尊重随着成文法的减少而相应地增加。

法律体系（législation/legal system）的模棱两可是一个如此明显并且被如此普遍地感受到的社会弊病，以至于在没有法律（loi）的地方，一种保存的本能使法官们倚重先例并战胜了他们心中想要通过革新行使权力的渴望。因此，就所有那些法院的判例有无数次机会发表

[20] 页边空白处托克维尔注：12月31日。在密西西比河畔。这些笔记中的想法是不连贯的而且理解得不透彻，但它包含了许多可以为我所用的东西。

意见的重大法律原则而言，法官发现自己实际上受到了约束，不是在理论上，而是在实践上；他甚至没想过要背离已经被开辟并被走过如此多次的道路；只有在那些不常见的问题上，那些不重要的场合以及新的诉讼案件中，讨论才是开放式的，法官才会自认为是拥有自己独特见解的决策者。

真是咄咄怪事！在这个法官们有权拒绝援用他们认为违宪的州法律的国家，他们竟然在最微不足道的诉讼案中受制于他们先辈的意见并且让他们的理性屈从于另一个人的理性。习惯法看上去似乎通过将法官提升到近乎立法者的地位上从而增加了法官的重要性。然而，事实上习惯法是再次降低了他们的地位：在习惯法中，法官遵从他的先辈；在成文法中，他遵从法律。

这样的事岂非几乎就发生在那些有着最好的法典的民族？最精明的立法者能预见到所有的情况么，他除了确立一些在应用中会不断引发诉讼的总体原则之外还做什么别的事？

无疑在习惯法中比在一部成文法中有着更多的模糊地带；但是被一部法典置于疑问之中的案件，比那些在习惯法中出现的案件更难以
316 裁决，而且处理得更慢，因为在有一部成文法的地方，判例（la jurisprudence）拥有的权力更小。因而这两种法律制度在那些开明的民族手中几乎是相平衡的。

不过习惯法的支持者们走得更远，他们坚持认为应当偏爱习惯法。这在我看来是站不住脚的。

诞生于蒙昧时代，在不同的时期由不同的人加以增补的习惯法，不可能像出自一个议会或一个人的劳作并产生于一个健全的时代（un siécle sain）的成文法那样，呈现为一个如此完整、如此合理和如此连贯的整体。

习惯法的所有或者说几乎所有好处都是和成文法共有的，而成文法在此之外还有一些它独有的好处。

它最大的好处是使法律的重要部分和总体原则向一切人开放。在习惯法中，只有法律专家才知道什么是被允许或被禁止的。

第二个好处是对于一个法律专家来说它是一部合理的、确定的和不变动的法律，研究它所花费的时间更少并且记忆起来更为方便。

习惯法在一个不开明的民族手中是一个危险的武器。

人们可以说习惯法是一个由结果产生的原因，是一部由判决产生的法律，而不是充当判决的基础。因此如果构成司法团体的人素质低劣，如果没有一个开明的公共舆论不断地监督它，法律可能陷入一种几乎完全野蛮的状况。

我在习惯法中看到对于君主制，尤其是对绝对君主制而言的一个特殊的和有限的好处，那就是让民众暗中参与法律的构建。在习惯法中，法官几乎可以说是立法者，尤其是在新的诉讼案件中。

不过，法官是生活在他的时代的一个人，公共舆论包围着他，他与他的同时代人对于这个时代的国民的需求有着共同的感受。

如果这位法官不断地在陪审团在场时工作，这一点就更真实了；因而他经常不知不觉地把他的观念和他同时代人的观念加到判决中，也就是说加到法律中。在他的手里，法律经受了一些不可避免的变动，这使他成为舆论和每个时代的需求的阐释者。不过习惯法的这一好处在那些人民参与制订法律的国家不被人们所感知。那里无须走迂回路线。

应当把习惯法不同于成文法的独立个性归功于习惯法的这种灵 317
活性以及它的封建起源。

人们相当普遍地认为罗马法比习惯法更完整，更少受束缚，更有远见，更精巧，但有人坚持认为，而且不无道理，后者处处显出一种对政治权利的尊重，一种罗马法所完全不知道的自由精神。这适用于罗马法，但不能充当一般地反对成文法的论据。肯特在《评论》第一卷第507页用这些话表达了这一思想："罗马法的价值并非体现在涉及政府与民众的关系的问题上，或是在刑事案件中有关人身担保(personal security)的条款上。在每个与公民自由和政治自由相关的事情上，它都无法和英国及美国的普通法的自由精神相比。但是在与私人权利和个人契约，以及由它们衍生出的义务相关的问题上，没有哪一种法律体系的原则得到更合理的考察,或是宣称和实施了更精确和更不偏不倚的公正。"

诞生于野蛮人当中的习惯法,正如见证了其诞生的文明一样是不完善的,不过它呼吸着它开始兴盛的那些时代的独立精神。它在今天是否比成文法更为可取这个问题,在我看来答案无疑是否定的。但它在欧洲大陆被废弃是一个巨大的不幸。我认为相反地,它在英国的保留大大地有助于维持自由的思想和原则并且以这种方式间接地有利于文明在这个岛屿上的进步,尽管它并不完善,而此时大陆引进的更完善,更精巧,更文明的成文法,如果可以这么认为的话,却帮助欧洲确立了专制,并由此损害了它看上去在支持的文明的事业。

318 在英国保留习惯法除了带来政治上的后果以外,我相信习惯法的存在还特别有助于赋予英国精神某种倾向。

它在这个民族创造了人们可以称之为先例精神的东西,即某种精神上的爱好,它使人们不是倾向于寻求他们自认为合理的东西,而是已经实践过的东西;不是正当的东西,而是古老的东西;不是普遍的理论,而是具体的事实。我一点也不怀疑习惯法的习惯(l'habitude)以及法学家和法官一向对讨论政治事务的参与,是贵族制度的一个强大助力,并且和它一起有力地促成了英国人养成对于其祖先业绩的迷信般的尊重,以及使他们区别于其他民族的对于革新的憎恶。

在法律和民情一样趋向于无限民主的美国,人们却仍然能发现习惯法赋予人类精神的这种倾向。人们在整个社会的安宁中看到了它,不过人们在法学家身上看到了它最明显的特征。美国的法学家是变革的敌人,是尊重先例的人;这完全不是法国的法学家的性格。对一切一概而论的癖好是我们的律师与众不同的地方;在美国的法律界人士身上,人们看不到一般的观念(idées générales)。

美国的法学家通常大力颂扬习惯法。他们竭尽全力反对法典的编撰,理由是这样的:

1. 如果进行法典的编撰,他们必须重新开始他们的研究。

2. 当法律能为民众所理解时,他们就失去了他们的一部分重要性。他们不再像埃及的祭司那样是一门秘术的惟一阐释者。

一些美国的著名人士，甚至在律师界之外的，也反对法典的编撰，波因塞特先生也在其中。E. 利文斯敦(Livingston)先生相反地十分赞成这件事。他今天直截了当地告诉我，那些持反对意见的律师们在这个问题上谋求私利。

事实上，不成文的宪法引发的争论往往比成文宪法更少。

证明一个先前的事实比了解立法者的意愿和成文法的精神更容易。

宪法比较 319

马萨诸塞 1779 年

立法权。

1. 两个分支机构，总称马萨诸塞总法院(General Court of Massachusetts)。

参议院。

由 40 位选举产生的任期一年的议员组成。

成为参议院选民的条件。

年满 21 岁，拥有 3 镑的收入或 60 镑资产(不动产)。

参议员由每个区(district)选出。

享有被选资格的条件。

1. 要想当选为参议员，必须“对一份联邦内的至少价值 300 镑的不动产享有权利，或者拥有至少价值 600 镑的个人财产(personal estate)，或者两者皆有并价值达到 600 镑。”

2. 是选区的居民；

3. 在共和国居住满5年。

众议院。

议员的人数与人口成比例并随之而变化。

成为选民的条件：同上。

享有被选资格的条件。

320 1. 在提名(nommer)他的地区居住过一年。

2. 对价值100镑的不动产或者价值200镑的任何可征税财产(ratable estate)拥有权利。

众议院的特殊(particuliers)权利。

1. 在参议院面前弹劾。

2. 投票表决补助金。

3. 得到往返的旅费。

行政权。

由谁任命？——选举参议员和众议员的选民。

任期多长？一年。

什么条件？1.在共和国居住7年；2.对价值1000镑的不动产享有权利；3.信奉基督教。

他的权限。

1. 他使议会休会。

2. 他是陆海军的统帅。

3. 他有权实行特赦(经他的顾问委员会的建议)，除非起诉是由众议院作出的。

4. 他任命司法官员，司法部长，副司法部长。

美国的公共检察署
(Ministere Public/Director of Public Prosecutions)

它的地位既低于又高于我们的检察署。

它的地位低:它在社会上没有这么高的地位;它在民事诉讼中显得不重要;检察官不担任终身职务;在某些州,他的薪酬取决于法官,在另一些州,取决于对被告的判决。

检察署的官员不是一个法官。他没有把整个社会置于他的监察之下。他不是刑事正义的守护人。刑事诉讼的启动无需他的配合;他完全没有指导它,仅仅在其中起间接的作用。司法警察(la police judiciaire)的职能被分散到几个人手中,而不是集中在他一人之手。 321

它的地位高:它在某些方面的权力几乎是无限的。一个民事诉讼的当事人(une partie civile/a private person)不能对它提起诉讼;在公诉中它是绝对的和不受监督的主宰。

如果它乐意,它可以不起诉,并通过宣称撤诉阻止陪审团宣判。

美国法律的这整个部分似乎是令人难以理解而且缺乏逻辑性的。这是一种任意专断和软弱无力的混合。我认为我们的检察署的构成更可取。

刑事诉讼程序

可以把它划分为三个行动或简要步骤(instruction sommaire/summary inquiries):

1. 到治安法官那里,以便得知是否需要发出传票并要求担保。
2. 到大陪审团那里,以便得知是否需要起诉。
3. 到小陪审团那里,以便得知是否要作有罪判决。

这三点是十分简要的。

当一名刑事被告人服罪时,不征求陪审团的意见;法庭有时听取证人的陈述以便知道如何量刑并宣判。

司法机构

1. 检察署由什么样的官吏组成?

2. 什么是它在理论上和实践上的职责范围?它是否需要被启动?

3. 它的职责是什么;它必须向谁负责?

4. 谁成为检察署的成员?

5. 它的社会地位如何?

5. 重复(bis)它具备政治职能吗?

6. 授予陪审团权力的理论是什么?它是否裁决事实与法律?

7. 所有的不法行为(délits)都由陪审团裁决吗?

8. 陪审团的决定可以被撤销吗?

9. 陪审员是否经常意见不一?

10. 如何在他们面前进行审讯?

11. 每个诉讼的平均时间是多少?

12. 陪审团在刑事诉讼中的构成是否不同于它在民事诉讼中的
322 构成?

13. 陪审员是否总是从远离他们住所的地方被选出并被长时间地留住?

14. 刑事审判(assizes)在哪里举行?

15. 它们由谁主持?

16. 庭长起的作用是什么?

民事方面(partie civile/civil side)

是否有一个治安法官?他的职责是什么?调解的任务。

刑事方面(parties criminelles/criminal sides)

对犯罪行为的调查:

1. 当一桩不法行为发生时,每个地方的人们向谁求助?

2. 谁有权做最初的侦讯？

3. 谁有权依法扣押被告？

4. 侦讯的手段是什么？进行搜查吗？是否讯问证人？

5. 谁把诉讼带到大陪审团面前？

6. 大陪审团依据什么进行裁决？

7. 诉讼程序的时限多长？它的延长或缩短是否要取决于某个人？如果要取决于检察署，那么它向谁负责？

8. 谁支付小陪审团的证人的薪酬？

9. 谁让判决执行？

马萨诸塞州的检察署

马萨诸塞州的检察署由两个部分构成：

1. 在每个县有一位地方检察官，他出席普通诉讼法庭（cour de common pleas），起诉最小的违法行为，在小的诉讼中以州的名义起诉。

2. 有一位首席检察官（*general attorney*），他听命于听审法庭（*la Cour d'Oyer and Terminer*），起诉重大罪行并指导涉及州的利益的重要诉讼。

在这两种官员之间不存在等级秩序；他们在各自的领域里是完全独立的（这似乎是英国检察署的构建思路）。由此造成的后果是在许多州，人们感到像这样增加检察署的分支机构是没有用处的。 323

例如在康涅狄格和俄亥俄州，就只有地方检察官。

辛辛那提，沃克[21]，1831 年 12 月 2 日

俄亥俄州的检察署

这里只有地方检察官，没有首席检察官。地方检察官由法官任

---

[21] 见与沃克先生的谈话，不按字母顺序排列的笔记本 3，第 124 至 125 页及第 128 至 131 页。参阅皮尔逊，前引书，第 554 页。

命，而且没有固定薪酬。每年由法官来确定他们应得的薪酬。辛辛那提的地方检察官的薪酬几乎从未高于500或600美元。检察署对法官的这种完全的依赖被人们视为一种严重的弊病。

不过，他的处境还比新英格兰的地方检察官的处境更可以忍受，在新英格兰，人们只按判决付给他一定数目的薪酬（我想是3美元！），当被告被宣判无罪时则一个子儿也不付给他。

在俄亥俄州，检察署按规定有权起诉所有种类的不法行为，也有权不起诉任何不法行为，而不会被迫面对一个民事当事人（partie civile）的起诉。通常他们按规定只起诉那些会被判处监禁的罪行。

它可以独自在大陪审团面前起诉。

在俄亥俄州，法官可以判处原告负担诉讼费用，但这是一种他们几乎从未行使的权力。

维尔（Ware）先生，马特（Marte）的
地方检察官，辛辛那提，12月4日。

达拉斯（Dallas）先生[22]。

出现重罪及其他时怎么办？

罪　　行

检察署中止一场诉讼的权利确切说来是什么？他遵循什么样的规则？那些没有继续进行的案子怎么样了？

Quid executent a mare committed.[23]

324

俄亥俄州的刑法和民法

俄亥俄州的刑法非常有特色。它值得认真考察。它是现存的刑

㉒ 参阅皮尔逊，前引书，第528页。

㉓ 引文有误，可能应当是："Quid exsequentur a mare commissum."，即"如何追寻一件被交托给大海的东西"。从上下文看，应当是指无法回去审理一个已被中止的诉讼。——英文版注

法中最温和的。然而，美国最高法院的法官马克·伊勒万(*Mac Ilvaine*)先生[24]却肯定地告诉我们，在它的统辖之下，犯罪行为没有增多(这一点有待证实)。

俄亥俄州的刑法对罪行的基本理解和我们的刑法完全不同。由此，被盗物品的价值和未遂行为造成的后果会改变刑罚的程度。

在我看来，它最主要的缺点是它不惩罚重犯(*récidive*)。这种状况的弊病已经在事实上最突出地表现出来；人们不断地看到同样的那些人由于一些微不足道的罪行重新出现在刑事法庭的被告席上，他们知道轻微的刑罚不会因为累犯而加重，这严重地损害了个人和社会的利益。在这个问题上，我们听到了普遍的不满。

俄亥俄州的刑法把与10岁以下的孩子发生的性行为视为强奸，即便孩子是自愿的(明智与合乎道德的法律)。

它惩罚通奸(*fornication*)，即一个未婚男子与一个未婚女子的同居行为，尽管他们两人都是自由的。这个法律在联邦的大多数州通行；尽管它混淆了恶习与罪行，违背上帝的罪与反社会的罪这些概念，但它却没有引起任何人的反感；它得到严肃的民情的支持，此外它还是美国人从他们的起源获得的长老会信徒的习惯的一个后果。在俄亥俄州，人们按规定可起诉通奸行为，但我认为这样的起诉是罕见的。

检察署按规定可以起诉通奸行为。

民事立法

在我看来俄亥俄州似乎比我们迄今为止参观过的联邦任何一个州都更完全地摆脱了英国的先例和记忆。

如此，它不仅废除了教会法庭和衡平法院的特殊裁判权，还一劳永逸地把这些法庭的所有权限给了普通诉讼法庭(*Courts of common pleas*)和高等法院(*superior court*)。 325

[24] 托克维尔在不按字母顺序排列的笔记本3，第132至134页记录了1831年12月9日与马克·伊勒万先生的谈话。参阅皮尔逊，前引书，第531页。

在宾西法尼亚州，由于没有采取这个看似如此简单和合理的步骤，司法陷入了不完善和模糊晦涩的弊病之中。大量有用的诉讼程序无法遵循，因为根据普通法，使用这些程序的权限属于一些已不复存在的特殊法庭。

在俄亥俄州，新的审判最多可以有两次。我今天参观了辛辛那提的普通诉讼法庭。在我们看来，陪审团似乎由最底层的民众组成。

俄亥俄州的律师

西部还没有法律学校。要成为律师，必须在律师事务所从业两年并通过一场由法官任命的委员会举行的考试。

1831 年 10 月 1 日给波士顿的沙利文(Sullivan)先生㉕的抄本：

1. 检察署由什么样的官吏组成？

2. 它的成员由谁选出？

3. 他们是由律师选出的吗？

4. 他们可否随意被解职？由谁？

5. 检察署的所有成员是否由一个中央权力指导？换句话说，首席检察官(*attorney general*)或副检察官(*solicitor general*)是否与地区检察官(*district general*)或者其他同类型的官员有联系？他们是否被视为后者在等级秩序中的上司并有权指导后者的行动？

6. 确切地说来检察署的职责是什么？

7. 这些职责经常与政治发生关联吗？

例如，检察署是否有权起诉那些拒绝或忘记履行它们的某些政治职责的乡镇(town)，地区(district)或县？

8. 检察署在舆论中占据什么样的位置？

陪　审　团

1. 确切地说大陪审团的职责是什么？它难道不是同时具有行政

㉕　见便携笔记本 3，第 179 页。参阅皮尔逊，前引书，第 405 页。

的，政治的和司法的职责吗？

2. 大陪审团和小陪审团由什么人组成？他们是如何被选出的？

3. 你们难道没有注意到从这个社会的下层阶级挑选陪审员会带来一些弊端吗？

4. 同样一些人是否经常成为陪审员？人们给他们什么样的津贴？他们每次得花多少时间履行陪审员的职责？

5. 人们履行这些职责是否不情愿？上层阶级是否力求逃避这些职责？

6. 你们难道不认为民事陪审团与其说具有司法上的效用不如说具有政治上的效用；换句话说，你们难道不认为民事诉讼案件由法官们单独裁决几乎总是同样好或者甚至更好？在这个问题上陪审团的好处岂不在于赋予判决更多的道义力量，在于使人民习惯于参与事务并引导他们把这个社会的事务看作他们自己的事务？

7. 你们在深思熟虑之后是否认为，陪审团必须意见一致这条规则真的有用？在实践中，人们如何能够遵循它？

法　官

1. 法官是可以被免职的，但是由谁并且是在什么情况下？法官是否经常被免职？

他们有时是否因为政治原因被免职？

2. 你们从来没有注意到赋予法官宣布法律违宪的权利有一些弊端吗？

3. 法官是否总是从律师中选出？他们是否深受信任？他们通常得到民众的喜爱么？

4. 他们不会有时候表现得过于迁就占支配地位的舆论么，甚至当他们一点也不赞成它时？

治安法官(juges de paix)

1. 一个治安法官的职责是什么？

2. 治安法官这一团体和在英国一样是一种公共机构吗？

你们的治安法官和英国的治安法官有何不同？

3. 他们由谁选出？由谁并在何种情况下被免职？

327 4. 人们通常从这个社会的哪个阶级中挑选他们？

5. 上层阶级是否乐意承担治安法官的职责？

在这些职责中岂非有一些令他们避而远之的烦人的争论？

6. 治安法官是否得到任何一种补偿？

总的问题

1. 我听说你们的刑事诉讼的效果至少和我们的一样好，也就是说你们那里未受到制裁的罪行也许比我们这里更少；您认为在这个方面获得一些真实可靠的资料是完全不可能的吗？是否有可能比如通过地区(district)的帮助知道是否有许多罪犯未被抓获，通过刑事法庭的法官助理知道起诉和宣判无罪的比例是多少？没有这些基本知识，我们是否无法尝试任何刑法方面的改革？

2. 刑事诉讼方面的付费制度是什么样的？

被告召集证人是否必须支付给他们薪酬？

当检察署召集证人时，他们的薪酬由谁支付？

当一桩罪行的受害者起诉另一个人时，他是否必须支付费用？

刑事诉讼的费用是否可观？

1831 年 10 月 10 日

纽约的刑事法院法官里克尔(*Riker*)先生[26]对我说："在宾西法尼亚州有一个原则，由刑事上被定罪的人支付费用。在我看来这是一条有益的原则，但我们没有采纳它。在我们那里，公认的原则是付出了人身自由的人不再欠正义的债。"

㉖ 参阅皮尔逊，前引书，第 535 页。

在康涅狄格州，没有严格意义上的州检察官(*state attorney*)，不过在每个县有一个官员履行州检察官的职责。

1831年10月13日

费城的法官考克斯(Coxe)先生[27]今天对我说："我十分赞成减轻刑罚；我相信并且在我的实践中注意到，一个较不严厉但确定的刑罚是一个比可怕的但因此也总是不确定的刑罚更强有力的约束。" 328

"不过另一方面，我确实反对一般地废除死刑；我认为死刑是必不可少的，为了让罪犯注意不逾越某种界限，为了阻止罪犯例如在盗窃之外又加上谋杀，而由于害怕被发现，他们必然会倾向于这么做。"

"因此我认为死刑应当在法律中被保留，不过应当仅仅在极端的情形下才用它。我总是看到执行死刑对公众造成一种坏的影响。"

"我有生以来只知道费城有4个人被处决(由于国家罪 *State crime*)。陪审员通常极其不情愿下死刑判决。他们会选择次一级的刑罚。"

注：在宾西法尼亚州的法律中，不存在介于死刑与仅仅12年监禁之间的刑罚(对于初犯罪行)。在我看来这是一种令人不满意的状况。累犯可处以终身监禁。

1831年10月16日

费城的律师及监狱协会的秘书巴克利(Barclay)先生[28]今天对我说：费城的所有人都有由陪审团裁决的权利；不过有某些无关紧要的罪行是由我们所说的市长法庭(mayor's court)来裁决，但人们总是可以将这个法庭的判决上诉到判决法庭(court of session)。它的设立只是为了有利于一些轻罪犯人并防止他们在开庭的间隔期间待在监狱里。

问—听审法庭(la Cour d'Oyer and Terminer)与季审法庭

[27] 参阅皮尔逊，前引书，第461页。
[28] 参阅皮尔逊，前引书，第459页。

(Quarterly Sessions)之间有何区别?

答—这是两个相互独立并处于相同级别的刑事法庭。听审法庭裁决最重大的案件。

他补充说:在大陪审团面前人们只听取原告证人的陈述。

问—在小陪审团面前,证人被付给薪酬吗?

329 答—是的,原告的证人;被告的证人没有。

问—当诉讼中的证人无法为他们的出席法庭提供保证金时,他们真的被投入监狱吗?

答—是的。我在我的从业生涯中见过这样一个不幸的案例。

一个年轻的爱尔兰女孩在费城的一场公共舞会中被谋杀了。她的两位目睹罪行发生又无法提供保证金的同伴被依法扣押。当罪行发生时,开庭期结束了;必须等候三个月;在三个月末时,这个案子被推迟了。就这样,这两个年轻女孩在监狱里待了六个多月,尽管人们并未指控她们犯了任何不法行为。

长期任首席检察官的考克斯先生对我说,在检察署的地位远不如在法国高的美国,人们却在一个方面赋予了它巨大的权力:撤诉的权力,甚至在大陪审团作出判决之后,由此使起诉中断;正如考克斯先生所说,这是比特赦大得多的一种权力。

在美国,检察署总是有决定性的发言权。有人指出这是不好的。

法官被任命直到他有了不良行为,也就是说一位法官要被停职,他本人必须被审判。这种类型的刑事诉讼的程序是这样的:要起诉法官的这个人向立法机构递交诉状。如果后者在听取其委员会的报告之后,认为有必要起诉,它就提出弹劾并任命一些特派员在作裁决的参议院面前继续这个案子。

不存在法律事先预见到的特殊的不法行为。与法官的权力相关的规定是美国的众多宪法中最有意思的事物之一。

检察署有权起诉所有类型的不法行为(在马里兰州)而无需别人来对此投诉。不过事实上,它只以这种方式起诉最严重的不法行为。此外,检察署在起诉中起的作用不如在法国那么大。当一桩罪行发生时,人们到治安法官面前起诉,后者独自颁发令状并讯问证人。一份扼要的会谈记录被送到判决法庭的法官助理那里;只是在这个时候检察署才开始发挥作用。它依据我刚才提及的那些文件拟订一份名为诉状的起诉书,并把起诉书递交给大陪审团。是它负责传唤原告的证人到大陪审团面前。 330

如果大陪审在起诉书上批文表示证据不足(brings a bill of ignoramus),它就让那个人获得了自由。如果大陪审团认定起诉成立(*a true bill*),检察署就让人把这个诉讼分派给刑事法庭,让人传唤原告的证人并在陪审团面前进行诉讼。

庭长对陪审团有巨大的影响力。不过,他经常滥用它。人们注意到在马里兰州和在法国一样,习惯于作裁决的人最终不再相信有人是无罪的,并把判刑定罪当成他们的职责。

但是,理论上庭长是一个不偏不倚的人,他应当只确认法律问题。至于事实方面,他不应影响陪审团的看法。不过庭长经常相反地为原告辩护。

在马里兰州,当大陪审团在起诉书上批文表示证据不足时,它的决定是不可更改的。这种正确无误性被赋予了两级陪审团。

当小陪审团宣判被告无罪时,不变的原则是没有上诉。

当它给被告定罪时,它的决定可以用两种方式加以改变:法官可以当场撤销判决,如果他完全确信被告是无辜的或者陪审团违犯了法律。如果他不这么做,被告可以得到一个再审令。那是一个向上级法院的上诉(这最后一点必须深入研究)。

在马里兰州,州长可以在判决前实行特赦。

威廉姆森(*Williamson*)先生[29],巴尔的摩,1831年11月3日

---

[29] 参阅皮尔逊,前引书,第528页。

监禁书(*Commitment*)是法官监禁一个人所用的文书。

人们可以用几项指控起诉一个人;也就是说,犯了六次微不足道的小偷小摸的人可以被判处20年监禁。

关于美国的司法程序的几个问题,尤其是关于民事陪审团

有一个中央的司法权力,我认为它存在于美国的最高法院。这个最高法院的权限确切地说是什么?我确信它和我们的最高法院(Cour
331 de cassation)没有任何共同之处,它不需要对那些自己作终审判决的个别州的司法进行监察,它只需要处理一些特殊的诉讼,例如可能在两个不同的州的公民之间出现的诉讼。不过,获得一些关于它的职权范围的确切知识是很重要的。

接下来必须考察每个州的司法组织,至少是那些最重要的州以及那些被认为显示出与最重要的州有显著不同的州。

在美国是否存在一种或是在名义上,或是在实际上与法国或英国的治安裁判相对应的机构?是否存在一些像治安法官那样被委任以调解之职的司法官吏?

是否存在好几个层级的司法权?这两个或几个层级的司法权是常设的还是仅仅在特殊情况下存在?

在个别的州里是否存在一种和我们的最高法院相类似的司法机关,也就是说它一点也不需要了解事实问题,而只需要知道是否有人违反或错误地应用法律?如果这个权威存在,那些可能向它提出的上诉是由诉讼的当事人为了他们的利益提出的吗?在这种情况下它们是否会被暂时中止(suspensif),或者它们只是为了法律的利益被提出?

陪审团的权力范围:

陪审团只审理某些诉讼,但决定它的权限的规则是什么?

这种权限是原则上的还是例外的,也就是说它是扩展到除了特殊的法律使其放弃的之外的一切诉讼,还是相反地,它局限于那些特殊的法律授予它审理权的诉讼?

陪审团的权限：

规定陪审团权限的是哪个司法机关？它是陪审团行使其职责时就在近旁的那个法庭吗，或者是一个独立的司法机关，其惟一的或至少主要的职权就是规定陪审团的权限？

是否设有这样一个司法机关，它拥有全部的司法权限而且所有的诉讼都应当被提交到它面前，除了它拒绝审理的特殊诉讼？或者像在法国一样，是由原告自己预先判断司法机关的权限并由自己承担一切风险把诉讼提交到他认为合适的司法机关？

陪审团是否完全被排斥在法律问题的审理之外？它没有（像在英 332
国一样，至少在刑事方面）权力作出一个全面判决（general verdict），即同时包括了事实与法律部分的判决？或者法官不能在某些情况下把这种权力授予陪审团？

至于事实方面，陪审团是否总是有能力裁决那些审理权通常被授予它的诉讼？

有一些判断起来简单且容易的诉讼的事实；此外还有一些事实判断起来复杂且艰难。

通常，那些完全具体的（*materiel*）事实属于第一类；例如涉及裁决财产的事实，暴力行为的事实，归还一笔钱或一笔动产的事实。

精神性的（*intellectuel*）事实通常更不容易判断得多。它们通常是给一个十分确定的具体事实定性时出现的问题，或者是对一个契约的条款进行解释时出现的问题：例如，拥有财产这一事实对一个人来说，是一种确定的权利或者仅仅是一种被允许的事？移交某一笔钱，某一笔动产是以出借的名义还是以捐赠的名义作出的？关于一次买卖或一次捐赠的条款的范围和结果的讨论。

如果陪审团没有例外地审理所有事实问题（总是在它被赋予裁决权的问题上），它怎么能评判一些需要超出它能力范围的知识和法律观念才能解决的问题呢？事实上，大部分精神性的诉讼事实与法律问题的关联如此密切以至于似乎不可能把他们分开。

而另一方面，如果陪审团被排斥在对某些事实问题的审理之外，尤其是那些被法律复杂化了的事实问题，这种排斥应依据什么准则呢？

在这方面是否有一些关于陪审团不能审理的问题的普遍原则及一些确定的范畴？

或者，相反地，是否有哪个司法机关被赋予自由裁量权，可以根据情况剥夺陪审团对一些它看起来没有能力解决的问题的审理权？

这最后一个假设似乎不大可能。老实说这种自由裁量权应用起来比那些普遍原则要简单和容易得多；但这会形成陪审团对法官的依赖，允许法官为了他们自己的利益将可以说是陪审团的权力占为己
333 有，让人难以置信美国的制度会为了任何一个常设权力机关的利益而把如此重要的人民的权利委托给它。

我刚才提出了一个有待解决的问题。

以下是另一个问题：

裁决当事人中哪一方有道理还不够，还必须决定执行判决的方式。

判决的执行：

这种执行方式是由法官规定的吗？

人们设想这么一来一切都会顺畅无阻地进行，然而法官发现自己掌握的权力可能比制度本来想赋予它的权力还更大。

看起来担心通过这种方式授予法官太大权力但另一方面又坦然承认决定判决的执行方式可能在许多情况下超出陪审团能力的英国人，以快刀斩乱麻的方式而不是以慢慢解开症结的方式解决了这个问题。

如果我相信一本关于英国司法部门的著作中提供的资料（Cotter先生[30]），在所有被提交给陪审团的诉讼中，所有契约的执行总是以损害赔偿的方式来解决，即按规定的数目赔偿一笔钱。

---

[30] 抄写人的错误：此处提及的书是查尔斯·Cottu的《论英国的刑事司法，兼论英国政府的精神》(*De l'administration de la justice criminelle en Angleterre et de l'esprit du gouvernement anglais*)，第二版，巴黎，1822年；参阅第124页及其下。

这是以有点高昂的代价来换取扩大陪审团权限的好处，因为这样一来，几乎所有违约行为都被合法化了。

实际上，有一些纯粹涉及个人的法律事实，其执行从来不可能直接由司法机关掌控。因此，如果一位作家承诺给一个体育馆馆长写一部音乐喜剧却拒绝这么做，他只能被判处损害赔偿金；这就是到处在进行并且总是在进行的事：*nemo potest precise legi ad factum*[31]，罗马法写道。

但是有大量其他被承诺了的行为，对它们的具体的和强制性的执行可能是而且每天都是由司法机关下令的。因此，如果一个人承诺要把他在乡间的房子卖给我，却拒绝把地契给我，判决会强迫他这么做，而且下令如果他不这么做，将强行出售房子。如果我的邻居曾许诺要做适当的工程以便让源自他地产上的水到达我的土地，判决会强迫他做这些工程，如果他不这么做，就授权让我执行判决并由他支付费用。 334

怎么！似乎在英国，无论在第一宗诉讼还是在第二宗诉讼里，我都只能得到一笔赔偿金，以替代判决认为他们的毁约给我造成的损失。

这在我看来总是意味着正义被否定了一半。因为我有可能从契约的实际执行中得到巨大的好处：人们强迫我接受的作为补偿的赔偿金可能根本无法补偿我遭受的损失，总之契约是有可能得到强制执行的，我要求这么做，我能从中得到好处；拒绝我的要求就是对我的不公正。这确实是英国司法制度的一个根本弊病。

另外我难以相信这种用损害赔偿来解决所有契约问题的做法像这位作者说的一样普遍和绝对。不过弄清楚美国在这方面怎么做是很重要的。

对陪审团的裁决的上诉：

陪审团的裁决是否会遭到上诉？在那些陪审团被要求裁决法律问题的诉讼中，上诉不会只限于法律问题吗？

---

[31] 引文不正确。无疑它应当是这句格言："Nemo praecise cogi potest ad factum"，意味"任何人都绝不应当被强迫行动"。

证人的权限：

证人的证词是否被采纳来证明所有的事实？这方面的禁令是否像在法国一样广泛和严格？

如果证人的证词在某些诉讼中是不被接受的，是否由法官来裁决这些诉讼？或者是由拥有审理权的陪审团来裁决？

在证人的证词被接受的诉讼中，最好是事实的仲裁者，无论他们是谁，法官或陪审员，仅仅根据他们的确信来裁决（像在法国一样）并且不被任何法律证据的束缚所妨碍。不过，必须查实这个原则是否不存在什么例外，尤其是在由法官裁决事实问题的诉讼当中。

最后这个问题甚至涉及一个国家的文明以及道德状况。对证人的证词的禁止表明证人的诚实遭到怀疑。法律证据制度的建立表明法官或陪审员的道德或知识遭到怀疑。

335 陪审团的构成：

陪审团是如何并根据什么原则构成的？是否需要一些纳税方面的条件或其他的对才能的保证？那些社会地位高的人们是否和在法国一样不情愿履行这些职责并以同样的借口寻求逃避这些职责？

对最后这些问题的考察可能甚至有助于了解陪审团的权限并解释它履行它的某些职责的或多或少的能力。

陪审团是随机组成的还是像在英国那样是由县治安官来选任的？

法官的人事安排的一般原则是什么？

我认为法官是由行政权力任命的，但他们是否从一个由民众挑选出的候选人名单上被任命？对他们的任命是终生的还是暂时的，在后一种情况下，任期有多长[32]？

---

[32] 这段话的后面是一封托克维尔于1831年11月15日写给Ryker先生的英文信的副本，它是这样开头的："先生，我们最近经过纽约……"这封信可见于法文版的《通信全集》。

12. 游奥奈达湖[①] 336

1831 年 7 月 8 日，当太阳升起时，我们离开了那个叫 Fort Brewerton 的小村庄，开始向东北方前进。

在离我们旅店老板的房子大约一英里半远的地方，出现了一条通向森林的小径；我们立刻取道这条小径。炎热开始让人不舒服起来。紧接着一个暴风雨之夜而来的是一个闷热的早晨。不久，我们发现自己避开了阳光，置身于新世界的一片幽暗森林之中，它那阴郁而原始的庄严攫住了我们的想象并使我们的灵魂被一种宗教的恐怖占据。

如何描绘这样一幅图景呢？在一片沼泽地上，上千条尚未被人类之手约束的溪流自由自在地流淌并消逝，大自然以一种令人难以置信的过度慷慨，乱七八糟地播撒了几乎所有植物的种子，这些植物匍匐在地里或生长在地上。

在我们的头顶伸展着一个由青翠的草木形成的穹顶。在这厚厚的帷幔下面和潮湿的森林深处，我们看见了一片巨大的混乱；一种乱糟糟的场景。各种年龄的树木，各种颜色的树叶，上千种草木，果实和

---

① 博蒙将《游奥奈达湖》出版在《未出版过的著作及通信集》的第一卷，随后又把它出版在《全集》第五卷(第 161 至 171 页)。托克维尔档案馆有一份由托克维尔夫人书写并由托克维尔本人改正过的副本。

这篇叙述的一份很短的梗概见便携笔记本 1，第 161 至 162 页。

337 花卉混杂和交织在一起。那里有一些不同年代的树木几个世纪以来没有中断地相继生长着，地上覆盖着它们的残骸。一些树看上去像是昨天刚刚倒下；另一些已经有一半深陷土中的树只剩下一个中空的没有厚度的表面，另一些最终化为尘土，充当它们最近长出的新枝的肥料。在它们中间有上千种不同的植物争相轮流挤钻出来。它们钻到这些一动不动的尸体之间，沿着它们的表面爬行，进入它们干枯的树皮底下，把它们的残骸的粉末扬起并使其消散。这像是一场死亡与生命之间的战斗。有时我们看到一棵巨大的被风连根拔起的树，可是森林里的草木是如此地拥挤，以至于经常的情形是，尽管这棵树很重，它却无法挤出来着地。它的干枯的枝桠仍然在空中摇摆着。

这寂静中透着一种庄严的缄默；这里只见得到很少的或是见不到有生命的造物，这里人迹罕至，然而并非荒芜之地。相反，这里大自然中的一切都显示出一种别处所没有的创造的力量；这里的一切都是活跃的，这里的空气似乎浸透着草木的气味。人们仿佛听见一个神秘的声音在揭示宇宙万物的活动并看见元气和生命力在永远开放的通道里循环往复着。

正是在这庄严的寂静和朦胧的亮光中，我们行进了几个小时，除了我们的马把堆积了好几个冬天的树叶踩踏在它的脚下，或是穿过覆盖着道路的干枯树枝费力地开辟一条通道时发出的声响，没有听见其他的声响。我们自己保持着静默；我们的灵魂被这个景象的庄严和新奇所吸引。最后我们听到了第一次斧斫声的回响，它宣示了远处有一个欧洲人。一些被砍倒的树木，一些被烧焦和变黑的树干，几株播种在上百种不同的乱七八糟的残骸混合物中间的对维持人类生命有用的作物，把我们一直带到了拓荒者的住处。在一块用斧头和火开辟出来的相当狭窄的空地中央，挺立着欧洲文明的先驱者简陋的住所。它像是一个沙漠中的绿洲。

和这里的居民交谈了一会儿之后，我们重新上路并于半小时之后来到一位渔民搭建在我们前去参观的那个湖畔的简陋小屋前。

奥奈达湖位于一些低矮的山丘之间和尚未有人砍伐的森林中央。

一圈稠密的树丛从四面围绕着它，湖水浸湿了那些倒映在透明宁静的水面上的树的根部。一位渔民的孤零零的简陋小屋独自挺立在湖畔。除此之外，整个湖上见不到一只帆船，也见不到烟从森林上方升起，因为欧洲人虽然还没有完全占据这些湖滨地区，但他们已经靠得足够近，以足以把那个先前曾给这个地区命名的人数众多并且好战的部落赶走。

在离我们所在的湖岸大约一英里处有两个椭圆形的长度相同的岛屿。这些岛屿上覆盖着一片树林，它稠密得完全遮盖了它生长于其中的土地；有人说这是两个宁静地漂浮在湖面上的小树林。

这个地方附近没有任何道路经过；这一带看不到重要的制造业设施，或是以如画的美景著称的地方。然而并非机缘巧合把我们带到这个僻静的湖边。相反地它是我们此行的目标和终点。

许多年前，我读到一本名为《奥奈达湖游记》的书。作者在书中讲述了一个年轻的法国人和他的妻子，由于我们的第一场大革命的风暴而被自己的国家驱逐，他们来到这些湖水环绕的岛屿中的一个寻求避难所。在那里，他们与整个世界隔离，远离欧洲的风暴，并被那个见证了他们的出生的社会所拒斥，这两个不幸的人儿相依为命，在他们的厄运中相互慰藉。

这本书在我的心灵中留下了一个深刻而持久的印象。我无法说出对我的这种影响是由于作者的才华，是由于事件的真实的魅力，还是由于年龄的影响；可是对奥奈达湖的两个法国人的记忆无法从我的心中抹去。我曾多少次为他们的孤独给他们带来的宁静的快乐感到嫉妒啊。家庭生活的幸福，夫妇琴瑟和谐的魅力，在我的头脑里，爱情本身与荒僻的岛屿的形象交织在一起，使我想象出了一个新的伊甸园。当我把这个故事讲给我的旅伴听时，他也被深深地打动了。我们经常谈起它，并且最后总是时而欢欣，时而忧伤地说道："这世界上只有奥奈达湖畔才有幸福。"当一些我们无法预料的事件驱迫我们两个人来到美国时，这个记忆更有力地回到了我们心中。我们相互约定去拜访这两位法国人，如果他们还活着，或者至少要行经他们的住处。

惊叹于想象给人的精神带来的奇特影响吧：这些荒野之地，这个静默沉寂的湖，这些覆盖着苍翠草木的岛屿不是像新奇的事物那样打动我们；相反地我们似乎再次见到了一个我们曾在那里度过我们的一部分
339 青春时光的地方。

我们径直走进那位渔民的小屋。男主人在森林里。一个上了年纪的女人独自在那里。她蹒跚着来到她的屋门口迎接我们。“你们怎么称呼那个离这里一英里远的湖水中的绿岛？”我们问她。“它被称为法国人之岛。”她回答道。“您知道这个名字是怎么来的吗？”“有人告诉我它叫这个名字是因为一个法国人许多年前到那里定居。”“他一个人吗？”“不，他带着他年轻的妻子。”“他们还住在那个地方吗？”“二十一年前，当我来这里定居时，那两个法国人已经不在岛上了。我记得我怀着好奇前去参观那个岛屿。这个你们从这里看上去如此荒凉的岛屿那时还是一个美丽的地方：岛内被精心地开垦，法国人的住房位于一个果园中间，被水果和花卉环绕。一大株葡萄树攀爬在它的墙上并从四面八方围住它，不过由于无人居住，它已经成为一片废墟了。”“那两个法国人后来怎么样了？”“那个女人死了，男人离开了那个岛，没人知道他后来怎么样了。”“您可以把系在您门上的那只小船借给我们，以便我们穿过湖到那个岛上吗？”“很乐意，不过划船去那儿很远而且对于不习惯划船的人来说，这个活儿是很辛苦的，再说你们能在一个重新变为荒岛的地方看到什么有趣的东西呢？”

就在我们默不作答忙着把小船推入水里时，她说道：“我知道是怎么回事了，你们想买下这个岛；那里的地好，而且在我们这个地方土地还不贵。”我们回答说我们是游客。“那么，”她又说道，“你们一定是这个法国人的亲戚，他曾委托你们去看他的遗产。”“更不是这样了，”我们回答道，“我们甚至不知道他的名字。”那位心地善良的妇女怀着疑问摇了摇头，我们则划着船桨，开始朝法国人之岛快速前行。

我们在这小小的横渡期间保持着深沉的静默，我们的内心充满了温柔而痛苦的情感。我们越靠近岛屿，越不理解这个岛上先前曾住过人，它的四周是如此荒凉。我们差点儿以为自己被一个骗人的故事愚

弄了。最后我们抵达岸边并钻到那些伸到湖面上的巨大树枝底下，开始往前深入。我们先是穿过了一圈似乎在禁止人们靠近这个地方的百年古树，一越过这个由树叶做成的壁垒，我们立刻看见了另一幅景象。一个稀疏的矮林和一个年轻的乔木林占据了岛屿的整个内部。 340
在我们上午走过的那些森林里，我们经常见到人们短兵相接地与大自然作斗争，而且尽管艰难，总能成功地去除大自然有力和原始的特性，让它屈从于人类的统治。这里正相反，我们看到森林重新获得了统辖权，再次开始征服荒野，对抗人类，并使人类的胜利的短暂痕迹稍纵即逝。

不难看出，以前曾有辛勤的手开垦过岛中央的土地，它现在被我所说的年轻一代的树木所占据。这里见不到古老的树干伸展在树的残骸上方。相反地，这里的一切都显得年轻。可以看到周围的树木在被遗弃的田地中央发出了新枝，一些草在过去流亡者收获作物的地里生长，一些荆棘和寄生植物重新占据了它们过去的领地。每隔一段距离可以勉强认出一个篱笆或一块田地的痕迹。在一个小时里我们徒劳无功地穿过树林的枝叶和挡住我们去路的荆棘，试图发现被遗弃的住所的某些遗迹。那个渔民的妻子刚刚向我们描述过的乡野里的奢侈品，草坪，花圃，花卉，水果，这些由一种灵巧的温柔引进荒野中间的文明的产物，全都随着住在这里的人的离去而消逝了。我们正打算放弃我们的努力，就在此时我们发现了一株由于年老而奄奄一息的苹果树；这开始把我们引到正道上来。在那附近有一株我们一开始以为是藤的植物沿着那些最高的树木攀爬，它与它们细长的树干纠缠在一起，或是像一个叶子编成的环一样悬挂在它们的枝桠上；走得更近些一看，我们认出那是一株葡萄树。于是我们可以肯定地判断，我们所处的正是40年前我们两位不幸的同胞选中了作为他们最后的避难所的地方。掘开覆盖在地上的厚厚的叶床，我们勉强能找到一些陷入腐烂状态的而且不久以后将不复存在的遗迹。至于那个不怕抛弃文明生活的乐趣以换取新世界一个荒岛中的坟茔的女人的遗骸，我们已不可能发现它的形迹。那个流亡者是否把这珍贵的东西留在了荒野？

或者相反地他把它带到了他自己了却余生的地方？这是没有任何人能告诉我们的。

341 也许读到这些文字的人们会不理解它们描述的情感，并把它们说成是夸大其辞或是幻想？然而我还是要说，我们是心中充满感动，被忧虑和希望搅得心神不安，并被一种宗教情感鼓舞着投入到这些细致的探索中，追寻这两个我们不知道其名字、家族及一部分历史的人的踪迹，而我们对此感兴趣，只是因为他们在这里经历过能打动所有心灵的忧伤和欢乐，因为这些忧伤和欢乐源自所有人的内心。

还有比这位男子的不幸更大的不幸么！

这是一个被人类社会伤害了的不幸的人；他的同胞拒斥他，放逐他，迫使他放弃他的社会交往并逃避到荒野中。只有一个人伴随着他，跟随他到荒僻的地方，抚慰他心灵的创伤，并用内心最深沉的情感取代俗世的欢乐。就这样他与命运达成了和解。他忘记了革命、党派、城市、他的家庭、他的地位、他的财富；他终于松了一口气。他的妻子死了。死亡袭击了她却饶过了他。不幸的人！他会变成什么样呢？他会独自待在荒野，还是回到一个他已被遗忘很久的社会？他既不再适应孤独也不再适应社交；他既不再懂得如何与人们相处也不再懂得没有他们而自处；他既不是一个野蛮人也不是一个文明人，他什么也不是，只是一具行尸走肉，就像那些被风连根拔起却没有倒下的美国森林里的树。他站立着，却不再活着。

在从各个方向走遍了这个岛屿，参观了它最小的遗迹，聆听了它的树荫底下如今弥漫的冰冷的寂静之后，我们重新上路返回陆地。

当我看着这巨大的青翠的草木屏障远去时，心中不无感伤，在这么多年中，它保护着这两位流亡者不受欧洲人的子弹和野蛮人的箭矢的侵袭，却无法使他们的茅屋躲开死亡的无形打击。

13. 荒野十五日[①] 342

写于“苏必利尔”(*The Superior*)号汽船上，

1831 年 8 月 1 日动笔

来到美国，最强烈地激起我们的好奇心的事情之一，是走到欧洲文明的极限处，甚至如果时间允许，再拜访一些印第安部落，他们宁愿逃到最荒野的孤独里去也不愿屈从于白人所说的社会生活的快乐。可是今天要见到荒野比人们想象的更困难。我们从纽约出发，越向西北部前进，我们此行的目标似乎离我们越远。我们行经了一些在印第安人的历史上有名的地方；我们见到了一些由他们命名的山谷；我们穿越了一些仍然冠以他们部落的名称的河流，但野蛮人的茅屋处处都让位给文明人的房屋。树林被伐倒了，荒凉变成了生机勃勃。

不过我们似乎正沿着土著的踪迹前行。“十年前，”有人告诉我们，“他们曾在此地。”那里，五年；那里，两年。“在你们看到这个村子

① 《荒野十五日》最初由博蒙出版在 1860 年 12 月 1 日的《两个世界》杂志(Revue des Deux Mondes)，此后相继出版在《未出版过的著作及通信集》第一卷及《全集》(博蒙编)第五卷(第 173 至 258 页)。托克维尔档案馆有一份托克维尔的亲笔手稿以及一份由托克维尔本人校订过的副本。我们使用的是副本；托克维尔只是更改了他原稿中一些遣词造句上的细节。

他叙述的这次旅行发生在 1831 年 7 月 18 日至 29 日。这个叙述最初的版本见当时写的日记，便携笔记本 2 第 163 至 172 页。

里最漂亮的教堂的地方，"这个人对我们说，"我砍倒了这个森林里的第一棵树。""这里，"另一个人对我们说，"举行过易洛魁人同盟的大
343 会。""这些印第安人后来怎么样了？"我问道。"这些印第安人，"我们的旅店老板回答道，"在大湖区那边一个我不太知道的地方。这是一个正在消逝的种族；他们不适应文明：它毁灭了他们。"

人类对一切都习以为常。战场上的死亡，医院里的死亡，谋杀和苦难。他习惯于所有这些景象。一个古老的民族，美洲大陆最初的与合法的主人，每天像雪花一样在阳光下消融，而且眼看着就要从这片土地消失。在同样的地方，另一个种族正取而代之，以一种更加惊人的速度壮大着。它砍倒森林，排干沼泽；像海洋一样广阔的湖泊和大河徒劳地抗拒它的胜利进军。荒野变成了村庄，村庄变成了城市。每天见证着这些奇迹的美国人在这一切当中没有见到任何令他惊奇的东西。这令人难以置信的破坏，这更为惊人的发展在他看来是这个世界的事物的通常进程。他对此习以为常，就像对待大自然永恒的秩序一样。

就这样，一直在寻找野蛮人和荒野的我们走遍了纽约与布法罗之间的360英里。

给我们留下强烈印象的第一个场景是一大群印第安人，那一天他们聚集在布法罗，要去收取他们移交给美国的土地的租金。

看到这些印第安人时，我所感到的彻底的失望是我从未感到过的；我的脑海中充满了德·夏多布里昂先生和库柏先生的回忆，我期待着在这些美洲土著中见到一些野蛮人，大自然在这些人的容貌上留下的是自由精神所带来的高傲刚毅的印记。我原以为在他们中会遇到一些人，他们的身体由于狩猎和战争的辛劳而发育得很好，并且在裸体时也毫不逊色。您可以想象当我看见下述这幅景象时有多么惊奇：

我那天晚上见到的印第安人身材矮小；他们的四肢，就我从他们的衣服下面能够判断出来的情形说，是纤细而且无力的，他们的皮肤不像人们通常认为的那样是紫铜色的，而是深青铜色的，以至于乍一

看与黑白混血儿的皮肤很相近。他们的又黑又亮的头发以一种奇怪的僵直的方式垂落在他们的脖颈和肩上。他们的嘴通常大得不成比例，他们脸上的表情极难看而且凶恶。他们的面貌显示出只有长期滥用文明的好处才会带来的极度堕落。有人会说这些人属于我们欧洲 344 的大城市里最低劣的群氓。然而这仍然是一些野蛮人。在那些他们从我们这儿得到的恶习之上，又混杂了一些野蛮和粗鲁的东西，这使得他们越发百倍地令人憎恶。这些印第安人没有携带武器，他们穿着欧洲人的衣服，但他们穿着它们的方式和我们不同。看得出他们一点也不习惯穿它们，而且在它们的皱褶里还感到受束缚。在欧洲的饰物之外，他们还添加了野蛮人的奢侈品，一些羽毛，巨大的耳环和一些贝壳项链。这些人的动作迅捷而混乱，他们的嗓音尖利且不和谐，他们的目光不安且粗野。乍一看，人们会禁不住以为他们是森林里被教化颇赋予了几分人类的外形却依然是一只畜生的野兽。然而，这些虚弱且堕落的人们却属于美洲从前的世界里最著名的部落之一。说出这一点真叫人悲伤，在我们面前的，是著名的易洛魁人同盟最后的残部，他们刚毅的智慧曾经和他们的勇敢一样著名，并曾长期在欧洲最重要的两个民族之间保持着平衡。

不过，想要凭这个不成形的样品、这个在我们城市的污泥里生长的野树的一根斜枝来评判印第安种族是错误的。这是重犯了我们自己犯过的那个错误，而我们后来有机会认识到了这个错误。

那天夜里我们离开那个城市，在离最后的房屋不远的地方，我们看见一个印第安人躺在路边。那是一个年轻的男子。他一动不动；我们以为他死了。从他的胸膛里痛苦地发出的几声低沉的呻吟使我们知道他还活着并且正在与白兰地导致的一种危险的酒醉作斗争。太阳已经落山了，土地变得越来越潮湿。一切都预示着如果无人救援，这个不幸的人将会在这里丧命。这正是印第安人离开布法罗返回他们的村庄的时候；不时有一群印第安人前来并从我们身旁经过。他们走上前来，粗鲁地翻动他们同胞的身体，以便看看他是谁，然后继续赶路，甚至不屑回应我们的指责。这些人中的大多数自己也醉醺醺的。

最后来了一位年轻的印第安女人,她起先似乎带着关切走上前来。我
345 以为她是那个垂死的人的妻子或姐妹。她仔细地看着他,高声地叫着他的名字,摸摸他的心脏,在确定他还活着之后试图把他从昏迷中拉回来。可是看到她的努力无效后,她对这个横陈在她面前的像死了一般的身体感到狂怒。她撞他的头,用她的手捏他的脸,用脚踩他。在肆意地做着这些残忍的事时,她发出一些含糊不清和粗野的喊叫声,直到此时我还听得见它们在我耳边回响。我们终于感到不得不干预此事,于是我们断然命令她走开。她听从了,可是在她离去时,我们听见她爆发出粗野的笑声。

回到城里,我们和几个人说起那个年轻的印第安人。我们谈及他正面临的迫近的危险;我们甚至提出要支付他在小旅馆里的费用。所有这些都无济于事,我们没法说动任何人去操心这件事。有些人对我们说:这些人习惯了喝过头并躺在地上;他们不会因为这样的事而送命。另一些人承认那个印第安人可能会死;但是从他们的唇边可以读出这样一个没有完全说出来的想法:一个印第安人的性命算什么?事实上这是所有人的感受。在这个如此文明,如此一本正经,如此讲道德的美国社会中,当事关这个国家的土著时,人们看到的是一种完全的漠不关心和一种冷酷的自私自利。美国人没有像墨西哥的西班牙人那样大声叫嚣着去猎杀印第安人,但实质上是同样冷酷的情感在这里正如在所有其他地方一样驱动着欧洲种族的人。

在我们的旅途中,往往是在夜里,我们曾多少次遇到过诚实的公民们平静地坐在他们的炉火旁对我们说道:印第安人的数量每天都在减少。不过这不是因为我们经常对他们发动战争,而是我们每年廉价卖给他们的白兰地酒比我们的武器夺去了更多人的性命。这个世界属于我们,他们补充说道。上帝拒绝赋予这里的原住民文明化的能力,这已预先注定了他们不可避免的灭亡。这个大陆真正的主人是那些知道如何利用它的财富的人。

满意于这样的推理,美国人去教堂,在那里他们听新教的牧师反复对他说,所有人皆兄弟,而且按照同样的模子造出所有人的上帝赋

予了他们相互援助的义务。

7月19日早上10时，我们登上俄亥俄号汽船前往底特律。一阵 346
很大的风从西北方吹来，使伊利湖的水看上去像海洋里汹涌的波浪。右边伸展着无边无际的地平线，在左边，我们和湖的南岸挨得很近，以致经常听得见岸上的声响。这些湖岸极为平坦，不同于我在欧洲见过的所有湖岸。它们也不像海岸。巨大的森林遮蔽着它们并在湖的四周形成了一个稠密的很少中断的林带。不过这个地区会不时地突然呈现不同的面貌。在一个树林的拐角处，可以看见一个钟楼的优雅的尖顶，一些白色的整洁得耀眼的房屋和一些商店。两步远处，看上去难以进入的原始森林重新占据统治地位并再次把它的枝叶倒映在湖水中。

那些走遍了美国的人们会在这幅图景中找到美国社会的一个显著标志。这里的一切都形成强烈的对比，都出人意料；极度的文明与被放任自流的自然处处并存而且几乎可以说是面对面。人们不会想象法国是这样的。至于我，在我这个游客的想象中——哪一类人没有他们自己的想象呢——我想象的与此大为不同。我注意到在欧洲，一个省或一个城市地处偏远与否，它是富裕还是贫穷，它的地域是狭小还是广阔，这些对于它的观念、民情、其居民整体的文明施加着巨大的影响，并且经常使同一个地区的不同部分呈现出几个世纪的差别。

我想象新世界尤其是如此，而且像美国这样一个只有部分地区有居民的国家，应当展现所有的生存状况并提供所有时代的社会图景。在我看来，要一步一步地追寻社会状况让人们经历的所有变迁，并且可以看到从城市的富裕贵族到荒野的野蛮人所构成一个环环相扣的巨大链条，美国应该是惟一的地方。总之，我正是打算在那里，在几条经线之间找到整个人类历史的缩影。

在这幅想象的图景中没有什么是真实的。在这个世界上的所有国家中，美国是最不可能提供我前去寻找的景象的。在美国，比在欧洲更甚，只有一个单一的社会。它可能是富裕的或贫穷的，不起眼的

347 或出众的，商业的或农业的，但它到处都由相同的元素构成。它的各处有着同等的文明程度。您在纽约的街道上辞别的那个人，会在几乎难以进入的荒野里与您重逢：同样的衣着，同样的思想，同样的语言，同样的习惯，同样的趣味。没有乡土气，没有天真稚朴，没有荒野的味道，甚至没有和我们的乡村相似的东西。这种独特的情况的原因是容易理解的。那些最古老和人口最稠密的地区已经达到高度的文明，那里的人们大力地发展教育，那里的平等精神特别普遍地推广到生活的内在习惯中。现在，请特别注意，每年到荒野中居住的恰恰是同样这些人。在欧洲，每个人都在他出生的土地上生活和终老。在美国，人们在任何地方都不会遇到这样一种人，他们在荒野中生活了很长时间并在那里繁衍生息，不为世人所知，一切全凭自己的努力。居住在那些偏远地区的人们是昨天刚到那儿的。他们带去了文明的民情、观念和需求。他们只是在事务的野蛮本性提出要求时才过野蛮人的生活。由此产生了最奇怪的反差。人们没有经历过渡就从一个荒野来到一个城市的街道上，从最荒凉的场景来到最舒适的文明生活的景象中。如果突然降临的夜晚没有迫使您在树下过夜，您很有可能来到一个村庄，那里什么都有，直至法国的时尚服饰和通俗的喜剧漫画。布法罗和底特律的商人得到的供货和纽约的商人一样好，里昂的工厂向这些商人供货时一视同仁。您离开大路，深入到一些勉强开辟出来的小道。最后您看到一块开垦了的田地，一个用半正方形的树干搭成的、只有一个窄窗可以透进阳光的简陋小屋，您以为您最终来到了美国农民的住处。您错了。您进入这个看上去像所有不幸的人的避难所的简陋小屋，然而这个地方的主人却有着和您一样的着装，他说的是城市的语言。在他的粗陋的桌子上是一些书和一些杂志；他自己急着把您拉到一边以便确切地知道古老的欧洲正在发生什么事，他还让您告诉他在他的国家里给您留下最深刻印象的事。他会在纸上给您画一张比利时乡村的地图，并且认真地告诉您为了法国的繁荣还需要做些
348 什么。人们会以为遇到了一位前来暂住几夜以便参加猎人聚会的富裕的地产主。而事实上，这简陋的木屋对于美国人来说只是一个暂时

的栖身之处,一个受环境所迫做出的暂时的让步。当他四周的田地大量产出而这个新的地产主有闲暇去享受生活时,一幢更加宽敞而且更加适应其需求的房子将取代木屋并充当许多孩子的住所,这些孩子有一天也将去荒野中建造一个住所。

不过,还是回到我们的旅途上来,我们整个白天艰难地航行在能看见宾西法尼亚州的湖岸的地方,更晚些则能看见俄亥俄州的湖岸。我们在半岛停留了一会儿,它今天被称为伊利。匹兹堡的运河将要通往那里。通过这个据说整个施工是容易的而且今后将得到保证的工程,密西西比河将与北方的河流(La Riviere du Nord)联通,欧洲的财富将自由地在墨西哥湾和大西洋之间的500里土地上流通。

夜晚,天气变得怡人,我们穿越湖的中央快速朝底特律前行。第二天早上,我们看见了那个名叫*Middle-Sister*的小岛,1814年,海军准将佩里(Perry)在这附近赢得了一场对英国的著名海战[②]。

不久以后,和加拿大相连的湖岸似乎快速地向我们靠近,我们看见底特律河展现在我们面前,而且马尔登要塞(Fort Malden)的房屋也出现在远处。这个由法国人修建的地方,依然带着它最初的许多印记。这些房屋有着我们农民的房屋的式样和方位。在小村庄的中央耸立着一个有公鸡踞于其上的天主教钟楼。有人会以为这是一个卡昂(Caen)或埃夫勒(Evreux)[③]附近的村庄。当我们不无激动地凝视着这个法国的形象时,我们的注意力由于看到一个奇特的景象而被转移了:在我们的右边,在湖岸上,一个穿着军礼服的苏格兰士兵在上岗。他穿着那身由于滑铁卢战场而声名大噪的军服。饰有羽毛的无边软帽,收腰上装,一样也不缺;他的衣服和武器在阳光下闪闪发光。在我们的左边,好像为了给我们提供一个对照似的,两个完全赤身裸体的印第安人,身上涂得花花绿绿的,鼻子上穿着一个环,在同一个时间到达湖对岸。他们登上一只用树皮做成的拿遮布当帆的独木舟。

② 美国与大不列颠之间的战争中的伊利湖战役(1814年9月10日)。参阅上文,第145页,注释1。

③ 均为法国诺曼底地区城市。——译注

他们任这只纤弱的小船由风和水流的力量驱使,像一支箭一样冲向我们的船,有一会儿还绕着它转圈圈。然后他们安静地离开,去英国士
349 兵附近捕鱼,那个士兵一直闪耀着光芒并纹丝不动,似乎置身于那里是充当辉煌的武装起来的欧洲文明的代表。

我们于三时到达底特律。底特律是一个有着两千到三千居民的小城,它是耶稣会会士于1710年在森林中间建起来的,至今仍有很多法国家庭。

我们已经穿越了整个纽约州,并在伊利湖上航行了100里;这一次我们触摸到了文明的边界,但我们完全不知道下一步该往哪里去。探听这方面的情况不像人们以为的那么轻松。穿越一些几乎无法进入的森林,横渡一些深的河流,勇敢面对那些传染瘟疫的沼泽,在湿热的树林里睡觉,这是一些美国人不以为苦的事,如果这么做是为了挣钱——因为这是问题的关键。可是有人却出于好奇心做同样的事,这是美国人所无法理解的。此外由于住在荒野中,美国人只欣赏人类的作品。他会乐意带你去参观一条道路,一座桥,一个美丽的村庄。可是有人欣赏大树和美妙的孤独,这绝对超出了他的理解力。

因此没有什么比找到能理解你的人更困难了。我们想看看森林,我们的旅店老板微笑着对我们说,直直往前走,你会找到让你满意的森林。它们就在那些新的道路和开辟得很好的小道周围。至于印第安人,你们在我们的公共场所和街道上见到的已经太多了,不必为了这个跑太远。这里的印第安人至少开始变得文明了,看起来不那么野蛮。我们很快就意识到不可能通过直截了当的询问从他们那里获得真实的情况,必须讲点策略。

我们于是去拜访由美国委派来负责出售密歇根地区依然是荒野的土地的官员;我们向他自我介绍说我们还没有下定决心在这个国家定居,不过有兴趣了解土地的价格和它们的位置。比德尔少校先生(M. le major Biddle),这是这位官员的名字,这一次极好地理解了我们想做的事,立刻谈到大量令我们听得津津有味的细节。"这个部分,"他对我们说,一边指着地图上蜿蜒曲折了好久之后汇入密歇根湖

的圣约瑟(St-Joseph)河,"在我看来似乎最符合你们的构想:那里的地好;有人已经在那里建了一些漂亮的村庄而且通往那里的道路维护得很好,每天都有公车打那儿经过。""好!"我们对自己说道,"我们已经知道哪儿不应当去了,除非我们想要乘邮车去参观荒野。"我们对比德尔先生的建议表示感谢,并带着漫不经心和假装轻蔑的神情问他,到目前为止,这个地区的哪个部分最少感受到移民潮。"从这里,"他告诉我们,说话时带着和我们提问时一样漫不经心的口气,"向西北。直到庞蒂亚克和这个村庄周围,最近建起了相当好的设施,但是不应当考虑到更远的地方定居;这个地区被一个几乎难以进入的森林所覆盖。这个森林朝西北方向无尽地延伸,在那里只会遇见猛兽和印第安人。美国人一直规划在那里开辟一条道路;不过这条路还只是刚刚开始修建,并且止于庞蒂亚克。我再向你们重复一遍,这是一个你们不应当考虑的地区。"我们再次对比德尔先生提的好建议表示感谢,并在离开时决定把他的建议恰好反过来理解。我们抑制不住心中的快乐,终于知道一个欧洲文明的洪流尚未抵达的地方了。 350

第二天,7 月 23 日,我们赶紧租用了两匹马。由于我们打算将马留用 10 来天,我们想放一笔钱在马的主人手里;但他拒绝收下,说我们回来时再付。他并不担心。密歇根的四周被一些湖和荒野所环绕;他让我们进了一家由他看门的驯马场之类的地方。买了一个指南针和一些弹药之后,我们上路了,肩上扛着枪,像两个离开学校去老家度假的中学生一样对将来毫无牵挂,心情轻松。

如果我们确实只是想看看森林,我们在底特律的旅店老板说得没错,不必走太远,因为在离这个城市一英里的地方,道路开进了森林而且不再出来。它经过的土地极为平坦而且经常有许多沼泽。我们不时地在路上看到一些新的开垦地。由于这些定居点之间极为相像,无论它们位于密歇根的深处还是靠近纽约,我将尽力就在此对它们进行一次描述。

拓荒者为了从树林深处找回牲畜而留心地挂在它们脖颈上的铃

351 铛远远地预告了开垦地就在附近。不久人们听见砍斫森林里的树木的斧头的回响,走近时,一些破坏的痕迹更清楚地显示了人的存在。一些被砍下的树枝覆盖着道路,而一些被火烧了半截或被铁器切了半截的树干直立在通道上。人们继续走,来到了一个树林里,这里所有的树木似乎都遭到了突然死亡的袭击。在盛夏里它们干枯的树枝呈现出的只是冬天的景象。更靠近观察时,人们发现有人在它们的树皮里划了深深的一道圈,这阻断了树液的循环,很快就弄死了它们。事实上这通常正是种植者最开始时做的事。由于他不可能在头一年里砍掉长在他的新田地里的所有树木,他在它们的树枝下面播种玉米,通过用死亡打击它们,他阻止它们用树荫遮蔽他的农作物。这块田地是未完成的半成品,是荒野里文明的第一步,在它的后面人们突然发现了田地的主人简陋的小屋。这种小屋通常都位于一块比其他的地被更加精心地耕作过的土地的中央,不过在那里人类与自然的对抗仍然是一场不平等的斗争。在那里,树木被砍了,但没有被连根拔除;它们的树干仍然充斥并阻塞着它们过去荫蔽的那块土地。在这些干枯的残骸周围,一些小麦,栎树的根蘖,各种作物,各种草本植物杂乱地生长着,共同在一块不驯服的、依然半荒芜的土地上生长。种植者的房屋,或者如这个地区的人们所称的,木屋(log-house),正好位于这蓬蓬勃勃的各种各样的植物中央。正如它周围的田地一样,这个乡间的住所显得是一个新近和匆忙的作品。它的长度很少超过 30 英尺。它的宽度 20 英尺,高度 15 英尺。它的墙壁和屋顶由不方正的树干建成,有人在这些树干之间放置了一些苔藓和土,以防止寒气和雨进入房屋。当旅行者走近时,眼前的景象变得更加生气勃勃了。听到他的脚步声,一些正在周围的废墟里打滚的孩子,迅速地站起身并逃往他们父亲那里,好像因为看到一个人而受到了惊吓,此时两只半野生的大狗,竖着耳朵伸长鼻子,从简陋的小屋里出来,低声嗥叫着掩护它们年轻的主人撤退。

352 这时拓荒者自己出现在他的住所门口;他仔细看了看新来的人;示意他的狗回到住所,他自己赶忙给它们做示范,既没有表现出好奇也没有表现出不安。

到了木屋的门口，欧洲人忍不住用惊奇的目光环顾屋内的景象。

这种简陋的小屋通常只有一扇窗户，上面有时挂着一块平纹细布制成的帘子；因为在这些必需品的匮乏并不罕见的地方，奢侈品倒是经常可见。在被踩得结结实实的地上，火炉噼里啪啦地闪着含树脂的火花，它比日光更好地照亮了屋里。在这个粗朴的火炉上方，是一些战争或狩猎的战利品：一杆长的有膛线的卡宾枪，一张黄鹿皮，一些鹰的羽毛。在烟囱的右边，经常展开着一张美国地图，从墙壁的缝隙之间吹进来的风不断地托起和摆动它。在地图附近，一个用很不方正的木板做成的孤零零的架子上，放着几卷不成套的书：那里是一本封面和边缘已经被两代人的虔诚磨破了的圣经，一本祈祷书，有时是一部弥尔顿的诗歌或一部莎士比亚的悲剧。沿着墙摆放着几张粗糙的椅子，这些是主人的手艺；一些代替衣橱的箱子，一些农耕的工具和几个收获物的样品。在房间的中央立着一张腿不齐的桌子，桌脚还布满叶子，仿佛它们是自己从桌子所在的地上长起来的。每天全家人正是在那里聚会用餐。还可以看到一个英国的瓷茶壶，一些往往是木制的匙，几个有缺口的茶杯和一些报纸。

这个住所的主人的外貌和给他充当庇护所的这个地方一样引人注目。

有棱角的肌肉，细长的四肢，让人第一眼就认出他是新英格兰的居民。这个人并非出生于他居住的荒野。仅仅是他的体格就表明了这一点。他最初的岁月是在一个习惯于脑力活动和理性思考的社会度过的。是他的意愿使他投身于他似乎不太适应的荒野里的劳作。不过如果说他身体的力量似乎不胜任他的事业，他那由于操持生活而留下皱纹的脸上却带着富于实践智慧、冷静和坚忍的神情，第一眼就给人留下强烈印象。他的步履缓慢而谨慎，他的言辞审慎，他的表情严峻。是习惯而更多的是骄傲赋予他的面容这种坚忍的刚毅，他的行动并不与之相称：的确，拓荒者蔑视那些经常最强烈地激荡人心的东西；他的幸福和他的生活从来不会听凭运气或者一个女人的命运的摆 353

布;为了获得富足,他不畏远居他乡、孤独和荒野生活的无数苦难,他睡在光秃秃的地上,置身于森林的热病和印第安人的战斧的威胁之下。有一天他作出了这种努力,几年来他重复着这种努力,他可能还将这么做20年,既没有气馁也没有抱怨。那么,一个能够作出这样的牺牲的人会是一个冷漠和无情的人吗?有人不会相反地在他身上看出某种炽热、顽强、难以平息的激情吗?一心想要创造财富的移民最终确立了一种完全个人式(individuelle)的生活方式;对家庭的情感本身消融在宽泛的利己主义(un vast egoisme)中;除了把他的妻子和孩子看作他自己的可分离的一部分,很难想象他还会怎样看待他们。失去了与他的同胞们的经常的联系,他学会了把独处当成一种快乐。当有人出现在他那孤零零的住所的门口,拓荒者会上前来和你会面;他依照惯例向你伸出手,可是他脸上的表情既没有表现出欢迎也没有表现出高兴之意。他只是为了向你提问才说话,满足的是头脑的需要而不是心灵的需要,而且他一旦从你这儿得到了他想要的新闻,他就重新陷于缄默。人们会以为见到了一个被这个世界的烦扰和喧闹弄得疲惫不堪而在夜晚回到家里的人。轮到你向他发问时,他机智地向你提供你缺乏的信息,他甚至会满足你的需求,你在他家期间他会注意保障你的安全。可是在他的所有举动中有着那么多的勉强和傲慢,人们从中觉察到他甚至对于自己努力的结果也如此漠不关心,以致人们感到自己的感激之情也被冰冻了。然而,拓荒者是在以他的方式殷勤待客,只是他的好客不能打动你,因为他自己在这么做时似乎是在服从荒野中一个难以忍受的义务。他把它看成他的处境强加给他的一个义务,而不是乐事。这个默默无闻的人是新世界的未来属于他们的那一类人的代表,这类人不安分,理性并富有冒险精神,他们冷静地做着只有炽热的激情才能解释的事,他们把一切都拿来做交易,甚至道德和宗教也不例外。

这是一个过着野蛮人的生活却从未被它的乐趣吸引的征服者的民族,它喜爱文明和知识只是因为它们对于福利是有用的,它带着一把斧头和一些报纸把自己封闭在美国的荒野中;这个民族和所有的伟大民族一样，专注于一个念头，并朝着获取财富这个它劳作的惟一目标前行，带着一种人们可以称之为英雄主义（héroique）的坚忍不拔和对生命的轻视——如果英雄主义这个词适合指称德行的努力之外的事情。这是河流和湖泊无法阻挡的流浪的民族，在它面前，森林倒下，草原为绿荫所覆盖；而且它在到达太平洋之后将往回走，去扰乱和破坏它在其身后建立起来的那些社会。

在谈到拓荒者时，不能忽略和他分担苦难和危险的妻子。看看火炉另一端这位年轻的妇女，她一边留心正煮着的饭菜，一边把她最小的儿子放在膝上摇晃。和这位移民一样，这位妇女正当盛年，和他一样，她还能记起最初的岁月里富足的生活。她的衣着甚至还显示出一种对华丽服饰的难以抑制的爱好。但是时间给了她沉重的负担；在她过早地憔悴了的脸上，从她消瘦了的四肢，不难看出生活对她而言已经成了一个沉重的负担。事实上这个纤弱的女人已经遭受了令人难以置信的苦难。刚刚步入生活，她就不得不离开她母亲的慈爱和兄弟的温情，年轻的姑娘在离开这些时没有不落泪的，甚至当她离开他们是为了与新婚的丈夫共享富足的家庭生活时。拓荒者的妻子，顷刻之间被带走而且没有希望回到她年轻时代的纯真摇篮，她拿社交生活的魅力和家庭生活的欢乐换来了森林中的孤独。她的婚床放置在荒野裸露的土地上。献身于严肃的义务，忍受着她未曾尝过的困苦，过着一种她不习惯的生活，她一生中最美妙的韶华就是这么度过的，对她来说婚姻的甜美就是这样的。匮乏、痛苦和烦忧改变了她柔弱的体格，却没有摧垮她的勇气。在她娇弱的脸上刻着的深沉的忧伤中，人们不难看出一种宗教式的顺从，一种深沉的安宁，以及我无法形容的朴素而沉静的坚定，它面对生活中的所有苦难，既不畏惧它们也不轻视它们。

在这位妇女周围挤挤挨挨着一些半赤身裸体的小孩，他们十分健康，无忧无虑，是真正的荒野之子。他们的母亲不时地向他们投去既伤感又快乐的目光；看到他们的力量和她的虚弱，人们会以为她在赋予他们生命时耗尽了自己的力气，而且她并不后悔她为他们付出了心血。

355 这些移民们居住的房屋内部没有隔开,也没有谷仓。全家人晚上都到这房屋惟一的房间里寻求庇护。这个住所自身构成了一个小世界。这是迷失在树叶的海洋里的文明方舟,是沙漠里的一个绿洲。在100步远的地方,在房屋的四周,无边的森林延伸着它的绿荫,荒野再次出现了。

我们只是到了晚上,太阳落山以后才抵达庞蒂亚克。二十幢非常整洁而且十分漂亮的房屋构成了同样多装饰得很好的商店,一条清澈的溪流,一块四分之一平方里的林中开阔地,以及周围无边的森林:这就是20年后可能成为一个城市的村庄庞蒂亚克的真实图景。这个地方的景致让我想起加勒廷(Gallatin)先生一个月前在纽约和我说过的话:美国没有村庄,至少在我们这儿的人们赋予这个词的涵义上。在这里,耕种者的房屋全都分散在田地中间。人们在一个地方聚集只是为了在那里建立一种供周围的居民使用的市场。在这些所谓的村庄人们只见到一些律师,印刷工人或商人。

我们让人把我们带到庞蒂亚克最好的旅馆(因为有两个旅馆),依照惯例,我们被带到了人们称为酒吧间的地方。那是一个提供酒水的房间,当地最朴实的工人和最富裕的商人都来到这里,以表面上看起来最平等的方式一起抽烟,喝酒和谈论政治。这个地方的主人或者说老板,我不说他是一个粗壮的农民,在美国没有农民,不过他至少是一个很粗壮的先生,脸上带着那种不同于诺曼底的狡猾商人的坦率和单纯的神情。他是这样一个人,由于生怕使你感到局促,在同你谈话时从来不看你的脸,而是等到你忙着和别人交谈时才轻松自在地看着你。此外,他非常关心政治,并且有着美国人的习惯,是一个毫不留情的爱发问的人。这位可敬的公民和聚会中的其他人一样,起初惊讶地看着我们。我们的旅行者的衣着和我们的步枪使我们看起来不像工厂主,而为了四处看看去旅行是一件完全不可思议的事。为了少作一些解释,我们一开始就声称我们是来买地的。刚说出这番话,我们就意识到为了避免一个麻烦，我们已经陷入了另一个更可怕得多的麻烦。

人们的确不再把我们当怪人看待，但每个人都想要和我们做买卖；为了摆脱他们和他们的农场，我们对我们的旅店老板说，在做成什 356
么买卖之前，我们想从他那里获得一些关于土地价格和耕作方式的有用的信息。他立刻把我们带到另一个房间，不紧不慢地在位于房间中央的那张橡木桌上展开了一张密歇根的地图，并在我们三个人之间放置了蜡烛，沉着地静候我们向他发问。和我们一样无意在美国的荒野中定居的读者，可能会渴望知道，每年来这里寻求一个家园的成千上万的欧洲人和美国人是怎么做的。因此我将在此记下我们在庞蒂亚克的旅店老板提供的资料。此后我们经常能够证实它们是完全准确的。

“这里和法国不同，”我们的旅店老板在静静地听完我们的所有问题，剪了烛花，然后对我们说，“在你们那儿劳动力便宜而土地贵；在这儿买地不算什么但劳动力的价格奇贵。我说这个是为了让你们知道，要在美国定居和在欧洲一样，需要一笔资金，尽管它的用法不同。至于我，我不建议人们前来我们的荒野寻求财富，除非他至少有一笔 150 至 200 美元（800 至 1000 法郎）的钱供其支配。在密歇根，当土地还未开垦时，一英亩地④的价格从来不超过 10 先令（约 6 法郎 5 生丁）。这大约是一天的劳动的价格。因此一个工人一天可以挣到买一英亩地的钱。不过买了地，困难就开始了。以下是人们为了克服这个困难通常做的事。拓荒者到他刚买下的那个地方，带着一些牲畜，一头腌猪，两桶面粉和一些茶。如果在那附近有一个简陋的小屋，他就到那里去并受到暂时的接待。如果没有小屋，他就在将要成为他的田地的树林中央搭起一个帐篷。他要做的第一件事是砍倒最近的树，赶紧用它们建造一座粗糙的房屋，你们可能已经考察过这种房屋的结构。在我们这儿，养一些牲畜几乎不花什么钱。移民给它们系上一个铁铃铛之后

④ 托克维尔的注释：一英亩有 330 英尺长 132 英尺宽。

把它们放到森林里去。这些无人照管的牲畜很少离开它们的住所附近。最大的花费是开垦土地。如果拓荒者是和一个能够帮他完成最初的劳动的家庭一起来到荒野的,他的工作就相当轻松。可是很少能
357 够这样。通常移民是年轻的,而且如果他已经有了孩子,他们年纪尚幼。因此他必须独自供应他家庭的所有基本需求,或者雇用他的邻居来帮忙。开垦一英亩地要花费4至5美元(20至25法郎)。土地准备好之后,新的地产主给一英亩地种上马铃薯,其余的地种上小麦和玉米。玉米是荒野里的天赐之物(providence),它在我们的沼泽地的水里和森林的树叶丛下生长得比在阳光下更好。当贫穷、疾病或疏忽大意使他无法在第一年完成足够的开垦时,正是玉米将移民的家庭从不可避免的毁灭中解救出来。没有比开垦土地后的最初几年更难捱的了。此后生活变得宽裕,财富也接踵而来。"

我们的旅店老板就这么说着,至于我们,我们感兴趣地听着这些简单的细节,几乎好像我们自己想要让它们派上用场似的;当他不说话时,我们问他:

"所有这些无人照管的森林里的土地通常是沼泽地,而且有害健康;处在荒野的困苦当中的移民难道对他的生活一点也不感到畏惧吗?""所有的开垦都是一项危险的事业,"这个美国人回答道,"而且几乎没有哪个拓荒者或他的家庭在第一年里能躲得过森林里的热病。经常有人在秋天旅游时发现一个简陋的小屋里的所有人都染上了热病,从移民一直到他最小的儿子。"——"当天意(Providence)给了他们这样的打击时,这些不幸的人会怎样呢?"——"他们听天由命,期待着一个更美好的未来。"——"可是他们能指望从他们的同胞那里得到一些帮助吗?"——"几乎不能。"——"他们能至少得到医疗方面的救助吗?"——"最近的医生经常住在离他们的住所60英里的地方。他们和印第安人一样,死去或者痊愈全凭上帝的旨意。"我们接着问道:"宗教的声音是否有时会到达他们这里?"——"很少;在我们的森林里,人们还无法预备任何东西来确保公共的礼拜。的确,几乎每个夏天都有一些卫斯理宗的牧师前来走遍新的定居点。他们到来的消息以一种

令人难以置信的速度从一个小屋传到另一个小屋;它是那一天的重大新闻。在指定的时间,移民,他的妻子和孩子们,穿过森林里那些勉强开辟出来的小径前来参加指定的聚会。人们从方圆 50 英里远的地方来到这里。这些虔诚的信徒不是在一个教堂里聚会,而是在野外,在森林里的树下。一个用不太方正的树干做成的讲道台,一些大树被推 358
倒了充当座位,这些就是这个乡野礼拜堂的装饰物。拓荒者和他们的家庭在周围的森林里露营;正是在这里人们举行三天三夜很少中断的宗教活动。应当看看这些人以多么大的热忱专心致志地祈祷,又是怎样聚精会神地聆听牧师庄严的讲道。正是在荒野中人们表现出了对宗教的渴求。”——“最后一个问题。在我们那儿,人们通常认为,美国的荒野是在欧洲移民的帮助下才有许多居民的。那么为何自从我们来到你们的森林,还没遇见一个欧洲人呢?”听到这个问题,我们的旅店老板脸上流露出一丝带着优越感和满足的骄傲的微笑:“只有美国人,”他回答时强调说,“才会有承受这种苦难的勇气,并且能够付出这样的代价去追求富足的生活。欧洲的移民止步于那些沿海的大城市或与其邻近的地区。在那里,他成为工匠,农场工人,雇工。他过着一种比在欧洲更安适的生活,满足于能给他的孩子们留下同样多的遗产。美国人则相反,他获取土地并寻求用它创造一个远大的将来。”

说完最后这番话,我们的旅店老板停住了。他从嘴里吐出一个巨大的烟柱,看上去准备听我们讲讲我们的计划。

我们首先感谢他提了宝贵的意见和明智的劝告,肯定地表示我们有一天将因此而受益,然后我们补充道:“在我们定居贵地之前,我亲爱的老板,我们想要去萨吉诺(Saginaw),我们想向您打听有关情况。”听到萨吉诺这个词,这位美国人的面部表情发生了奇怪而急剧的变化;似乎有人粗暴地把他从现实生活中拉出来,推入想象的世界;他的眼睛睁得大大的,他的嘴微张着,他的整个脸上表现出极度的惊讶:“你们想去萨吉诺,”他嚷道,“去萨吉诺湾！两个有理智的人,两个有教养的外国人想去萨吉诺湾？这简直让人难以置信。”——“那么为什么不呢?”我们回答道。——“可是你们真的知道么,”我们的旅店老板又说道,“你们做的是什么事?你们真的知道萨吉诺是直到太平洋的最后一个居民点?从这里到萨吉诺几乎只能见到一个荒野和一些还没有开垦的偏远地方?你们是否想过森林里到处是印第安人和蚊子?
359 而你们却必须至少在潮湿的树荫底下睡一夜?你们想到过热病没有?你们能够应付荒野,能在我们的森林迷宫里不迷路么?”说完这番长篇大论之后他停了停,以便更好地判断他这番话给我们带来的感受。我们回答道:“这一切可能是真的。不过我们明天早上启程去萨吉诺湾。”我们的旅店老板沉思了一会儿,摇了摇头,用缓慢而肯定的语气说:“只有重大的利益才会让两个外国人去做这样的事:毫无疑问,你们十分错误地设想在离所有竞争最远的地方定居是有利的。”我们没有回答。他又说:“也许是加拿大的皮货公司委托你们和边疆的印第安部落建立联系?”我们还是沉默。我们的旅店老板停止了猜测,不再作声,但继续沉思着我们的计划的古怪之处。

“您从来没去过萨吉诺吗?”我们问道。——“我么,”他回答道,“不幸我曾去过那里五六次,不过我这么做是有利可图的,而我看不出你们能得到什么好处。”——“可是别忘了,我可敬的老板,我们不是在问您是否应当去萨吉诺,而只是问您到达那里的方便途径是什么。”这样被拉回正题后,我们的美国人恢复了他全部的冷静和思维的清晰,他用寥寥数语,凭着令人钦佩的从实践中得来的见识,向我们说明应当采取何种方式穿越荒野,他谈到了最微小的细节,并考虑到了最意外的情况。作完了这番介绍,他再次停顿了一下,以便看看我们是否最终明白了我们旅行的秘密。他看到我们两个人都不再有什么可说的,就拿起蜡烛,把我们带到一个房间,并以十分民主(très démocratiquement)的方式和我们握了手,回到公共的房间里消磨晚上剩下的时间。

我们天亮时起床并准备出发。我们的旅店老板很快也起床了。那个晚上没有让他明白过来,是什么使得我们要去做一件在他看来如此奇怪的事。不过,由于我们看上去已下定决心,要与他的劝告相悖而行,他不敢再来劝说,但他不停地围着我们转。他不时地重复嘀咕道:“我难以想象什么能让两个外国人到萨吉诺去。”他把这句话重复了几遍,直到我最终在上马时对他说:“有许多理由让我们去那里,我亲爱的老板。”听到这些话,他突然停了下来,头一次看着我的脸,似乎准备着聆听一项重大秘密的揭示。可是我静静地跨上我的马,向他做了一个友好的手势以结束这一切,然后我的马就大步小跑地离开了。走了 50 步远,我转回头,看见他还像一堆干草垛一样站在他的门前。过了一会儿他摇着头回到了他的屋子。我想象着他还在说:“我难以理解两个外国人去萨吉诺做什么。” 360

有人建议我们找一位叫威廉姆斯(Williams)的先生帮忙,他长期和齐佩瓦族的印第安人做贸易而且有一个儿子定居在萨吉诺,可以为我们提供一些有用的信息。在森林里走了几英里之后,正当我们担心已经错过了我们要找的人的房子时,我们遇见了一位正在一个小花园里忙着劳动的老人。我们上前和他攀谈。他正是威廉姆斯先生本人。他非常热情地接待了我们,并且给了我们一封写给他儿子的信。我们问他我们是否无需害怕那些我们将穿越其领地的印第安人部落,威廉姆斯先生带着一种愤慨驳斥这个想法:“不!不!”他说道,“你们可以毫不畏惧地前行。至于我,我在印第安人中间比在白人中间睡得更安心。”我注意到,这是我自从到美国以来第一次看到人们表露出对印第安人的好印象。在那些居民众多的地区,人们谈到他们时只会夹杂着害怕和轻蔑,而我认为事实上在那里他们是该被害怕和轻蔑。人们可以看到早些时候当我在布法罗遇到最初的那批印第安人时我本人对他们的看法。随着人们继续看这个游记,并跟随我来到边疆的欧洲人以及印第安人自己的部落中间,你们将对美国的原住民有一个更尊敬同时也更公正的印象。

辞别威廉姆斯先生后我们继续在森林中赶路。森林的树下不时地出现像一大片银子一样的小湖(这个地区到处是这样的湖)。这些美丽的地方,尚无人居住,处处是深沉的安宁和不受干扰的寂静,其魅力是人们难以想象的。我到过阿尔卑斯山区一些可怕的荒僻处,在那里，大自然拒绝人类的劳动，可是它在它的可怖中仍然显现出一种令人心荡神驰的伟大。这里的荒僻处同样深沉，但它不会让人产生同样
361 的感受。在走过这些开满鲜花的，一切像在弥尔顿的《伊甸园》里一样准备着迎接人的到来的荒野时，人们惟一能体验到的情感是一种静静的赞叹，一种温柔而忧伤的情感，一种对文明生活的隐隐约约的厌恶；一种自然的冲动，它让人忧伤地想到不久这个美妙的荒野将改变它的面貌。事实上白人种族已经穿越它周围的森林前行，而且短短几年后，欧洲人将砍掉这些倒映在清澈的湖水里的树木，迫使住在湖岸边的动物往新的荒野撤退。

我们一直缓慢前行，来到了一个地貌不同的地区。这里的土地不再是平坦的，而是被山丘和谷地所分割。有几座山丘显现出最原始的面貌。正是在其中一条风景如画的道路上，当我们突然回转身欣赏我们身后的壮丽景观时，我们大吃一惊地发现，在我们的马臀附近有一个印第安人似乎亦步亦趋地跟随着我们。这是一个约摸 30 岁的男子，高大而且和几乎所有印第安人一样令人赞叹地匀称。他那又黑又亮的头发沿着他的肩膀垂下，除了他头顶系着的两根发辫。他的脸上涂着黑色和红色的颜料。他穿着一种很短的蓝色罩衫。他穿红色的米塔斯(*mittas*)：这是一种只到大腿上端的裤子，他的脚上穿着鹿皮鞋。他身上挂着一把刀。他右手拿着一杆长长的卡宾枪，左手提着刚刚杀死的两只鸟。第一眼见到这个印第安人让我们感到很不舒服。我们所处的地点不利于抵御一次侵袭：我们的右边是生长在一个巨大山冈上的松树林，左边伸展着一条深深的隘谷，谷底的岩石间流着一条小溪，由于树荫遮住了我们的视线，我们正像瞎子一样朝小溪走下去！说时迟那时快，我们把手放在我们的步枪上，回转身，在路上和那个印第安人面对面。他也停了下来。有半分钟的时间，我们都沉默不语。他的脸上呈现出印第安种族区别于所有其他种族的全部特征。在他那非常黑的眼睛里闪耀着野蛮人的热情，这种热情即使在混血儿的目光中也充满活力，它只有在第二代或第三代白人血统中才会消失。他的鼻子中间弯成弧形，底部有一点扁平，他的颧骨很高而他的

嘴很阔，露出两排白得耀眼的牙齿，这很好地显示出野蛮人比他的美国邻居爱干净，没有成天嚼烟叶。我说过当我们回转身把手放在我们的武器上时，那个印第安人停了下来。他带着一种完全的沉着，一种坚定冷静的目光接受了我们对他外表的迅速观察。当他看到我们这一方没有任何敌意时，他微笑了起来；可能他觉察到他让我们受到了惊吓。这是我第一次看到欢快的神情能在多大程度上完全改变这些野蛮人的相貌。此后我有上百次机会注意到这一点。一个严肃的印第安人和一个微笑的印第安人是两个完全不同的人。在第一个人的静止不动中有一种让人不由自主地感到恐惧的原始的威严。当这同一个人微笑时，他的整个脸上带着一种天真和亲切的表情，这赋予了他一种真正的魅力。

当我们看到这个人露出笑脸时，我们用英语和他搭话。他让我们尽情地说，然后示意他一点也听不懂。我们给了他一点白兰地，他毫不犹豫也不说谢谢就收下了。我们一直用手势交谈，我们向他要他手里提着的鸟，他把鸟给了我们，换得一小枚钱币。就这样认识了以后，我们用手向他致意，大步小跑着出发了。快速前进了一刻钟后，我再次回转身，吃惊地发现那个印第安人还在我的马臀后面。他以一头野兽的敏捷奔跑着，一言不发似乎也不加大步伐。我们停，他也停。我们重新出发，他也重新出发。我们加大步幅跑。我们那生长在荒野中的马轻松地跨越所有障碍。那个印第安人也加速前进；我看见他时而在我的马的右边，时而在左边，他从灌木丛上跃过，又无声无息地落到地上。有人会说这是一只北欧的狼，它跟随着骑马的人，指望他们从马上掉下来，可以更容易地吃掉他们。看到这个一成不变的人时而消失在森林的阴暗处，时而重现在光亮中，好像在我们身边飞来飞去，终于让我们腻烦起来。由于无法设想是什么原因使这个人以这么快的步伐跟随我们——而且有可能当我们第一次发现他时他已经跟了我们很久了——我们想到他可能正把我们引向一个陷阱。正当我们一心想着这些时，我们发现在我们前面的树林里露出了另一杆卡宾枪的一截。很快我们来到了持枪人的身边；我们一开始以为他是一个印第

363 安人,他穿着一种短短的双排扣长礼服,它紧束着他的腰,勾勒出一个笔直匀称的好身材,他的脖颈赤裸着,他的脚上穿着鹿皮鞋。当我们来到他身边而他抬起头时,我们立刻认出他是一个欧洲人,我们停了下来。他向我们走来,诚恳地和我们握手并同我们交谈。"您住在这荒野么?"——"是的,那是我的房屋。"他指着树丛中一个比通常的木屋寒碜得多的茅屋对我们说。——"您一个人么?"——"一个人。"——"那您在这里做什么?"——"我走遍这些森林,杀死我在道路的左右两边遇到的猎物;不过现在没有什么好猎物。"——"您喜欢这种生活么?"——"它比所有其他生活更让我喜欢。"——"可是您不害怕印第安人么?"——"害怕印第安人!我更喜欢住在他们中间而不是白人的社会里。不!不!我不怕印第安人。他们比我们更好,如果我们没有用我们的甜烧酒使他们变蠢的话,这些可怜的人!"我们于是把那个如此执拗地跟着我们的印第安人指给我们新认识的朋友看,当时他正停在几步远的地方,像一块界石一样一动不动。"这是一个齐佩瓦(Chippeway)族人,"他说道,"或者像法国人所称呼的,一个跳跃者(Sauteur)。我打赌他是从加拿大回来,他在那里接受了英国人一年一度的礼物。他的家应该离这里不远。"说了这番话后,这个美国人向印第安人示意让他走近些,开始用他的语言极为流利地和他交谈。这两个出身和习惯如此不同的人相谈甚欢,真是不同寻常。显然他们谈的是他们各自的武器的优点。这个白人在很仔细地看了野蛮人的枪之后说道:"这是一把非常棒的卡宾枪,英国人给他这把枪无疑是为了对付我们,而且他们在第一场战争里就会这么做的。印第安人就是这样把所有压垮他们的灾祸带到他们的头脑中。然而他们并不知道得更多,这些可怜的人。"——"这些印第安人能熟练地使用这些又长又重的枪吗?"——"没有比印第安人更好的射手了,"我们的新朋友带着极度钦佩的口吻热情地回答道,"看看他卖给你们的小鸟,先生,它们是被一颗子弹穿透的,而且我很确信为了得到它们他只开了两枪。噢!"他补充道,"没有人比一个生活在猎物还没被我们赶跑的地方的印第安人更幸福了。可是那些大的动物在300多英里远处就嗅到我

们的踪迹了，当它们撤离时我们前面的地方成了一个荒芜之地，在那里，可怜的印第安人如果不耕种土地就没法活下去。” 364

当我们重新上路时，我们的新朋友大声说道：“你们再次路过时，来敲我的门。在这个地方见到一些白人的面孔是件乐事。”

我记述这个其本身并不值得注意的对话是为了让读者认识一种我们此后很经常在居住区的边界遇到的人。这是一些欧洲人，他们不顾他们年轻时的习惯，最终在荒野的自由自在中找到了一种难以形容的魅力。他们的趣味和激情使他们依恋美国的荒野，他们的宗教、道德准则和思想使他们依恋欧洲，他们混合了对野蛮生活的热爱和对文明的骄傲，他们喜欢印第安人更甚于他们的同胞，却不认为自己和印第安人是同等的人。

于是我们重新上路，一直用同样的速度前进着，半小时后到达了一个拓荒者的房屋。一个印第安家庭在这个简陋的小屋前搭起了他们的临时住所。一个老妇，两个年轻的姑娘和几个孩子蹲在一堆火的周围，火的热气正烘烤着一整只雄狍。在离那里几步远的草地上，一个赤身裸体的印第安男子在阳光下取暖，而一个小孩正在他附近的尘土里打滚。我们沉默的同伴正是在那里停下；他没向我们告辞就离开了我们，安静地坐到了他的同胞们中间。是什么才可能使这个人这样跟着我们的马跑了两里的路呢？这是我们永远也猜不透的。在这个地方吃完午饭后，我们重新上马，在一个高大稀疏的树林中继续赶路。矮林从前曾被焚烧过，这可以从横躺在草地上的一些树木被烧灼的残骸中看出。地上现在覆盖着在森林的树叶下一望无际地延伸着的蕨。

走了几里远，我的马的蹄铁掉了，这令我们十分焦虑。幸运的是，我们在那附近遇见了一个耕夫，他重新给马钉上了蹄铁。如果没有遇到他，我怀疑我们能否走得更远，因为我们当时已经接近开垦地的边界了。让我们能够继续赶路的这同一个人建议我们加快脚步，因为太阳已经开始西沉，而且还有整整两里的路隔在我们和我们想去过夜的弗林特河之间。

果然，很快，沉沉的黑暗开始包围我们。我们必须继续前行。夜 365

清朗而寒冷。在这些森林的深处到处是如此深沉的寂静和如此彻底的安宁,以致人们会以为在这里大自然的所有力量都停顿了。这里只听得见蚊子令人厌烦的嗡嗡声和我们的马蹄声。不时地可以看见远处有一堆印第安人烧的火,烟雾勾勒出火堆前一个严峻的一动不动的侧面像。一小时后我们来到一个岔路口。这个地方分出两条小道。该走哪一条路?这让人难以抉择;它们中的一条通向一条小溪,我们不知道它的水有多深,另一条通向一片林中开阔地。此时,升起的月亮让我们看见了前面一个满是碎石的山谷。我们发现更远处有两个房屋。在这样一个地点和这样一个时辰,不迷路是如此重要,以致我们决定在走得更远之前去探听一些情况。我的同伴留下来看着马,而我则把枪扛在肩上,朝山谷走去。不久我发觉自己走进了一个新近的开垦地;一些树枝尚未被清除的大树覆盖在地上。我从一棵树跳到另一棵树,终于相当迅速地来到房屋的附近,可是我们已经遇见过的那同一条小溪把我和房屋分隔开了。幸而它的水道在此地被一些无疑是拓荒者用斧头砍下并抛入的巨大橡树阻断。我顺利地沿着这些树木溜过去并最终到达对岸。我小心翼翼地走近那两个房屋,担心那是印第安人的茅屋;它们还没有完工,我发现它们的门敞开着而且没有任何声音回应我的问话。我沿着溪岸返回,在那里,有几分钟的时间,我情不自禁地赞叹这个地方雄伟壮丽而令人敬畏的景致。这个山谷被森林里的树叶像一块黑色的帷幔一样从四面八方包围住,似乎成了一个巨大的圆形剧场,在它的中央,破碎的月光生成了上千个神奇的影像,它们静静地在森林的废墟中间嬉戏。此外没有任何声响,没有任何生命的气息从这寂静中响起。我终于想起了我的同伴,我大声喊他,以便告诉他我寻找的结果,让他穿过小溪前来找我。我的声音长时间地在包围着我的寂静中回响。然而我没有得到任何回应。我再次喊叫并倾听。同样是死一样的寂静笼罩着森林。不安攫住了我,我沿着小溪奔跑,以便找到下面那条横跨溪流的水道。到达那里时,我
366 听到远处传来马蹄声,很快我就看到博蒙本人出现了。他对我的长时间不见踪影感到奇怪,决定朝着小溪前行;当我喊他时,他已经到了浅

水处。当时我的声音没法传到他那里。他告诉我他也尽力让我听见他，而且和我一样也由于没有得到任何回应而害怕。如果没有那个可涉水而过的地方充当我们会合的地点，我们很可能要花大半个晚上相互寻找。我们重新上路并相互约定坚决不再分开，三刻钟后，我们终于发现了一块开垦地，两三间房子，以及更让我们高兴的一盏灯。那条像紫色的线一样延伸到山谷末端的河表明我们已经到达弗林特河。果然很快狗吠声就回响在森林里，我们来到一个木屋前面，只有一个栅栏把我们和它隔开。当我们准备跨越栅栏时，借着月光我们发觉在另一边有一只大黑熊直立在它的爪子上并且拽着它身上的链子，清楚地表明它想要给我们来个友好的拥抱。“这是个多么奇怪的地方，”我说道，“人们竟然拿熊当看门狗。”“应当喊叫，”我的同伴回答道，“如果我们试图跨过栅栏，我们很难让看门人保持理智。”我们于是声嘶力竭地喊叫，叫得如此有效，以致一个男子终于出现在窗边。在月光下仔细地端详了我们之后，他说道：“进来，先生们。Trinc，去睡觉。我叫你到狗窝去。他们不是强盗。”那只熊摇摇摆摆地向后退，我们进了屋。我们已经累得半死。我们问主人我们是否可以要一些燕麦。“当然，”他回答道；他立刻动身去最近的地里收割，带着美国人全部的沉着冷静，就像他在正午时可能做的那样。在这段时间里，我们卸下我们的马鞍，由于没有马厩，我们把它们系在我们刚刚跨过的栅栏上。如此这般为我们在旅途中的同伴安排了之后，我们开始考虑我们的住处。屋子里只有一张床。抽签把床判给了博蒙，我把自己裹在我的大衣里，躺在地板上，正如同一个刚刚在马背上走了 15 里路的人一样沉沉入睡。

第二天，7 月 25 日，我们关心的第一件事是找一个向导。一个 15 里的荒野隔开了弗林特河和萨吉诺，而且通向萨吉诺的道路是一条眼睛难以辨认的羊肠小道。我们的房东赞成我们的计划，他很快给我们带来了两个印第安人，他向我们保证我们可以完全信赖他们。其中一个是 13 到 14 岁的孩子。另一个是 18 岁的年轻男子。后者的身体还 367

没有达到成年人的健壮外形，但已经给人敏捷有力的印象。他中等个头，身材笔直瘦长，他的四肢柔韧而且匀称。长长的发辫从他的光头上垂下来。此外他还用心地在他的脸上尽量对称地画了一些黑色和红色的线条。他的鼻中隔穿着一个环，再加上一条项链和一些耳环，这些构成了他的全部饰物。他的战争装备同样引人注目。一边是战斗用的斧头，著名的印第安战斧；另一边是一把锋利的长刀，野蛮人用它割掉战败者的头皮。他的脖颈上挂着一个用来充当火药壶的公牛角，他的右手拿着一枝有膛线的卡宾枪。和大多数印第安人一样，他的目光凶狠而笑容亲切。在他的旁边，好像为了使这幅图画变得完整似的，行进着一只耳朵竖起来、口鼻伸长的狗，它更像一只狐狸而不像任何其他种类的动物，而且它凶狠的神情和它主人的神态极为和谐。用一种我们新的同伴看上去丝毫没有觉察的关注观察了他之后，我们问他想让我们为他将提供给我们的服务付多少报酬。这个印第安人用他的语言回答了几句，美国人赶忙告诉我们这个野蛮人所要的东西大约值 2 美元。“既然这些可怜的印第安人，”我们的房东好心地补充道，“不知道钱的价值，你们给我 2 美元，我乐意负责提供给他等价的物品。”我好奇地想看看这个可敬的人所说的 2 美元的等价物是什么东西，于是我轻手轻脚地跟着他到做交易的地方。我看见他给我们的向导一双鹿皮鞋和一条可以放在衣袋里的手帕，这些东西的总价值显然不到那笔钱的数目的一半。那个印第安人非常满意地回去了，而我则悄没声息地走了，一边像拉封丹(La Fontaine)一样自言自语道：唉！如果狮子会画画！⑤

此外美国的拓荒者欺骗的并不是只有印第安人。我们自己每天都成为他们对金钱的极度贪婪的牺牲品。的的确确，他们一点也不偷盗。他们太开明了，不会做这么冒失的事，然而我从未见过大城市的旅店老板比这些荒野中的居民更无耻地过高要价的，而我本来以为可

---

⑤ 拉·封丹《寓言》第 3 卷，第 10 个故事，“被人打败的狮子”。一头狮子路过一幅画，画上是一个人把一头庞大的狮子打垮在地。这头路过的狮子吼道：“显然我们更有理由占上风/如果我的同胞会画画该多好！”Tocqueville, *Œuvres*, T1, p. 1366。

以在他们当中找到自然的诚实和质朴的单纯。

一切准备就绪:我们上了马并从可涉水而过的地方穿过那条成为文明和荒野之间的边界的小溪,我们真正进入了荒野。

我们的两个向导像野猫一样行走或者不如说是跳跃着穿过道路上的障碍。当我们碰巧遇到一棵倒下的树、一条小溪、一片沼泽时,他们用手指指示最佳的路径并穿越过去,甚至没有回转身看着我们走出困境;印第安人习惯于只依靠自己,他难以设想另一个人会需要帮助。在你需要的时候他为你提供服务,但还没有人教给他通过殷勤和关切使服务更加出色的技艺。尽管这种做事的方式本来会引起我们的批评,但我们不可能让我们的同伴听懂一个字。此外我们感到自己完全被他们所支配。在那里事实上秩序被颠倒了;由于身陷深深的黑暗之中,只剩下自身的力量,文明人像盲人一样行走着,不仅无法在他行经的迷宫中找到路,甚至无法在那里找到维持生存的办法。正是在这同样的困境中,野蛮人显出了他的优胜之处;对他来说森林没有一点遮挡,他感到自己在那里就像在家里;他凭着比航海者的罗盘更可靠的直觉的指引,昂着头在森林中前进着。在最高的树顶,在最密的叶丛下,他的眼睛能发现猎物,而欧洲人在它附近来来回回地走了上百次也没能发现它。

我们的印第安人不时地停下来;他们把手指放在他们的嘴唇上,指示我们悄悄行动并示意我们下马。在他们的指引下我们来到一个可以看见猎物的地方。看着他们带着倨傲的微笑,用手把我们像孩子一样引领着并最终把我们带到他们自己早已看见的目标附近,这真是一幕奇特的景象。

不过随着我们向前行进,人类活动的最后一些踪迹消失了。很快一切甚至不再显示有野蛮人的存在,我们来到了我们找寻已久的景致面前,一个原始森林的深处。

在一个稀疏的、透过它可以看到很远处的目标的矮林中间,一下子耸立起一片几乎完全由松树和橡树组成的高大的乔木林。由于不

得不在一块很有限而且几乎完全没有阳光的土地上生长，每棵树都迅
369 速地长高以寻求空气和阳光。它像船的桅杆一样笔直，很快长得比它周围的一切都高。当到达一个更高的地方时，它静静地伸展它的树枝并把自己包裹在树荫中。其余的树很快跟随它到这个高处，所有树的枝桠交错纠缠在一起，在长着这些树的土地上方形成一个巨大的拱顶。在这个潮湿的一动不动的拱顶之下，景致变化了并呈现出新的特征。在你的头的上方占支配地位的是一种庄严的秩序。在地面附近，一切相反地给人以混乱和错杂的印象。一些再也无法支撑其树枝的树干在一半高的地方裂开，只显露出一个尖尖的被撕裂的顶部。另一些长时间被风摇撼的树，被整个儿地抛到地上；它们被从土里连根拔除，它们的树根形成了许多可轻易让几个人置身其后寻求庇护的天然的防御物。一些巨大的被周围的树枝拦住的树悬挂在空中，跌入尘埃中却没有碰到地面。在我们那里，没有一个地区的人烟如此稀少，森林被如此地放任不管，以致树木在那里静静地度过它们的一生后，最终因衰朽而倒下。是人类在它们正当壮年时砍下它们并把它们的残骸清除出森林。在美国的荒野，全能的大自然是惟一的摧毁者同时也是惟一的再生力量。和那些受人类掌控的森林一样，这里也不断受到死亡的侵袭：可是没有人负责清除它制造的残骸。每天它们的数量都在增多，它们倒下，其中一些堆积在另一些身上；时间来不及把它们足够快地化为尘土并腾出新的位置。在那里几个世代的树的残骸躺在一起。那些分解完毕的残骸看上去只是画在草地上的一条长长的红色的粉尘线。另一些已经被时间消耗了大半的树仍然保持了它们的形状。最后是一些昨天刚倒下的树，还在地上伸展着它们长长的枝桠，用旅行者没有预见到的障碍阻挡他的脚步。在这各种各样的残骸当中，再生的工作不断地进行着。一些树枝根部长出的新枝，一些攀缘植物，各种草本植物穿越一切障碍获取阳光。它们沿着被砍倒的树干蔓生，它们钻到树的粉尘里，它们顶起并粉碎仍然覆盖着它们的树
370 皮。生命和死亡在这里对峙着，它们似乎想要把它们的成果混杂在一起。

我们时常赞叹海上那些宁静而晴朗的夜晚，那时船帆安静地在桅杆上飘动，令水手无从得知微风从哪里吹来。在新世界的荒野中和在无垠的大海上，整个大自然的这种安宁一样令人肃然起敬。正午时分，太阳把光芒投射到森林中，经常能听到森林深处回响着一声长长的呻吟，一声传至远方的哀怨呼号。这是正在消逝的风的最后努力。接着你周围的一切重新陷入如此深沉的静默，如此完全的静止，以致你感到自己的灵魂被一种宗教的恐怖所穿透。旅行者停了下来；他观察着：森林中这些相互挤压着、枝桠纠缠在一起的树似乎只是一个单一的整体，一座巨大的不可摧毁的大厦，在它的拱顶之下是一片永恒的黑暗。无论他把目光投向哪一边，他只看到一个暴力和破坏的战场。一些被折断的树，一些被撕裂的树干，一切都显示这里在进行着永恒的战争。但是战斗被中止了。有人会说在一种超自然的力量的命令下，运动骤然停止了。一些断裂了一半的树枝似乎仍然由某些神秘的纽带连接于不再为它们提供支撑的树干上；一些已经被连根拔出的树来不及到达地面，还悬挂在空中。他倾听，他怀着敬畏屏住呼吸，以便更好地捕捉生命最轻微的回响；没有任何声音，没有任何低语到达他的耳边。

我们不止一次在欧洲的森林深处迷失道路；可是总有一些生命的声响来敲击我们的耳鼓。那是最近的村庄的钟遥远的叮当声，一个旅行者的脚步声，伐木工人的斧斫声，火器的爆炸声，一只狗的吠叫声，或者仅仅是一个文明地区响起的混乱的嘈杂声。在这里，不仅仅没有人，甚至动物的声音也听不到。它们中最小的离开了这里去接近人类的居住区，最大的则离开这里去更远的地方。那些留下来的动物则躲在阳光照射不到的地方。因而在这些森林里，一切都静止不动，一切都在它们的叶丛下沉默不语。有人会说，造物主一时间转过了他的脸，而大自然的力量完全停顿了。

我们并非仅仅在这种场合才注意到大海和原始森林的景象之间存在的奇特的相似性。在大海上正如在原始森林里，无边无际的感觉包围着你。相同的景致的持续和单调使想象力震惊并且被制服。我 371

们在新世界的荒野中重新找回了也许是更强烈、更令人心碎的孤独和遗世独存的感觉，在大西洋中，这种感觉对我们来说似乎是无法忍受的。在大海上，至少旅行者可以看着广阔的地平线，他总是怀着希望把自己的视线朝向它。可是在这树叶的海洋中，谁能指明道路？他的目光该转向何物？你徒劳地攀上最高的树顶，其他更高的树依然包围着你。你徒劳地登上山丘，到处的森林似乎都和你一同前进，这同一片森林从你的脚下一直延伸到北极和太平洋。你可以在它的树荫下走几千里，却好像一直都没有挪动位置。

然而该是回到去萨吉诺的路上的时候了。我们已经走了5个小时，完全不知道自己置身何处，这时我们的印第安人停了下来，年龄较大的那个名叫萨干(Sagan-Cuisco)的在沙子上画了一条线。他指着线的其中一端写道“Miche-Coute-Quinque”(这是弗林特河的印第安名字)，并指着相反的一端说出萨吉诺的名字，同时在线的中间标一个点，向我们表明我们到达了路的一半，应当休息一会儿。太阳已经升得老高，如果我们能在目力所及的范围内看到水，我们本来会乐意接受他向我们提出的建议。可是由于在附近没有看到水，我们向那个印第安人示意我们想要同时吃饭和喝水。他立刻明白了我们的意思并重新用和从前相同的速度前进。一小时后，他再次停了下来并指给我们看30步远的树林里的一个地方，他示意说那里有水。不等我们回应也没有帮我们卸下马鞍，他自己就去那里了；我们赶忙跟着他。不久前风刮倒了那个地方一棵大树。在树根先前所占的那个洞穴里有一些雨水。这就是我们的向导带我们去找的泉水，他似乎没有想到我们可能对于饮用这样的水会感到踌躇。我们打开我们的袋子；又是一件不幸的事！炎热使我们的食物完全变质了，我们不得不把我们在弗林特河能找到的惟一一块很小的面包当作全部的午饭。此外还有一大群被水招引到这附近的蚊子，我们必须用一只手驱赶它们，同时用另一只手把面包塞到嘴里，你可以知道在一个原始森林里的一顿野餐是什么滋味了。在我们吃饭时，我们的印第安人双臂交叉在胸前，坐在我提及的那根被刮倒的树干上。当他们看到我们吃完时，他们向我们示意他们也饿了。我们给他们看我们空空如也的袋子。他们摇了摇头没说话。印第安人不知道什么叫有规律的进餐时间。当他们能吃上饭时就狼吞虎咽，接着一直挨饿，直到他再次找到能满足他口腹之欲的东西为止。狼在相同的情况下也一样行事。很快我们想要重新上马，然而我们很惊恐地发现我们的坐骑不见了。由于被蚊子叮咬和受饥饿刺激，它们离开了我们把它们留下的那条小道，我们费了好大劲才重新寻到它们的踪迹。如果我们不加留心地多待上一刻钟，我们就会像桑丘[⑥]一样醒来时发现马鞍在两膝之间。我们由衷地感激那些让我们那么快就想要动身的蚊子，然后我们重新上路了。我们走的小道很快变得越来越难以辨认了。我们的马每时每刻都必须穿过稠密的灌木丛强行开出一条通道，或是从一些挡在我们道上的巨大树干上跳过去。走了两个小时极为艰苦的路后，我们终于到达一条不深但夹在陡壁之间的河的岸边。我们从可涉水而过的地方过了河，到达对面的陡峭河岸的高处，我们看到一块玉米地和两个很像木屋的简陋小屋。走近时我们意识到我们是在一个印第安人的小定居点。那些木屋是印第安人的小屋。此外那里和周围的森林一样笼罩在最深沉的寂静中。来到这些被遗弃的住所中的第一个小屋前，萨干停了下来；他仔细地查看周围的一切，然后放下他的卡宾枪并来到我们近旁，他先是在沙地上划了一条线，用和先前同样的方式向我们指出我们还只是走了三分之二的路程；接着他站起身，指着太阳向我们示意它正迅速地西沉。然后他看着小屋并闭上了眼睛。这个语言很好理解：他想让我们在这个地方睡觉。我承认这个建议让我们十分吃惊而且让我们感到不快。我们从早上开始一直没有吃饭，我们不太想没吃晚饭就睡觉。从早上开始见到的阴郁荒凉的景象中透出的威严，我们所处的完全孤独的境地，我们的无法与之沟通的向导粗野的举止，这一切当中没有任何东西能让我们产生信任感。此外在这些印第安人的举动 373

⑥ 小说《堂吉诃德》中的人物。

中有某种怪异的东西让我们不放心。我们刚刚走过的两个小时路程似乎比我们先前走过的路还更人迹罕至。从来没有人对我们说过我们会穿过一个印第安人的村庄,每个人相反地都向我们保证只要一天就可以从弗林特河到达萨吉诺。因此我们无法设想为什么我们的向导想让我们留在这个荒野里过夜。我们坚持要前行。那个印第安人示意我们将会被森林中的黑暗所惊吓。强行让我们的向导继续赶路是一个危险的尝试。我们决定勾起他们的贪欲。可是印第安人是所有人中最哲学化的(le plus philosophe)。他的需求很少因而欲望也很少。文明对他不起作用,他不知道或者蔑视文明的舒适。不过我注意到萨干特别留意挂在我身边的一个小柳条瓶。这是一个不会摔坏的瓶子。这样一件东西的用处他感觉得到而且它似乎激起了他真正的渴慕。在我的欧洲装备中,惟有我的步枪和我的瓶子看上去令他感到羡慕。我向他示意如果他立刻带我们去萨吉诺,我就把我的瓶子给他。于是这个印第安人似乎作了激烈的思想斗争。他又看了看太阳然后看了看地面。最后他作了决定,抓起他的卡宾枪,把手放在他的嘴上两次发出了"喔！喔!"的喊叫并在我们前面向荆棘奔去。我们大步小跑着跟随他并用力地开出一条道,我们很快就看不到印第安人的住所了。我们的向导就这样以他们未曾有过的快速度奔跑了2个小时;不过夜色笼罩了我们,太阳最后的光线刚刚消逝在森林的树木中,这时萨干突然剧烈地流鼻血。尽管这个年轻人看上去和他的兄弟一样习惯于身体的运动,但显然疲劳和缺少食物开始耗尽他的力气。我们自己开始担心他们不再想前进而且想在树下过夜。于是我们决定让他们轮流骑我们的马。印第安人接受了我们的提议,既没有感到惊讶也没有谦让。看到这些半裸的人一本正经地坐在一个英国的马鞍上并提着我们的猎袋,肩上斜挎着我们的枪,而我们却费力地在他们前面行走,这真是一件怪异的事。夜晚终于来临了,一股冰凉的湿气
374
开始在树叶底下蔓延开来。此时黑暗给了森林一幅新的可怖的面貌。人的眼睛在它的周围只能看到一些混乱地堆积在一起的块状物,既无序也不对称,一些奇怪的不成比例的形状,一些支离破碎的景象,一些

似乎来自一个热病患者的想象的幻象(巨人般的形象和荒谬可笑的形象在那里如同在我们时代的文学作品中一样并肩出现)。我们的脚步从来没有发出这么多回声;森林的寂静在我们眼里从来没有这么可怕。可以说蚊子的嗡嗡声是这个沉睡的世界里惟一的气息。随着我们的前进,黑暗变得更加浓重,惟有一只穿过森林的萤火虫不时地在它的深处像一条闪闪发光的线一样划过。我们意识到印第安人的建议是正确的时候已经太晚了。不过退缩已不再可能。于是我们以我们的精力和夜晚允许我们有的最快速度继续前行。一小时后我们走出森林来到了一个广阔的草原上。我们的导游发出了三声粗野的喊叫,它回响起来像铜锣的不和谐的声音。有人在远处回应。5 分钟后我们来到一条河的岸边,黑暗使我们无法看见对岸。印第安人在这个地方休息;他们把自己裹在毯子里以避免蚊子的叮咬,他们躺在草地上,很快蜷成一个不易觉察的无法辨认出一个人的形状的毛球,我们自己站在地上,耐心地等待随后将发生的事。几分钟后我们听到了一个轻微的声响,而且有个东西正靠近河岸。这是一只印第安人的小船,长约 10 英尺,由单独一棵树制成。蹲在这只不坚固的小船最里面的那个人,穿着和相貌都像一个印第安人。他对我们的向导说了一番话,遵照他的指令我们的向导赶忙拿走我们的马鞍并把它们放在独木舟里。当我自己准备上船时,这个我认为是印第安人的人向我走来,把两个手指放在我的肩上,操着让我吃惊得要跳起来的诺曼底口音对我说:"别走太快,这里有时会溺死人。"我想,就算是我的马对我说这番话,我也不会更吃惊。我看着对我说话的那个人的脸,此时初升的月亮的光辉照得他的脸像一个铜球一样闪闪发亮。"那么你是谁,"我问他,"法语似乎是你的语言,但你又长得像一个印第安人?"他回答说他是一个烧焦的木头(bois-brulés),也就是一个法裔加拿大人和一个印第安女人的儿子。我将经常有机会谈到这个遍布加拿大边境和一 375
部分美国边境的奇特的混血种族。当时我想到的只是说母语的快乐。遵照我们的野蛮人同胞的建议,我坐在小船的最里面并尽量保持平衡。马踏入河里开始游泳,而那个法裔加拿大人则用桨推着小船,一边低声唱着下面这首法国的老歌，我只知道它的头两句歌词：

在巴黎和圣但尼之间
有一位姑娘。

我们就这样顺利抵达对岸。小船立刻回去接我的同伴。我一辈子都记得它第二次靠近河岸的那一刻。一轮满月恰好那时在我们刚刚穿过的草原上方升起。只有半轮月亮出现在天际；有人会说那是一扇神秘之门，从另一个世界逸出的光穿过它照向我们。月光倒映在河水中，在我的身旁闪烁着。在这淡淡的月光摇曳的曲线上，行进着那只印第安独木舟，看不见桨，听不见划桨的声响，长长的、窄窄的、黑色的小舟迅速地毫不费力地滑行着，像一只密西西比河里的钝吻鳄沿着河岸追捕它的猎物。萨干蹲在小船的尖端上，他的头支在膝盖上，只看得见他头上发亮的辫子。船的另一端是那个静静地划桨的印第安人，在他身后，马儿用它强有力的胸膛弄得萨吉诺河里水花四溅。这整个景象中透着一种原始的庄严，在当时而且自那以后，这幅景象在我们的灵魂中留下了深刻的印象。上岸后我们赶忙往一个房屋走去，借着月光，我们刚才在离这条河一百步远的地方发现了它，那个法裔加拿大人向我们保证我们可以在这里找到住宿的地方。我们确实在这里找到了合适的安顿之处，如果我们能赶走布满这个房子的无数蚊子，我们还有可能美美地睡上一觉来恢复我们的体力，然而这件事我们始终无法做到。人们在英语中称为 mosquito，在加拿大的法语中称为 maringouin 的这种动物是一种小昆虫，它和法国的库蚊完全相似，
376 只是大小不同。它通常更大而且它的吻管是如此地有力和尖锐，只有毛织物能抵御它的叮咬。这些小飞虫是美国的荒野中让人讨厌的家伙。它们的出现足以使在那里的长期居留令人无法忍受。至于我，在这次旅行的整个过程期间尤其是我们在萨吉诺逗留期间，它们让我们备受折磨，和这种折磨类似的痛苦是我从来没有经历过的。白天它们妨碍我们画图、写字或是在一个地方待上一会儿，晚上成千上万只蚊

子围着我们转；你的身上每个没有遮盖的地方都立刻成了它们聚会的场所。被叮咬引起的疼痛弄醒的我们用被单盖住头，它们的刺却穿透了被单；就这样被它们追逐、纠缠，我们起床去呼吸外面的空气，直到疲倦最终给我们带来一次痛苦的断断续续的睡眠。

我们一大清早就出门，离开这房子时第一个令我们惊讶的景象，是看到在门的附近，我们的印第安人在他们的毯子里蜷缩成一团，睡在他们的狗旁边。

此时我们第一次在日光下看到了我们从那么远的地方前来寻找的村庄萨吉诺。

这是一小块被耕作过的平原，它的南面是一条美丽宁静的河，东、西、北三面是森林，目前它构成了这个刚刚出现的居住区的全部地域。

在我们附近矗立着一座房子，它的构造显示出其主人的富裕。正是在这座房子里我们刚刚度过了一夜。一座同样类型的住宅出现在这片开垦地的另一端。在这两座房子之间和森林的边缘，两三幢木屋半遮半掩在叶丛中。在河的对岸，草原像宁静的白天里无垠的海洋一样延伸着。这时一柱烟从草原上冒起，静静地升向天空。循着它的方向回到地上，人们最终会发现两三个印第安人的小屋，它们那圆锥状的外形和尖顶与草原上的草融为一体。

一个被推倒的犁，一些独自回去耕作的牛，一些半野生的马构成了一幅完整的图画。

无论从哪一边望开去，人们的眼睛都找不到一个哥特式钟楼的尖顶，指路的木十字架，或是本堂神甫家覆盖着苔藓的门槛。这些古老的基督教文明的可敬遗迹没有被带到这个荒野；这里没有任何东西会让人想起过去或是未来。人们甚至见不到那些不在人世者的墓地。 377
死亡还来不及要求他的领地或是给他的地盘立界标。

这里，人似乎隐蔽地地步入生活。没有几代人聚集在他的摇篮周围，表达一些往往是骗人的希望或是过早地沉湎于一些将来会被戳穿的快乐。他的名字没有被登记在城市的花名册上。宗教的动人的庄严仪式尚未进入家庭生活的关切当中。一位妇女的祷告，几滴由父亲的手洒到孩子头上的水，就无声地向他敞开了天堂的门。

萨吉诺这个村庄是欧洲人在辽阔的密歇根半岛的西北方建立的最后一个居民点。人们可以把它视为一个前哨，一种白人在印第安民族中间建立的哨所。

欧洲的革命，文明世界不断出现的乱哄哄的喧嚷，只是偶尔传到这里，而且像是一个声音的回响，耳朵既无法感知它的本来状态也无法感知它的来源。

时而有一个路过此地的印第安人，他以荒野的诗的形式讲述社会生活的某些悲惨现实；一份被遗忘在一位猎人的背包里的报纸；或者仅仅是含糊不清的传闻，由一些陌生的声音传播，几乎总是能告知人们太阳底下发生了某些不寻常的事。

一年一度地，有一艘船会溯萨吉诺的水道而上，前来重建已经把世界包围起来的欧洲大链条与这个脱节了的一环的联系。它给新的定居点带来各种工业产品，在返回时带走这片土地上的农产品。

当我们路过此地时，仅仅三十个人，包括男人，女人，老人和孩子构成了这个小社会，这是一个刚刚成形的胚胎，一粒被交托给荒野而且必须由荒野来养育的新生的种子。

偶然、利益或是激情让这 30 个人聚集到了这个狭小的地方。此外他们之间不存在共同的纽带，而且他们之间有着深刻的差别。人们在那里看到一些法裔加拿大人，一些美国人，一些印第安人和一些混血儿。

一些哲学家认为，到处都相同的人性只会随着不同社会的制度和法律而变化。这是那些似乎世界历史的每一页都会加以驳斥的观点
378 之一。所有的民族都和个人一样显现出自己独特的面貌。在它们经历的所有变迁中，它们的特性不断重现。法律，民情和宗教改变了；权力和财富易手了；外表不同了，衣着更换了，偏见消失了或是被另一些偏见取而代之。在这各种各样的变化中，你总是能辨认出同样的民族。某些不变的东西显现在人类的灵活变通当中。

居住在这块被耕作了的小平原上的人，属于将近一个世纪以来生活在美国土地上并在那里遵守着同样的法律的两个种族。然而，他们之间没有任何共同之处。他们是英国人和法国人，就像他们出现在塞纳河和泰晤士河畔一样。

走进这种叶丛中的简陋小屋，你会遇到一个人，他热情的款待和坦诚的面孔一开始就向你显示出他对社交乐趣的爱好和对生活的无忧无虑。起初你可能以为他是个印第安人；由于不得不过野蛮人的生活，他自愿地接受了他们的习惯、习俗而且几乎接受了他们的民情。他穿着鹿皮鞋，獭皮帽和毛大衣。他是不知疲倦的猎手，睡在隐蔽的地方，吃野蜂蜜和野牛肉为生。然而这个人仍然是一个法国人，快活，敢闯敢干，自命不凡，自傲于他的血统，狂热爱好军事荣誉，爱慕虚荣甚于自私自利，冲动，更多地受他的本能反应而不是他的理性的支配，喜爱声名甚于喜爱钱财。为了来这个荒野，他似乎切断了把他和生活联系在一起的所有纽带；人们没看到他身边有妻子和孩子。这种状况有悖于他的习惯，然而他轻易地适应了它正如他适应这里的一切。听任他自己选择，他会自然而然地感觉到自己喜欢待在家里：没有人比他更喜欢家庭了；看到古老的钟楼没有人比他更欢欣了；然而有人不顾他的意愿把他从宁静的习惯中拉出来，用一些崭新的图景刺激他的想象力，使他移居到另一片天空下；同样这个人一下子感到自己被一种不知魇足的对强烈激情、对变化和危险的渴望控制了。最文明的欧洲人变成了野蛮生活的崇拜者。他喜欢无树的草原更甚于城市的街道，喜欢狩猎甚于农耕。他不把性命放在眼里，对将来没有任何忧虑。

法国的白人，加拿大的印第安人说道，是和我们同样出色的猎手。和我们一样，他们轻视生活的舒适并且不惧怕死亡的恐怖。上帝创造他们就是为了让他们居住在野蛮人的简陋小屋里并生活在荒野中。 379

在离这个人几步远的地方住着另一个欧洲人，他经受着同样的困难，并坚强地和它们对抗。

后者是一个冷静、固执、在争论时不留情面的人；他依恋土地，去除野蛮人生活中一切他能够去除的东西。他不断地与之作斗争，每天都去除它的某些特性。他一点一滴地把他的法律、习惯、风俗，而且如果他能够的话，直至他先进的文明中最微不足道的改进带到荒野中。美国的移民只尊重成功的结果；他认为荣誉是一种虚幻的喧哗，而人来到这个世界上只是为了获取财富和生活的舒适。但他是勇敢的，不过他的勇敢是出于盘算，是因为他发现有几件事情比死亡更令人难以忍受。这是一个被家人围绕的冒险家，但不看重精神上的愉悦和社交生活的魅力。

住在这条河的另一边、萨吉诺的芦苇丛中的印第安人偶尔向他的欧洲兄弟的住所投来淡泊的一瞥。不要以为他羡慕他们的劳作或嫉妒他们的境遇。将近三百年来，美国的野蛮人一直与驱赶和包围着他的文明作斗争，但他还是没有学会认识或尊重他的敌人。在这两个种族中，世世代代徒然继替。像两条平行的河一样，它们三百年来流向一个相同的深渊；一个狭窄的空间把它们分隔开，然而它们的水流从不汇合在一起。不过，新世界的土著并非天生缺乏才干，而是他的天性似乎顽固地拒斥我们的观念和技艺。身处他的茅屋的烟尘中，躺在他的大衣上，这个印第安人轻蔑地看着欧洲人舒适的住所；对他来说，他在他的苦难中感到一种骄傲的满足，而且他的心为他的野蛮人的独立形象感到得意和欣喜。他苦笑地看着我们为了获取一些无用的财富而败坏我们的生活。我们称之为工业的，他称之为可耻的束缚。他把农耕者比作费劲地耕田的牛。我们称之为生活的舒适的，他称之为孩子的玩具或妇女的矫饰。他只羡慕我们的武器。当一个人夜里能在树叶的帐篷底下得到庇护时，当他能找到生火的办法以便在夏天里驱蚊、在冬天里御寒时，当他的狗令人满意而且这个地区猎物丰富时，他还能向上帝要求什么呢？

在萨吉诺的另一边，欧洲人的开垦地附近而且可以说是在旧世界
380 和新世界的边界上，有一个比野蛮人的茅屋更舒适、却比文明人的房屋更粗糙的质朴简陋的小屋。那是混血儿的住所。当我们第一次来到这个半文明的茅屋门口时，我们惊奇地听到里面有一个温柔的声音在用印第安的曲调唱忏悔圣歌。我们停下来听了一会儿。这声音的

调子变化缓慢而且非常伤感；不难听出荒野的人们所有的歌声中特有的这种哀伤的和声。我们进了门。主人不在家。一位年轻妇女双腿交叉坐在屋子中央的一张席子上，她正在制作鹿皮鞋；她用脚摇晃着一个孩子，这孩子赤褐色的脸和面部轮廓显示出其双重血统。这位妇女的穿着像我们的一位农妇，除了她的脚是赤裸的，而且她的头发随意地垂落在她的肩上。当她看到我们时，她带着一种敬畏沉默不语。我们问她是否法国人。“不。”她微笑着回答道。——“英国人？”——“也不是，”她说道；她垂下眼睛补充道：“我只是一个野蛮人。”两个种族的孩子，成长时运用两种语言；受到不同信仰的滋养和相反的偏见的影响，混血儿成为一个对其他人和对他自己来说同样难以理解的混合体。这个世界的形象反映在他未开化的头脑中时，在他看来好像是一片错综复杂的混沌，他的心灵无法找到出口。骄傲于他的欧洲血统，他看不起荒野；然而他却喜爱这里支配一切的、野蛮人的自由自在。他羡慕文明却不能完全服从它的统辖。他的趣味和他的观念相冲突，他的见解和他的习惯相冲突。不知道如何在照亮他的不确定的光亮中找到出路，他的灵魂痛苦地在一种普遍的怀疑中挣扎着。他接纳了一些截然不同的习俗；他对着两个祭坛祈祷；他相信这个世界的救主耶稣和走江湖要把戏者的护身符；他到达其生命的尽头，也无法弄清关于他的存在的难题。

因此在这个不为世人所知的地球的角落里，上帝之手已经投下了不同民族的种子；已经有几个不同的种族，几个不同的民族生活在这里。

几个被人类的大家庭放逐的成员在这辽阔无垠的森林里相遇，他
们的需求是相同的；他们必须共同和森林里的野兽、饥饿以及严酷的
气候作斗争。在一个一切都拒绝他们的努力的荒野中，他们才只有 30
个人，而且他们还相互投以仇恨和猜疑的目光。肤色，贫穷或富裕，无 381
知或有知已经在他们中间分出了一些无法消除的类别。民族的偏见、
教育和出身的偏见使他们分裂并隔离。

哪里能在一个更狭窄的范围内找到一幅关于我们的本性的不幸

的更完整的图画呢？然而还是有一点没有提及。

出身和观念在这些人的命运之间划下的深刻界线，并没有随着生命而停止，而是延续到死后。六个不同的宗教或教派共同分割了这个初生的社会的信仰。

有着令人生畏的一成不变、绝对的教义、可怕的革出教门以及巨大的奖罚的天主教，宗教上混乱无序的新教，古老的异教都在这里找到了它们的代言人。这里的人们已经以六种不同的方式崇拜着按照它自己的形象创造所有人的惟一和永恒的存在(l'Etre)。人们热烈地争论着天国，每个人都宣称它惟独是自己的遗产。此外，在荒野生活的不幸和目前的困苦之中，人类的想象力还竭尽全力地为将来制造一些无法形容的苦痛。路德宗教徒判处加尔文宗教徒永受地火煎熬，加尔文宗教徒则对一位论派教徒施以相同的判决，而天主教徒则判处他们全部遭受共同的永罚。

信仰粗浅、更为宽容的印第安人仅限于把他的欧洲兄弟逐出他为自己保留的幸福的原野。对他而言，坚守他的父辈遗留给他的混乱传统，他就能轻易地在遭遇生活的困苦时找到慰藉并平静地死去，一面梦想着拓荒者的斧头永远不会伤害到永远苍翠的森林，梦想在那些无数的永恒的日子里，黄鹿和河狸将会自动地撞到他的枪口上。

吃过午饭我们去拜访这个村庄最富有的地产主威廉姆斯先生。我们在他的商店里找到了他，他正忙着卖给一些印第安人许多没什么价值的物品，例如刀子，玻璃项链，耳坠子。目睹这些不幸的人如何受到他们的欧洲文明人兄弟的对待，真让人心生怜悯。此外我们在那里见到的所有人都大声称赞野蛮人。他们善良，不伤人，比白人上千倍地更少倾向于偷盗。令人遗憾的只是他们已经开始认识到物品的价值。为什么会这样呢，请问？因为在人们和他们做的贸易中，利润一天比一天更不可观。您在这里觉察到文明人的优势了么？印第安人
382 可能会以其粗朴的天真说，欧洲人发现要欺骗他的邻居是一天比一天更难了。可是白人却在语言的完善中发现一种令人满意的微妙之处，

它既能表意又能遮羞。

从威廉姆斯先生家回来，我们想要溯萨吉诺河而上一段路去打栖息在河岸的野鸭。正当我们忙于打猎时，一只独木舟从河里的芦苇丛中驶出，一些印第安人前来见我们以便仔细观看他们从远处看到的我的步枪。我一直注意到，这件武器，尽管它没有任何特别之处，却使我在野蛮人中间赢得了一种特别的敬意。一杆可以在一秒钟内杀死两个人并且可以在雾中开火的枪，在他们看来是一个无法估价的奇迹，是一个无价的杰作。这些来到我们跟前的人像通常一样表现出强烈的羡慕之情。他们询问我的枪来自哪里。我们的年轻向导回答说它是在大湖区的另一边，在法裔加拿大人的父辈那里制作成的；这并不像人们可能认为的那样会贬低这把枪在他们眼里的价值。不过他们提醒我们注意，由于这种枪的瞄准器没有被置于每个枪管的中央，人们无法确保打得准，对于这个批评我承认我不知该如何回答。

夜幕降临，我们重新登上小舟，由于相信我们早上获得的经验，我们独自出发溯着萨吉诺河的一条我们先前只是隐约见过的支流而上。

晴空万里，空气纯净而凝滞。河水穿过一个广阔的森林，可是它流得如此缓慢，几乎不可能说出它正往哪里流。我们一直认为，要真正认识新世界的森林，应当循着几条从树荫下流过的河前行。这些河像是创世之初由上帝精心地在荒野中开辟出来以便让人类通达的大道。当人们往来于一条穿越森林的道路时，人们的视野往往是十分局限的。况且你走的这条小道是一项人类的成果。河流则相反，它们是一些不留下足迹的道路，而且从它们的河岸上能自由自在地看到生机勃勃且无人照管的草木呈现出的壮丽而奇异的景观。

这个荒野就在那里，无疑正如六千年前它呈现在我们最初的祖先眼里的那样；一个开满鲜花的荒野，美妙而芬芳；一个为人类建造的壮丽的宅子，生机勃勃的宫殿，然而它的主人还没有入住。小舟毫不费 383
力且无声无息地滑行着；我们的四周笼罩着一片寂静，一种包罗万物的安宁。我们自己很快感觉到这样的景象令我们变得温柔了。我们的话开始变得越来越少；不久我们只是低声表达我们的想法。最后我们沉默不语，同时地划着桨，我们两个人都陷入了一种充满无法形容的魅力的宁静的遐想中。

为何找得到词语表达所有痛苦的人类的语言，在让人理解心中最温柔、最自然的情感时却遇到不可克服的障碍？谁将忠实地描绘生命中这些罕见的时刻，此时身体的舒适为你预备了精神的安宁，而且在你的眼前宇宙似乎确立起一种完美的均衡；而灵魂，半睡半醒地，徘徊于现在与未来、真实与可能之间，这时人被美妙的大自然包围，呼吸着宁静微温的空气，在宇宙的宁静中获得了自身的安宁，他的耳朵听着他的动脉均匀的跳动，它的每次搏动都标示着对他而言似乎一点一滴地在永恒中流淌的时间的流逝。也许很多人度过了漫长的一生中的许多年，却一次也没有体验到和我们刚才描绘的相类似的感受。这些人无法理解我们。可是我们确信有一些人会在他们的记忆中和他们的心灵深处找到令我们描绘的景象增色的东西，并且在阅读我们的文字时会感觉到短暂的几个小时的记忆的苏醒，无论是时间还是生活中的实际的忧虑都无法抹去这种记忆。

一声突然在森林中回响的枪声把我们从遐思中唤醒。这声音一开始似乎伴随着爆裂声沿着河的两岸滚动；接着它一边发出隆隆声一边远去，直至完全消失在周围的森林深处。这可能是文明在行进中发出的一声长长的令人生畏的战斗呐喊。

在西西里的一个夜晚，我们碰巧在一个巨大的沼泽地里迷失了道路，它如今所在的位置从前是希米拉（Himera）[7]城；看到这个著名的城市变成一个荒野，这给我们留下了强烈而深刻的印象。我们从来没有在我们的脚下遇到过一个关于人类事物的变化无常和我们本性的不幸的更宏伟的见证。这里依然是一个荒野，然而想象力不是向后退
384 寻求回溯到过去，而是向前奔迷失在一个广阔的将来。我们曾得以凝视那些已不复存在的帝国的废墟，行走在有人类建筑遗迹的荒野，我们是一个古老民族的孩子，我们寻思是出于命运的什么样的特别许

⑦ 西西里岛上著名的古希腊城。——译注

可，我们被引领来见证原始世界的景观，并看到一个伟大民族的依然空荡荡的摇篮。这并非智慧的或多或少碰运气的预测。这是一些非常确定的事实，就像它们已经被完成了一样。在短短几年内，这些无法穿越的森林将倒下。文明和工业的喧哗将打破萨吉诺的寂静。它的回声将静默……一些河堤将限制它的河岸，它的河水今天在一个无名的荒野中不为人知地静静流淌，将来在它的水道中会被轮船的船首击得向后退。50 里地依然分隔着这个荒野和欧洲人的大定居点，我们也许是最后一批被允许观看它原始的壮丽景象的游客；驱使白人种族完全征服新世界的动力是多么强大啊！

在我们看来，正是由于人们想到一切将被毁坏，一场变革即将到来而且不可避免，美国的荒野才被赋予了一种如此独特的性格和一种如此动人的美丽。人们怀着一种忧伤的快乐看着它们；人们几乎是急急忙忙地赞美它们。这个自然的和原始的壮观景象即将消逝的念头和文明的胜利进军带来的美妙图景混杂在一起。人们对于身为人类感到骄傲，同时对于上帝赋予我们的支配大自然的力量又感到一种说不清的苦涩的遗憾。灵魂被一些截然相反的想法和情感激荡着，而它获得的所有这些印象都是强烈的并且留下了一道深深的印迹。

我们想于次日即 7 月 27 日离开萨吉诺；可是我们的其中一匹马被它的鞍子刮伤了，我们决定再停留一天。由于没有其他消磨时间的方式，我们到开垦地下面与萨吉诺毗邻的草原上打猎。这些草原不像人们可能会认为的那样有很多沼泽。这是一些不太大的平原，没有树林，但土地肥沃。那里的草坚韧而且高达三四英尺。我们只找到很少的猎物，早早就返回了。炎热如同暴风雨将至时一样令人窒息。而且蚊子比平常更让人不舒服。我们前行时总是被一大群这种虫子所包围而且必须和它们进行没完没了的战斗。不得不停下来的人是不幸的。那样一来他就不加防御地把自己交给了一个无情的敌人。我记 385
得我不得不一边跑一边给我的枪装子弹，在原地待着不动一会儿实在太难了。

当我们在回来的路上穿过草地时，我们注意到那个充当我们向导的法裔加拿大人循着一条有足迹的小路走,在把他的脚踩在上面之前极其小心地看着地面。“你为什么那么小心呢?”我问他,“你是不是怕弄湿了?”——“不是,”他答道,“我养成了习惯,当我过草地时总是看看我的脚踩在哪里,以免踩着一条响尾蛇。”——“真见鬼!”我说道,一边跳到了小路上,“这里有响尾蛇吗?”——“确实有,”我的美国诺曼底人回答道,带着一种沉着的冷静。“这里到处都是响尾蛇。”于是我责怪他没有更早些提醒我们。他声称由于我们穿着上好的靴子而且响尾蛇从来不咬脚踝以上的部位,他不认为我们会遇到严重的危险。

我问他被响尾蛇咬伤是否会致命。他回答说被咬伤的人总是在24小时之内死去,如果他不向印第安人求助的话。他们懂得一种疗伤的办法,如果及时治疗,他说道,可以救伤者一命。

不管怎样,在走剩下的路时,我们效仿我们的向导,像他一样看着我们的脚。

继这个灼热的白天之后的夜晚是我一生中度过的最难熬的夜晚之一。蚊子变得如此烦人,以至于我虽然已疲惫不堪,却无法合眼。将近午夜时,长时间预示着要来临的暴风雨终于突然来了。不再能指望入睡的我起身并打开我们小屋的门,以便至少呼吸一下夜晚的清新空气。还没有下雨,天空似乎平静;然而森林已经摇动,并且有深沉的呻吟和悠长的哀号从里面发出。不时地有一道闪电照亮天空。萨吉诺静静的水流,它的河岸边的小开垦地,五六座简陋小屋的屋顶以及围绕着我们的树林在那一瞬间看上去像是将来的一个追忆。接着一切都消失在最深沉的黑暗中,这个荒野令人生畏的声音又传入人们的耳际。

我激动地看着这壮观的景象,就在这时,我听到身边有人在叹气,就着一道闪电的亮光,我看见一个印第安人像我一样倚靠在我们住所的墙壁上。无疑暴风雨刚才打断了他的睡眠,因为他正用呆滞而困惑的
386 的眼神环顾周围的景物。

这个人害怕雷电吗,或者他在自然力的冲撞中看到了大自然的一次短暂的动荡以外的东西?这些在荒野的嘈杂中突然出现的文明的

瞬间景象对他而言是否具有一种预言的涵义？这些似乎在一场不平等的战争中挣扎的森林的呻吟，是否如同上帝在他耳边的一个神秘提醒，一个对保留给野蛮种族的最终命运的郑重启示？我没法说。可是他激动不安的嘴唇似乎在低声祈祷，而且他的脸上流露出一种迷信的恐怖。

早上5时，我们想要动身离开。所有萨吉诺附近的印第安人都不见了；他们出发去接受英国人一年一度给他们的礼物，欧洲人则忙着收获。因此我们必须下决心在没有向导的情况下穿越森林。这件事并不像人们可能认为的那么困难。通常在这些广阔的荒野只有一条小道，要到达我们旅途的终点，只需要循着它的踪迹。

于是早上5时，我们再次穿越萨吉诺；我们接受了我们的房东的告别和最后的忠告。在掉转了我们的马头后，我们发现自己独自在森林中。我承认，我们开始进入潮湿的森林深处时并非没有忧虑。包围着我们的这个森林在我们身后一直延伸到极地和太平洋。只有一个居民点把我们和无边无际的荒野分隔开，而我们刚刚离开了它。尽管如此，想到这一点只是让我们催促我们的马加快脚步，3个小时后我们到达一个被遗弃的印第安人的茅屋附近，并来到卡斯河孤零零的河岸上。位于大树的树荫下的一小块伸出河面的草地被我们用来当桌子，我们开始一边吃午饭，一边看着清澈的河水像水晶一样蜿蜒地穿过森林。

离开卡斯河边的茅屋，我们看到了几条小道。有人告诉过我们应当走哪一条道；可是听了这样的话后很容易忘记某些要点或是误解它。这正是我们那天的感受。人们告诉我们有两条路，可是却出现了三条路；确实，正如我们后来得知的，在这三条路中，有两条后来又汇合成了一条路，可是当时我们不知道这一点并且十分困惑。 387

在充分考察和讨论过之后，我们像几乎所有伟大人物一样行事，几乎全凭运气行事。我们尽我们所能地从可涉水过河的地方穿过这条河，然后我们迅速向西南推进。不止一次，小道在我们看来几乎是消失在矮林中了；在其他一些地方，道路在我们看来是如此地人迹罕至,以至于我们难以相信它除了通向某个被遗弃的印第安人的茅屋以外,还会通向其他地方。的确,我们的指南针向我们显示我们一直在朝着我们要去的方向前进。尽管如此,我们只有在发现了我们三天前用餐过的那个地点时才感到安心。一棵我们曾赞叹过它那被风拔起的树干的巨大松树让我们认出了它。不过我们继续赶路,并未放慢速度,因为太阳开始西沉了。很快我们来到通常位于开垦地前面的林中空地,当夜幕开始降临时我们看见了弗林特河。半小时后,我们来到了我们的房东门前。这一次那只熊像老朋友一样欢迎我们,它直起身立在脚上只是为了高兴地庆贺我们的顺利归来。

一整个白天我们没有遇见任何人的面孔。动物们也销声匿迹了;无疑它们是藏匿到树叶底下以便躲避白天的炎热。我们只是不时地在某棵死去的树的光秃秃的枝梢上,看见一只一动不动地立在一只爪子上、安静地在阳光下睡觉的雀鹰,它好像是被雕刻在它停靠的那棵树上似的。

正是在这深沉的静寂中,我们突然想起了1830年革命,我们刚刚迎来它的第一个周年纪念日。我无法形容对7月29日的记忆是多么强烈地占据着我们的头脑。战斗的呐喊声和烟雾,枪炮声,火枪齐射发出的轰鸣声,比这些更可怖的警钟的当当声,这一天似乎带着它狂热的气氛突然从过去中走出来,像一幅活生生的图画一样展现在我的面前。这只不过是一个突然产生的幻觉,一个转瞬即逝的梦。当我重新抬起头环顾四周,幻象已经消逝;然而在我看来,森林的沉默从未如此冰冷,它的树荫从未如此阴郁,它的孤寂从未如此彻底。

图书在版编目(CIP)数据

美国游记/(法)托克维尔著;倪玉珍译.—上海:上海三联书店,2024.3 重印
(思想与社会)
ISBN 978-7-5426-5290-4

Ⅰ.①美… Ⅱ.①托…②倪… Ⅲ.①美国-研究
Ⅳ.①D771.2

中国版本图书馆 CIP 数据核字(2015)第 199389 号

美国游记

著　　者 / [法]托克维尔
译　　者 / 倪玉珍
校　　对 / 崇　明

责任编辑 / 黄　韬
装帧设计 / 鲁继德
监　　制 / 姚　军
责任校对 / 张大伟

出版发行 / 上海三联书店
(200041)中国上海市静安区威海路 755 号 30 楼
邮　　箱 / sdxsanlian@sina.com
联系电话 / 编辑部:021-22895517
发行部:021-22895559
印　　刷 / 上海盛通时代印刷有限公司

版　　次 / 2015 年 9 月第 1 版
印　　次 / 2024 年 3 月第 2 次印刷
开　　本 / 640mm×960mm　1/16
字　　数 / 300 千字
印　　张 / 23
书　　号 / ISBN 978-7-5426-5290-4/C·536
定　　价 / 68.00 元

敬启读者,如发现本书有印装质量问题,请与印刷厂联系 021-37910000